U0552783

- 山东社会科学院出版资助项目
- 国家自然科学基金青年项目"高标准农田建设对农业的多途径影响：时空规律、要素替代与效率提升"（项目编号：72203212）资助
- 山东省社会科学规划数字山东研究专项"共同富裕目标下数字乡村建设对农户收入的影响研究"（项目编号：23CSDJ50）资助
- 泰山学者工程专项经费"农业新质生产力对粮食综合生产能力的影响：理论机制、实证识别与政策优化"（项目编号：tsqn202408407）资助

中国玉米生产者补贴政策及其效果研究

CORN

郭延景 ◎ 著

中国社会科学出版社

图书在版编目（CIP）数据

中国玉米生产者补贴政策及其效果研究 / 郭延景著. 北京：中国社会科学出版社，2024. 11. -- ISBN 978-7-5227-4489-6

Ⅰ. F812.0；F320

中国国家版本馆 CIP 数据核字第 20248Y84C3 号

出 版 人	赵剑英
责任编辑	王　曦
责任校对	阎红蕾
责任印制	戴　宽

出　　版	中国社会科学出版社
社　　址	北京鼓楼西大街甲 158 号
邮　　编	100720
网　　址	http://www.csspw.cn
发 行 部	010-84083685
门 市 部	010-84029450
经　　销	新华书店及其他书店
印刷装订	北京君升印刷有限公司
版　　次	2024 年 11 月第 1 版
印　　次	2024 年 11 月第 1 次印刷
开　　本	710×1000　1/16
印　　张	13.5
字　　数	216 千字
定　　价	76.00 元

凡购买中国社会科学出版社图书，如有质量问题请与本社营销中心联系调换
电话：010-84083683
版权所有　侵权必究

摘　　要

玉米是中国第一大粮食作物，在保障国家粮食安全方面一直发挥着重要作用。2008年，国家在东北地区实施玉米临时收储政策，该政策的实施在促进玉米生产、保障农户种粮收入方面发挥了重要作用。但随着国内外市场环境变化，玉米临时收储政策引致的负面效应日益凸显，包括玉米库存积压严重、财政负担过重、玉米竞争力丧失等。为解决上述问题，2016年国家决定取消玉米临时收储政策，并在东北三省和内蒙古自治区实施玉米生产者补贴政策。目前，玉米生产者补贴政策已实施多年，那么，该政策实施效果到底如何？是否实现了既定的政策目标？如果政策效果存在偏差，原因是什么？政策实施成本如何？是否符合世界贸易组织（以下简称"WTO"）规则？与政策实施初期相比，国内玉米市场供需关系已发生明显变化，是否有必要调整玉米生产者补贴方式？为回答上述问题，本书基于政策评估理论，构建玉米生产者补贴政策评估框架，对玉米生产者补贴政策开展了全过程评估，包括政策方案及执行过程评估、政策效果评估、政策成本与回应性分析，并进一步提出政策优化建议。具体来说，主要研究内容包括以下四个部分。

研究内容一：玉米生产者补贴政策方案及执行过程评估。

本部分开展政策目标分析、政策方案及执行过程评估，回答的核心问题是玉米生产者补贴政策目标、政策方案及政策执行过程是否得当，存在哪些问题。研究发现：①玉米生产者补贴政策目标在玉米非优势产区存在内在矛盾。②玉米生产者补贴政策实施方案存在部分内容缺乏细节说明、补贴依据选择较粗放、补贴范围界定有失公允、部门间未建立有效协作机制、政策下达时间较晚等问题。③玉米生产者补贴政策在执行过程中存在补贴面积核实程序简化、补贴面积核实工作人员短缺、农户对补贴政策具体内容的认知度不高等问题。

研究内容二：玉米生产者补贴政策效果评估。

本部分基于玉米生产者补贴政策的政策目标开展评估。①基于完善玉米价格形成机制的目标，运用多元回归分析、BEKK-GARCH 模型、DCC-GARCH 模型等计量分析方法，建立多元回归模型研究玉米生产者补贴政策对玉米价格形成机制的影响，并通过判断国内外玉米市场及国内玉米产业链市场间的关联关系，对回归结果进行佐证。研究发现，临时收储政策取消后，供需因素重新成为国内玉米价格波动的显著影响因素。通过对不同政策背景下国内外玉米市场及国内玉米产业链市场间关联关系进行比较，得知临时收储政策改革后国内和国际玉米市场间的关联性均有所提高；各玉米产业链上下游市场的整合程度也显著提高，上下游产业逐渐趋于协同发展。②基于保障优势产区农户种粮收益基本稳定，促进种植结构调整的目标。首先，运用双重差分方法从全国层面分析玉米生产者补贴政策对玉米种植面积的影响；其次，运用实证数学规划模型，剔除玉米生产者补贴政策以外的因素变化，分产区分析玉米生产者补贴政策对农户生产和收入的影响。研究发现，从全国层面来看，玉米生产者补贴政策对玉米种植面积存在显著负向影响；从不同产区层面来看，当前补贴标准下玉米生产者补贴政策保障了优势产区农户种粮收益，促进了非优势产区种植结构调整，基本实现政策目标。

研究内容三：玉米生产者补贴政策成本与回应性分析。

本部分旨在测算玉米生产者补贴政策成本，并根据 WTO 规则判断政策的合规性，此外，掌握农户对玉米生产者补贴政策直观的认知与评价及其政策需求与偏好。研究发现：①与临时收储政策相比，玉米生产者补贴政策的政策成本相对较低且更为可控；②玉米生产者补贴政策的实施扭转了玉米补贴多年突破 WTO 规则的困境，但与其他玉米主产国家或地区相比，中国对玉米的政策支持水平仍相对较高；③受补农户对玉米生产者补贴政策的回应性一般，多数农户知道玉米生产者补贴政策，但对玉米生产者补贴政策的主要内容即补贴标准、补贴依据的了解程度有限，对补贴标准的满意度较低，在作出种植决策时多数农户不会考虑玉米生产者补贴。

研究内容四：玉米生产者补贴政策的优化。

本部分运用实证数学规划模型分析不同补贴方式及标准下玉米生产者补贴政策对农户生产和收入的影响，旨在通过比较模拟，得出哪种补贴方式能在提升优势产区玉米产能的同时更好地巩固种植结构调整成果。研究发现：当前补贴方式下非优势产区玉米种植面积存在大幅反弹风险，在非优势产区按照基期种植面积补贴的方式能在巩固种植结构调整成果的同时更好地保障农户种粮收益。

关键词：玉米生产者补贴；政策评估；政策方案；政策执行过程；政策效果评估

目　　录

第一章　导论 … 1

　　第一节　研究背景与意义 … 1
　　第二节　文献综述 … 3
　　第三节　研究目标与研究内容 … 15
　　第四节　研究方法、数据来源与技术路线 … 17
　　第五节　可能的创新点 … 20

第二章　理论基础与分析框架 … 21

　　第一节　概念界定 … 21
　　第二节　理论基础 … 23
　　第三节　理论框架 … 28
　　第四节　本章小结 … 33

第三章　中国粮食补贴政策演变及玉米生产者补贴政策实施 … 34

　　第一节　粮食补贴政策历史演变 … 34
　　第二节　玉米临时收储政策改革与生产者补贴政策实施 … 38
　　第三节　玉米生产者补贴政策实施方案及执行过程评估 … 44
　　第四节　本章小结 … 57

第四章　玉米生产者补贴政策实施效果评估：基于完善玉米价格形成机制的目标 …… 59

第一节　问题提出 …… 59
第二节　特征性事实：国内外玉米价差缩减 …… 61
第三节　不同政策背景下玉米市场价格影响机制比较 …… 62
第四节　不同政策背景下玉米市场价格传递效应比较 …… 68
第五节　本章小结 …… 89

第五章　玉米生产者补贴政策实施效果评估：基于玉米生产和农户收入的目标 …… 91

第一节　玉米生产者补贴政策对玉米种植面积的影响 …… 91
第二节　玉米生产者补贴政策对农户生产和收入的影响
　　　　——基于产区异质性 …… 98
第三节　本章小结 …… 117

第六章　玉米生产者补贴政策成本与回应性分析 …… 119

第一节　玉米生产者补贴政策的财政成本 …… 119
第二节　玉米生产者补贴政策的执行成本 …… 123
第三节　玉米生产者补贴政策支持水平评价 …… 129
第四节　政策的回应性分析：农户对政策的
　　　　认知、评价与期望 …… 138
第五节　本章小结 …… 145

第七章　玉米生产者补贴政策的优化 …… 147

第一节　国外玉米补贴政策演变及启示 …… 147
第二节　玉米生产者补贴政策进一步优化——基于不同补贴方式
　　　　及标准下的比较分析 …… 152
第三节　本章小结 …… 164

第八章　结论与政策建议……166
　　第一节　主要结论……166
　　第二节　政策建议……170
　　第三节　下一步研究方向……173

参考文献……175

附　录……191

第一章 导论

第一节 研究背景与意义

一 研究背景

农业补贴是当前各国政府支持农业发展的有效政策工具之一（Hennssy，1998）。21世纪初，中国政府便提出统筹城乡经济社会发展的发展战略，加大了强农惠农富农政策力度。

玉米作为中国重要的粮食作物，自2008年起，国家便在东北地区实施临时收储政策。临时收储政策的实施在稳定玉米价格、促进玉米生产、保障农户种粮收入等方面发挥了重要的作用。但随着国内外农业发展环境的变化，玉米临时收储政策效能逐渐降低，负面效应逐渐凸显，主要表现在以下几个方面。一是国内外玉米价格倒挂严重。在玉米临储价格不断上调的同时，国际市场玉米价格大幅下降，2014年进口玉米到岸完税价格稳定在1800—1900元/吨，远低于同期2240元/吨的玉米临储价格。二是下游产业成本急剧增加，不堪重负。自20世纪80年代后期以来，玉米消费结构逐渐由主食型消费转变为原料型消费，玉米价格的高低将直接决定下游产业成本。临时收储政策时期，受东北地区玉米临储价格稳步提高的影响，下游产业原料成本大幅提高，幅度高达50%。三是东北三省和内蒙古自治区粮食种植结构失衡加剧。玉米临时收储政策的持续实施导致东北三省和内蒙古自治区玉米、大豆种植间的结构失衡进一步加剧，2008—2015年，东北三省和内蒙古自治区玉米种植面积增加了43.28%，而同期大豆种植面积减少了75.00%。四是财政负担加重。玉米临时收储政策的实施使玉米供给量迅速增加，同时，其导致的国内外价格倒挂使玉米及其替代品的进口量不断增加，二者的相互作用造成"洋货入市、国货入库"，玉米库存高企，截至2015年，玉米库存量已高达2.6亿吨，超过2015年一年的玉米产量，所需库存管理与成本费用更是超过600亿元（张杰、杜珉，2016），收储政策给国家财政造成了巨大的负担。

在此背景下，2016年中央一号文件明确提出按照"市场定价、价补分离原则，积极稳妥推进玉米收储制度改革，建立玉米生产者补贴制度"，2016年5月，财政部印发《关于建立玉米生产者补贴制度的实施意见》，该意见指出将在内蒙古、辽宁、吉林和黑龙江四个省份建立玉米生产者补贴制度，这标志着玉米生产者补贴政策正式实施。与玉米临时收储政策不同，在玉米生产者补贴政策实施过程中，国家不再直接干预玉米价格的形成，而是由市场供需决定玉米价格，同时鼓励农户随行就市出售玉米，国家基于农户的种植面积给予其一定财政补贴。玉米生产者补贴政策的政策目标主要在于完善玉米价格形成机制、保障优势产区农户种粮收益基本稳定及促进种植结构调整。在中国着力推进农业供给侧结构性改革的背景下，生产者补贴政策是中国对农业补贴政策发展方向的又一重要探索。

政策变动能够催生新的研究问题，梳理相关文献发现，目前国内学者对玉米生产者补贴政策开展了一定研究，但研究成果数量有限，主要集中在政策实施背景、实施效果等方面，其中，对政策实施效果的研究主要集中在对种植结构调整的影响方面，尚需从更全面的角度对玉米生产者补贴政策进行客观评价和定量研究。这不仅有利于准确评价和完善玉米生产者补贴政策，而且对未来国家粮食政策的市场化改革、协调农业产业健康发展、提高农民收入等方面都具有重要的借鉴意义。

基于上述情况，本书将在梳理各试点地区玉米生产者补贴政策操作方式的基础上，从政策方案设计、政策执行过程、政策目标实现情况、政策成本、政策回应性等方面综合评价玉米生产者补贴政策。因此，本书涉及的相关问题包括：①玉米生产者补贴政策方案设计及政策执行过程是否得当？②临时收储政策的实施扭曲了国内玉米价格，生产者补贴政策的实施能否在一定程度上改变这种情况，使玉米价格形成机制得以完善？③玉米生产者补贴政策对农户种植行为和种植收入各产生什么影响，能否实现其政策目标？若能，将达到何种效果；若不能，原因何在？④玉米生产者补贴政策的财政成本和执行成本如何？是否符合 WTO 规则？⑤在当前的市场环境下，是否有必要调整玉米生产者补贴方式？若将玉米生产者补贴由挂钩补贴转变为脱钩补贴，其政策效果预期如何？上述问题都值得研究。

二　研究意义

1. 理论意义

根据政策评估的分类，政策评估包括执行前评估、执行中评估和执行后评估，目前对玉米生产者补贴政策的评估多为执行后评估，即对政策实施效果进行评价，但政策方案设计的优劣、政策执行情况的好坏、政策成本的高低均会影响政策目标的实现及政策的可持续性，有必要对政策方案及政策执行过程进行评估、对政策成本进行分析。因此，本书基于政策评估理论，构建政策评估框架，从政策方案设计、政策执行过程、政策目标实现情况、政策成本、政策回应性等方面对玉米生产者补贴政策进行了全过程评估，弥补了现有关于玉米生产者补贴政策评估研究的不足，拓展了研究领域，丰富了定量研究成果，并为类似领域开展相关研究提供了新的视角。

2. 现实意义

本书为生产者补贴政策的完善、优化提供参考。通过对玉米生产者补贴政策方案、政策执行过程、政策实施效果等内容进行评估，能够及时发现该项政策在设计和实施过程中存在的问题，有利于完善该项补贴政策。此外，与玉米生产者补贴政策实施初期相比，当前中国玉米市场供需关系已发生明显变化，比较不同补贴方式及标准下玉米生产者补贴政策实施效果，有助于分析当前市场环境下，哪种补贴方式更有利于政策目标实现，以期为未来玉米生产者补贴政策的优化提供参考。

第二节　文献综述

按照经济合作与发展组织（OECD）对农业支持政策的分类，生产者补贴政策属于直接补贴政策的范畴，因此，本节将在对农业补贴政策必要性的研究进行梳理的基础上，对国内外农业直接补贴政策的相关研究进行评述，并进一步对中国生产者补贴政策的现有研究成果进行梳理和分析。

一 农业补贴政策必要性的研究

关于农业补贴政策的必要性，现有研究主要从农业的特殊性、经济发展需求及政策需求三个方面进行分析。

1. 农业的特殊性与农业补贴的关联性研究

多数学者认为农业的弱质性决定了农业应得到政府扶持。舒尔茨（1945）认为农业生产者在面临市场风险时是脆弱的，与工业相比，农民只能自己承担大部分的调节成本，这迫使其需要政策支持。国内学者如何忠伟和蒋和平（2003）、李长健和朱梓萁（2006）、王秀东和李斌（2017）等普遍认同与其他产业相比，农业是既受自然条件限制又受市场供求关系制约的弱质产业，政府需要对其进行扶持。此外，农业因具有外部性需得到政府扶持的观点也得到多数学者的认可。庇古（1920）认为以补贴和税收的手段对市场进行干预便可解决外部性。Lankoski 和 Ollikainen（2003）认为实施化肥使用税和缓冲带补贴的农业环境政策能在保留景观和生物多样性的同时减少营养物质流失。韦苇和杨卫军（2004）认为农业具有正外部性的特点，但不合理的农业活动会造成负外部影响，外部性内化是处理外部性问题的基本思路。胡元聪（2009）认为农业的正外部性主要表现在对其他产业的支持、对生态环境的保护及农业对人文环境的促进作用，应对农业部门进行补贴，以实现对其正外部性的补偿。

2. 经济发展需求与农业补贴的关联性研究

工业反哺农业是一国工业化发展到一定时期后工农关系和城乡关系出现的新特征。Olson（1985）认为在发展早期，农业常处于被征税地位；但在比较发达阶段，农业常受到政策保护。Anderson（1986）对日本、韩国及中国台湾省的贸易政策进行分析后发现工业化发展初期各国会向农业征税以推进工业化进程，而当工业成为主导产业时，就会实行对农业的扶持与保护。仲大军（2004）研究发现一些发达国家在工业化达到一定程度后往往会反哺农业。任保平（2005）认为工业部门的扩张受到抑制是由农业不发展、农业剩余出现短缺导致的。张乃丽和欧家瑜（2018）认为工业反哺农业是工业化发展到一定阶段后国家进行结构性战略转型的必然选择。

3. 政治需求与农业补贴的关联性研究

速水佑次郎和神门善久（2003）指出，在产业间劳动报酬率趋于平衡之前，收入差距会加剧农户的不满情绪，进而导致社会和政治上的不稳，为缓解该矛盾，许多发达国家都采取了维持农产品价格、保障农民收入的农业保护政策，通过发放补贴、税收优惠等维持和提高农业的收入。Kym（2002）认为粮食补贴政策是政治博弈的结果。Godo（2012）研究发现日本政治家通过维持对农业的保护以保障其支持率。程国强（2011）也指出从社会和政治角度来看，农业问题是典型的政治经济学问题，特别是在西方国家的选举制度下，对农业保护政策的诉求体现在农业团体的政治活动中。

二 关于农业直接补贴政策的研究

1. 农业直接补贴政策影响粮食生产的研究

国内外学者对农业直接补贴政策能否影响粮食生产持不同观点，一些学者认为农业直接补贴政策增产效果明显，另一些学者则认为农业直接补贴政策增产作用有限。

农业直接补贴政策促进粮食生产。一些学者认为农业直接补贴能通过降低风险、缓解信贷约束和刺激劳动力投入等方式促进粮食生产。Hennessy（1998）认为直接补贴会使农户的收入增加，降低农户的风险厌恶水平，避免农户因担心自然风险和产品价格波动而减少投入，从而促进产出。Burfisher 和 Robinson（2000）研究发现部分农户得到农业补贴后会购买农业保险，并扩大生产。Young（2000）、Adams 等（2001）、Goodwin 和 Mishra（2006）分别对美国实施的收入补贴进行了实证分析，研究均发现收入补贴显著提高了农作物播种面积。Anton 和 Mouel（2004）分析了反周期补贴对产出的影响，发现反周期补贴降低了农户的风险厌恶水平，农作物种植面积增加。Goodwin 和 Mishra（2005）研究发现直接补贴能使因受信贷约束而不能调整生产方式的农户调整到最优的生产方式，进而促进粮食生产。Sekokai 和 Moro（2006）、Christopher 和 Jason（2007）、Kropp 和 Whitaker（2009）均认为直接补贴提高了农民信贷能力，降低了成本压力，农户粮食生产积极性提高。Key 和 Roberts（2009）认为直接补贴导致农业劳动投入增加，从而农业产出增多。Yi 等（2015）认为粮食补贴改善了流动性受限于家庭农户的粮食种植面积。Yi 等（2016）认为粮食直接补贴通过加大要素投入促进粮食生产。

张红玉和赵俊兰（2008）、吴连翠和陆文聪（2010）研究均发现粮食直接补贴政策通过激励农民增加土地投入以促使粮食增产。朱正贵等（2009）、刘克春（2010）的研究均表明粮食直接补贴提高了农户种粮积极性，粮食产量随之提高。于建霞等（2014）运用个体固定效应模型实证分析了不同类别的粮食补贴政策对山东省粮食产出的影响作用，认为各类粮食补贴对山东省总体粮食产量均有显著影响。彭小辉（2014）认为农户会根据政策变化调整农业生产投入和种植结构，引致粮食增产。王欧和杨进（2014）研究发现农业补贴能缓解贫困地区资本短缺状况，改善当地生产条件，进而促进粮食生产。张荐华和刘培生（2015）研究发现粮食直接补贴对粮食产量有显著正向影响。张慧琴等（2016）运用动态面板数据模型分析了粮食直补对生产的影响，发现该补贴通过平抑粮食生产成本调动农户种粮积极性。李明文等（2019）运用 Nerlove 动态分析模型分析发现农业补贴政策正向影响粮食播种面积。

农业直接补贴政策增产作用有限。持该观点的原因主要包括：一是粮食直接补贴额度较小，无法调动农户种粮积极性；二是部分直接补贴与粮食生产脱钩，无法正面促进粮食生产。具体梳理如下：

在国外研究中，Breen 等（2005）、Ahearn 等（2006）的研究均发现脱钩农业补贴不会对农民的种植行为产生显著影响，补贴实施前后农民的生产行为没有显著变化。Tranter 等（2007）考察了单一农场支付对农户种植行为的影响，发现该政策不会导致显著的短期变化，仅30%的农户表示会改变其种植行为。Alston 和 Julian（2010）模拟发现美国取消所有的农业政策对主要作物产量的影响有限。Weber 和 Key（2012）基于 2002—2007 年美国农业普查数据分析了直接补贴对油菜籽产量的影响，发现补贴变化并未对油菜籽产量造成显著影响。Mary（2013）认为直接补贴促进农业生产的效果并不显著，因为该补贴对农场资金和农业劳动时间存在反向激励作用。Daniel（2014）认为农业补贴的实施对农业种植规模的影响不显著，这主要在于各种农业间的复杂关系和享受补贴的自我选择性。

在国内研究中，马彦丽和杨云（2005）基于河北实地调研情况统计分析了粮食直补对农户种粮意愿、生产投入的影响，认为该补贴未能使农户扩大种植面积，也未导致化肥、种子等生产资料投入增加。王姣和肖海峰（2006）通过模拟分析发现因粮食直补水平较低，农户种粮积极性并未显著提高。刘小春等（2008）通过实地调研发现粮食直接补贴政策对农民生产行为影响不大，补贴主要起信号作用。周清明（2009）和李韬（2014）分别运用 Logit 模型和 Probit 模型分析了粮食补贴对农民种粮意愿的影响，发现粮食补贴政策对农民种粮意愿没有显著影响。蒋和平和吴桢培（2009）在湖南省汨罗市实地调研发现因现行的粮食补贴与实际种植户不挂钩，未能使农田种粮面积增加。吴连翠和陆文聪（2011）通过模拟分析发现脱钩的直接补贴对粮食生产没有激励作用。黄季焜等（2011）、占金刚（2012）均认为粮食直接补贴的增产作用并不明显。钟春平等（2013）认为农业补贴不足以弥补生产资料价格上涨，农户对农业生产的投入没有太大改善。魏君英和何蒲明（2013）发现粮食直接补贴资金较少，无法调动农户增加粮食种植面积的积极性。江喜林（2013）认为由于综合性补贴与粮食生产行为脱钩，该补贴并未有效促进粮食生产。胡迪等（2019）运用面板数据模型实证分析了大豆目标价格补贴政策对农户生产行为的影响，研究表明，试点区大豆目标价格补贴政策未能提高农户种植积极性。黄少安等（2019）认为粮食直接补贴政策实施初期有效刺激农户增加粮食产量，但这一作用很快减弱甚至消失。易小兰等（2020）认为农业支持保护补贴对水稻、小麦等播种面积的影响并不显著。韩昕儒和张宁宁（2020）利用围观调研数据实证研究了粮食直接补贴对农户种粮规模的影响，研究发现由于粮食直接补贴由土地承包者获得，不利于种植规模的扩大。

2. 关于农业直接补贴政策影响农户收入的研究

一种观点认为，农业直接补贴政策增收作用显著。Westcott 等（2002）、Burfisher 和 Hei（2005）分别考察了美国脱钩直接补贴的实施效果，发现脱钩补贴增加了农户收入。Diamaran 等（2003）研究发现以土地为补贴依据的直接补贴可以保护农民收入。Yu 和 Jensen（2010）认为粮食补贴政策实现了提高农业收入的政策目标。Femenia 等（2010）研究发现欧盟农业直接补贴带来的土地价格资本化对农地产生了较大的财富效应，这使直接补贴政策对农户的利润产生影响。刘孟山等（2006）通过实地调研发现粮食综合直补有效保障了农民收入。韩喜平和茼荔（2007）认为直接补贴政策使农户收入保持较快增长。侯明利和傅贤治（2008）的研究表明粮食补贴政策增加了农户的种粮收益。沈淑霞和佟大新（2008）通过对吉林省粮食直补政策实施情况进行分析，发现该补贴政策增加了农民收入。苑韶峰等（2008）认为农业直接补贴增收效果明显。钟甫宁等（2008）对江苏省的实证研究发现粮食直接补贴通过提高土地租金增加土地所有者的收入。陶建平和陈新建（2008）的研究表明粮食直补是增加农户收入的有效政策之一。颜佳俊等（2013）运用平均处理效应模型（ATEM）对挂钩补贴和脱钩补贴两类补贴方式进行定量比较，发现脱钩补贴方式更有利于保障农民种粮收入。孙钚（2014）以黑龙江省为例，分析发现土地所有者收入增加的原因为农业补贴政策导致地租增加。霍增辉等（2015）运用广义可行最小二乘估计法研究发现粮食补贴政策具有显著的增收效应。杨芷晴和孔东民（2020）认为农业支持保护补贴促进农民增收。

另一种观点认为，农业直接补贴对农民增收的作用不明显。Dewbre 和 Short（2002）认为在粮食价格下降及生产成本上涨的背景下，较低的农业补贴资金对农户收入的影响甚微。Happe 和 Balmann（2003）、Kirwan（2004）、Serra 等（2006）均认为直接补贴最终转化为地租，不影响生产者收入。Lim（2007）认为美国固定支付的增产增收作用均有限。朱金鹤和傅晨（2006）认为粮食直接补贴增收效果并不显著，其信号意义大于对农户收入的实际支持效果。赵海东（2006）认为当前中国实施的农民直接补贴政策无法持续促进农民增收。李鹏和谭向勇

（2006）的研究发现由于粮食直补标准较低，该补贴对种粮净收益的影响有限。马文杰和冯中朝（2007）认为由于粮食直补力度较低，粮食直补对提高农民收入的作用有限。周应恒（2009）模拟分析发现粮食直补在促进农民增收方面作用十分有限。穆月英和小池淳司（2009）运用空间性应用一般均衡（SCGE）模型模拟分析发现粮食直接补贴政策的实施使国民收入略有减少。何树全（2012）研究发现由于中国粮食直接补贴政策水平太低，对农户收入的增加没有实质性的刺激作用。袁宁（2013）认为现行补贴水平较低，粮食直接补贴政策的增收效果不明显。李金珊和徐越（2015）通过实地调研证实直接补贴在提高农民收入方面是无效率的。朱青和卢成（2020）运用面板分位数回归法实证分析了财政支农政策对农户收入的影响，研究表明财政补贴并未显著改善农民的收入流动状况。

3. 关于农业直接补贴政策影响福利的研究

现有关于农业直接补贴政策对福利的影响研究结论不一。一类研究认为农业直接补贴政策有助于改善福利状况。Gardner（1983）以目标价格政策和限产政策为例进行分析，认为目标价格政策给生产者带来更多的福利增加。Abbott（1987）、Alston 和 Sumner（2007）均认为农业补贴有助于改善社会福利。左宁（2005）分析了发达国家直接补贴政策的福利效应，认为脱钩的方式减轻了政府的财政负担，增加社会总福利的效果也更显著。王玉霞和葛继红（2009）研究发现与价格支持政策相比，收入支持政策能使社会总福利得到改善。叶慧等（2008）研究发现按面积补贴的方式更有利于提高粮食部门福利。李光泗和郑毓盛（2014）认为价格波动降低社会福利，目标价格政策的实施能够平抑该影响。郭庆宾等（2018）运用 Logit 收入半对数农户福利效应模型进行实证研究发现直接补贴对农户福利具有显著正向影响。另一类研究认为农业直接补贴政策对福利产生消极影响。Elinder（2005）、De Gorter 和 Just（2009）的研究均表明农业直接补贴会造成无谓的成本和福利损失。Duquenne 等（2019）使用柯布—道格拉斯生产函数实证分析了欧盟 CAP 政策的实施效果，发现农业补贴政策并未影响农户福利。高峰和罗毅丹（2006）认为农业补贴政策不能改善经济整体福利状况。曹帅等（2012）运用 GTAP 模型分析了中国农业补贴政策的变化，发现增加农业补贴会减少社会整体福利。蔡海龙和马英辉（2018）运用均衡移动模型（EDM）分析了大豆目标价格政策的福利效应，认为目标价格补贴会导致社会福利损失。

4. 关于农业直接补贴政策存在的问题与对策的研究

现有研究中关于农业直接补贴政策存在的问题与对策的研究较多，学者认为中国农业直接补贴政策存在的问题主要表现为补贴成本较高、补贴额度较小、补贴方式单一等，并根据不同地区粮食直接补贴政策呈现的问题，提出相应的对策意见。具体梳理如下。

肖国安（2005）认为直接补贴政策的补贴额度较小，对农民增收作用不大，并且无法稳定粮食价格，应实施直接补贴和价格支持相结合的补贴政策。杨秀琴（2007）研究发现补贴标准过低、补贴方式地区差异大、补贴政策执行成本高及增产与增收目标难以同时实现是粮食直接补贴政策存在的主要问题，应从加大补贴力度、拓宽粮补资金来源等方面完善粮食直补政策。孙开和高玉强（2010）认为粮食直接补贴存在补贴依据复杂、补贴标准较低等问题，并从规范补贴的范围和依据、适当提高补贴标准、构建合理的直接补贴资金筹集机制与分配机制等方面提出对策建议。张瑞红（2011）调研发现现行的粮食直补政策实施中存在补贴力度偏小、个别地方发放方式不规范等问题，政府应加大补贴力度、采取多样化补贴方式，并建立有效的监督评价机制，以确保补贴分配的公平。黎家远（2012）研究发现补贴政策在实际操作中存在政策瞄准机制出现偏差、补贴资金使用绩效较低、补贴方式单一且不利于可持续发展、补贴政策缺乏促进机制等问题，政府应该在重新构建粮食直接补贴政策的作用机制的同时创新粮食直接补贴政策的补贴方式，以完善粮食直补政策。田聪颖（2018）实地调研发现大豆目标价格补贴政策在执行过程中存在政策宣传不到位、农户对政策认知度低等问题。耿仲钟和肖海峰（2018）实地调研发现农业支持保护补贴政策在实施中存在补贴标准较低、补贴面积核实烦琐、信贷担保体系未有效建立等问题，政府应加大对种粮大户的补贴力度、创新方式完善补贴面积核实工作等。

三 关于玉米生产者补贴政策的研究

1. 关于生产者补贴政策的经济学分析

王文涛和王富刚（2018）通过与玉米临时收储制度相比较，分析玉米生产者补贴制度的经济学原理，探讨政策实施的经济效应，认为与临时收储制度相比，实施玉米生产者补贴制度的地区生产者剩余不变，对于非政策实施区的生产者而言收入不公平性更大。田聪颖和肖海峰（2018）认为从刺激生产的角度来看，目标价格补贴政策和生产者补贴政策均具有增产效应，但目标价格补贴政策的增产效应更稳定；从财政支出的角度来看，目标价格补贴政策的补贴支出具有较大的不确定性。

2. 关于玉米生产者补贴政策实施背景研究

尚强民（2016）认为政策性收购导致供大于求的矛盾日益突出，粮食政策调整的任务十分紧迫。郑适（2016）指出政策性收储导致国内外价差日益扩大、库存积压严重、财政负担过重等问题出现，在中国经济进入新常态的背景下，政策性收储政策已不能适应新形势，有必要对其进行改革。樊琦等（2016）认为玉米临储制度在保护种粮农民利益、促进粮食增产等方面发挥了重要作用，但现行政策调控目标的多重性和功能存在严重错位，调整和完善玉米收储制度已逐渐成为社会共识。程国强（2016）认为中国粮价政策调整的倒逼机制已经形成，正处于改革的重要关口。顾莉丽和郭庆海（2017）指出玉米临储政策在使农民增产增收的同时，造成下游产业成本急剧提升、国产玉米完全丧失市场竞争力、东北地区粮食种植结构失衡加剧、生态资源环境破坏等负面效应，致使这一政策难以为继。

3. 关于玉米生产者补贴政策影响价格形成机制的研究

现有文献中多数学者运用定性分析的方法考察玉米生产者补贴政策对玉米价格形成机制的影响，常见的评估指标主要为玉米临时收储政策改革前后国内外价差、玉米下游企业经营状况等。张崇尚等（2017）在大量实地调查和数据分析的基础上发现玉米生产者补贴政策使玉米价格回归到合理的市场价格，完善了玉米市场定价机制。周圣钧等（2017）通过大量实地考察与数据分析发现生产者补贴政策的实施降低了玉米价格，并在一定程度上减轻了相关饲料加工企业的压力。蔡海龙等（2017）通过实地调研发现玉米生产者补贴政策实施后加工和饲料企业盈利空间增加，玉米产业上下游关系趋于协调。丁声俊等（2017）通过数据分析发现玉米临时收储政策改革后加工企业开工率持续回升。刘慧等（2017）、宫斌斌等（2021）通过实地调研和数据分析发现临时收储政策改革缩减了国内外玉米价差，深加工企业经营状况得到改善。少数学者运用定量分析的方法从价格传递的视角考察玉米生产者补贴政策对玉米价格形成机制的影响。刘婷和王凌（2020）运用BEKK-GARCH模型分析玉米生产者补贴政策实施前后国内玉米期现货市场间关联性，发现临时收储政策改革后国内玉米期现货市场间引导作用增强。沈宇丹等（2018）、林光华和陈佳鑫（2018）分别运用VAR和VEC模型考察了生产者补贴政策实施前后国内外玉米价格传导效应，发现生产者补贴政策实施后国内外玉米价格间的联动性增强。乐姣等（2021）利用门限向量误差修正模型实证分析了临时收储政策改革前后国内外玉米价格的非对称传导关系。凌正华和孔令一（2018）运用VAR-DCC-GARCH模型研究临储政策改革前后玉米与淀粉期货价格间的传导效应，发现临时收储政策改革后玉米与淀粉期货价格之间由不存在双向引导关系转为存在显著的双向引导关系。郝明睿等（2020）运用双重差分法实证分析了玉米价补分离政策对玉米价格的影响，认为价补分离政策导致玉米价格下降，促进了玉米价格市场化。

4. 关于玉米生产者补贴政策影响农户生产的研究

现有研究中关于玉米生产者补贴政策影响农户生产的研究较多，一部分学者根据实地调研情况，描述分析玉米生产者补贴政策对农户生产的影响。如顾莉丽等（2018）以吉林省为例，通过实地调研发现玉米收储制度改革促进种植结构调整。张永占和郭雅欣（2018）通过对黑龙江省农户种植意愿进行分析，发现价补分离政策导致黑龙江省玉米种植面积减少。宫斌斌等（2021）认为缺乏弹性的生产者补贴完全忽略了收购市场价格的波动，可能对农户生产行为产生严重误导，形成过度的供给。另一部分学者基于宏微观数据实证分析了玉米生产者补贴政策对农户生产的影响，多数研究表明该补贴政策促使农户调整种植结构。李娟娟和沈淘淘（2018）研究发现市场化收购后，随着市场价格逐渐回归合理水平，农户种植结构调整意愿增强。刘慧等（2018）基于吉林省 359 个农户数据，实证分析了收储制度改革在东北地区玉米优势产区和非优势产区的实施效果，研究表明非优势产区农户结构调整意愿较高。田聪颖和肖海峰（2018）基于"镰刀弯"地区农户调研数据，运用 PMP 模型模拟分析了玉米、大豆生产者补贴政策实施效果，发现现行生产者补贴在一定程度上可引导农户调减玉米、增种大豆，但补贴政策具有一定局限性。阮荣平等（2020）运用 DID 模型分析了临储政策改革对玉米生产的影响，认为生产者补贴对玉米生产的影响有较强的时间异质性。倪学志和张布花（2020）通过数据分析发现价补分离政策的实施并未使内蒙古自治区玉米种植面积显著降低。许鹤等运用 DID 和 PSM-DID 实证分析发现玉米生产者补贴政策减少了玉米单位面积要素投入。许鹤等（2021）基于吉林省宏微观数据，运用多元 Logistic 模型实证分析发现玉米生产者补贴政策调减了非优势产区农户玉米种植面积。丁永潮等（2022）运用固定效应模型分析了农户对玉米临时收储制度改革的响应，认为临时收储制度改革会引导农户调整玉米种植面积。

5. 关于玉米生产者补贴政策影响农户收入的研究

现有研究中关于生产者补贴对农户收入的研究较为有限，多数学者根据实地调研情况定性分析了玉米生产者补贴政策对农户收入的影响。如蔡海龙等（2017）通过对东北三省进行实地调研发现，价补分离导致玉米价格下跌，进而导致农户亏损，且种植规模越大，亏损越严重。郑适和崔梦醒（2017）认为玉米市场化改革使玉米价格回归市场，这导致农民种粮收入缩水，农民利益受损问题十分突出。张磊和李冬艳（2017）认为玉米临储政策改革后，玉米价格回归市场，玉米种植收益减少，农民收益下降。顾莉丽等（2018）通过对粮食主产区吉林省的实地调查发现，改革在促进种植结构调整、激励多元购销主体入市、激活玉米加工企业、提高国产玉米竞争力等方面取得显著成效，但也产生了农民收入下降、生产者补贴方案粗放等问题。高鸣和习银生（2018）通过实地调研发现生产者补贴制度的执行成本较高，农民利益受损。高璐（2018）通过实地调研发现玉米临时收储政策改革致使优势产区和非优势产区农户玉米种植收益均有所下降。仅少数学者运用定量方法实证分析了玉米生产者补贴政策对农户收入的影响。如曾智和何蒲明（2020）运用合成控制法和双重差分法实证分析价补分离政策对农民收入的影响，研究表明，价补分离政策降低了东北地区农民人均纯收入。宫炳含等（2021）运用双重差分法实证分析玉米生产者补贴政策对农户种粮收入的影响，研究表明，该政策抑制了东北地区农户种粮收入增长。田叹（2021）利用省级面板数据实证分析了玉米价补分离政策对农户收入的影响，研究表明，收储制度改革促使农民增收。

四 对现有研究的述评

国内外学者从不同角度对农业补贴政策开展了大量研究，形成了许多有价值的研究成果。包括以下两点：一是农业因其特殊性、经济发展需求和政治需求而需获得政策保护的观点已得到广泛认同；二是有关直接补贴政策的研究主要集中在其增产增收效果、对社会福利的影响和存在的问题及对策等方面，不同的研究给出了不同的回答。

具体到本书的研究对象，现有关于玉米生产者补贴政策的研究已取得了一些成果，主要有以下两个方面：一是对玉米生产者补贴政策实施背景进行研究，认为以托市收购为核心的临时收储政策已难以为继，粮价政策正处于改革的重要关口；二是对中国玉米生产者补贴政策的实施效果进行了定性分析和定量分析，认为玉米生产者补贴政策提高了玉米市场化程度，但在促进种植结构调整和保障农户种粮收入方面仍存在争议。

现有的研究成果为本书研究提供了重要参考，但从对已有文献的梳理可知，对玉米生产者补贴政策的研究仍存在一定不足。

一是对于中国玉米生产者补贴政策的实施情况、政策成本及农民的反应缺乏详细的系统梳理。本书将依据调研资料对政策实施方案及执行情况进行系统梳理，并进一步对政策成本及农户对该政策的认知与评价进行分析。

二是目前关于玉米生产者补贴政策影响农户种粮收入的研究仍以定性分析为主，但因同期实施的相关农产品支持政策较多，运用定性分析很难提取生产者补贴政策的净效果，导致定性分析解释力度不足。因此，本书运用定量分析方法剔除玉米生产者补贴政策以外的因素，评价玉米生产者补贴政策对农户种粮收入的影响。

三是现有研究在分析玉米生产者补贴政策实施效果时未考虑政策目标的产区差异，往往将玉米优势产区和非优势产区合并，综合分析玉米生产者补贴政策实施效果，导致研究结果未能基于政策目标客观反映政策效果，因此本书将在厘清玉米生产者补贴政策目标的基础上，基于政策目标，分产区客观评价其政策效果。

第三节 研究目标与研究内容

一 研究目标

本书的总目标是在对中国玉米生产者补贴政策的内涵和实施状况进行系统梳理的基础上，首先对政策方案及政策执行过程进行评估，然后重点运用定性、定量分析方法从完善价格形成机制、保障农户种粮收益、促进种植结构调整等视角对中国玉米生产者补贴政策的实施效果进行评价；同时，测算政策财政成本和执行成本，描述农户对政策的认知与评价，以期为改进和完善该项政策提供理论参考和政策建议。

研究的具体目标包括：

①开展玉米生产者补贴政策方案及执行过程评估，分析玉米生产者补贴政策方案设计及政策执行过程是否得当，存在哪些问题。

②立足农业部门，围绕政策目标评价玉米生产者补贴政策的政策实施效果。一方面，实证分析玉米生产者补贴政策对玉米价格形成机制的影响；另一方面，通过政策模拟，剔除玉米生产者补贴政策以外的政策变化，客观评价其对农户玉米种植面积、产量和农户种植业纯收入的影响。

③测算玉米生产者补贴政策的财政成本和执行成本，并运用WTO对农业综合支持量的测度方法，估量政策的合规性，此外，对玉米生产者补贴政策进行回应性分析，掌握农户对补贴政策的直观认知和评价，以及其政策需求与偏好。

二 研究内容

本书的研究内容主要包括以下五个部分。

第一部分为"中国粮食补贴政策演变及玉米生产者补贴政策实施"。

该部分在对中国粮食补贴政策发展历程梳理的基础上，分析了中国玉米生产者补贴政策的实施情况。首先，对自中华人民共和国成立以来中国粮食补贴政策历史演变进行回顾；其次，阐述中国玉米生产者补贴政策实施背景；再次，对试点省份玉米生产者补贴政策实施方案进行梳理与评价；最后，根据调研实际情况对试点地区玉米生产者补贴政策执行过程进行梳理与评价。

该部分分析所使用的资料主要源于农业农村部、财政部、国家发改委关于玉米生产者补贴政策文件，玉米生产者补贴政策实施省份的官方文件及调研资料。

第二部分为"玉米生产者补贴政策实施效果评估：基于完善玉米价格形成机制的目标"。

"完善玉米价格形成机制"是玉米生产者补贴政策的重要目标，本部分基于该政策目标进行评价。首先，根据国内外玉米价格变动情况及玉米下游产业经营状况初步判断玉米生产者补贴政策对玉米价格形成机制的影响；其次，以玉米价格为被解释变量建立回归模型考察不同政策背景下影响玉米价格形成的因素；最后，基于价格传递效应理论，对玉米生产者补贴政策实施前后国内外玉米市场间及国内玉米产业链市场间的价格传导关系进行实证分析，以考察不同政策时期各玉米市场的整合程度。

该部分分析所使用的数据主要源于中华人民共和国国家统计局、美国农业部、国际货币基金组织主要商品价格数据库、世界银行 GEM 数据库及 Wind 数据库。

第三部分为"玉米生产者补贴政策实施效果评估：基于玉米生产与农户收入的目标"。

"保障优势产区农户种粮收益基本稳定，促进种植结构调整"是玉米生产者补贴政策的核心目标，本部分将基于该目标进行评价。首先，基于地市级面板数据，运用双重差分方法从全国层面分析了玉米生产者补贴政策对玉米种植面积的影响；其次，基于调研数据，通过建立实证数学规划模型，将玉米、大豆补贴政策的变化纳入模型的考虑范畴，控制玉米生产者补贴政策以外的因素，分产区分析玉米生产者补贴政策对不同规模农户和不同兼业农户种植行为及种植业收入的影响。

该部分分析所使用的数据主要源于各省份的省级统计年鉴、市级统计年鉴、EPS 数据库、Wind 数据库及对农户调查获取的一手数据资料。

第四部分为"玉米生产者补贴政策成本与回应性分析"。

本部分主要从政府层面评价政策的财政成本和执行成本，并进一步测算玉米生产者补贴政策的合规性以及农户对政策的评价与期望。首先，利用宏观数据测算玉米生产者补贴政策实施前后补贴资金和库存成本年际差异；其次，利用微观调研数据从省（自治区、直辖市）、县（市、区镇）、乡（镇）、村四级行政区划对政策执行成本进行度量；再次，运用WTO和OECD两种国际公认的农业政策评价指标体系评价中国对玉米这一特定农产品的支持水平；最后，根据农户微观调研数据了解玉米生产者的政策反响。

本部分分析所使用的数据主要源于中华人民共和国国家统计局、国家粮食和物资储备局网站公布的信息、微观农户调研数据、微观调研资料、WTO通报数据、OECD数据库。

第五部分为"玉米生产者补贴政策的优化"。

前述部分主要分析了玉米生产者补贴政策的政策效果，本部分则落脚到如何优化玉米生产者补贴政策。首先，以欧美为例，归纳国外玉米补贴政策变化给予的启示，分析中国玉米生产者补贴政策未来的可能走向；其次，运用PMP模型分析各补贴方式及标准下玉米生产者补贴政策对农户生产和收入的影响，旨在通过比较模拟结果得出哪种补贴方式能在提升优势产区产能的同时更好地维护非优势产区种植结构调整成果，以期为中国玉米生产者补贴政策的进一步完善提供参考。

该部分分析所使用的数据主要源于微观农户调研数据。

第四节 研究方法、数据来源与技术路线

一 研究方法

1. 统计分析法

利用宏观统计资料和微观调研资料进行描述统计分析。第一，对中国玉米生产者补贴政策实施方案、执行状况及存在的问题进行描述统计分析；第二，对模型所涉及的变量特征进行描述统计分析；第三，利用宏观数据分析玉米生产者补贴政策的财政成本；第四，根据中国向WTO通报的数据及OECD数据库数据，分析中国对玉米这一特定农产品的政策支持水平；第五，运用微观调研数据，分析玉米生产者补贴政策的执行成本。

2. 定量分析方法

第一，运用回归分析，以玉米市场价格为被解释变量考察不同政策时期影响玉米价格形成的因素；第二，运用 BEKK-GARCH 模型和 DCC-GARCH 模型分析不同政策背景下国内外玉米市场间及国内玉米产业链市场间的关联关系；第三，运用双重差分模型，以"玉米种植面积"为被解释变量，从全国层面分析玉米生产者补贴政策对玉米种植面积的影响；第四，运用实证数学规划模型分析玉米生产者补贴政策对农户玉米种植面积、产量和农户收入的影响，包括在不同补贴方式（与实际种植面积挂钩的补贴、与商品粮数量挂钩的补贴以及脱钩补贴）、不同补贴标准下农户玉米种植面积、产量和农户收入的变化情况。

3. 比较分析方法

第一，比较不同政策时期玉米价格形成的影响因素及各玉米市场间的关联关系，回答玉米生产者补贴政策的实施是否完善了玉米价格形成机制的问题；第二，对不同模拟情景下政策实施效果的比较，得出玉米生产者补贴政策对农户生产和收入的作用效果；第三，比较不同补贴方式及不同补贴标准下农户玉米种植面积、产量和种植业纯收入的模拟结果，得出哪种补贴方式更有利于保障优势产区农户种粮收入、促进非优势产区进行种植结构调整。

二 数据来源

本书统计数据分别源于《中国农村统计年鉴》《全国农产品成本收益资料汇编》《中国农产品价格调查年鉴》等统计年鉴，国际货币基金组织主要商品价格数据库、Wind 数据库数据，以及国家发改委等网站发布的官方文件等。

本书使用的微观数据是在玉米生产者补贴政策实施地区进行实地调研获取的一手资料。综合考虑玉米产地特征及玉米生产者补贴政策实施情况，选取了吉林和内蒙古两个省份开展调研。首先，对玉米生产者补贴政策实施地区从事玉米生产的农户进行一对一访谈，从上述两个调研省份选取 2 个县，每个县选取 4 个村，每个村选取 11 户进行访谈，获得调研样本总量为 176 户。调研内容主要包括家庭基本情况、农作物生产及销售情况、对生产者补贴政策的评价及期望等几个方面。其次，采取与调研省级、县级农业部门相关领导以及乡镇、村委会干部座谈的方式，向其了解本地玉米生产者补贴政策实施情况、执行成本、经验、问题和建议等。

三 技术路线

本书的技术路线如图1-1所示。

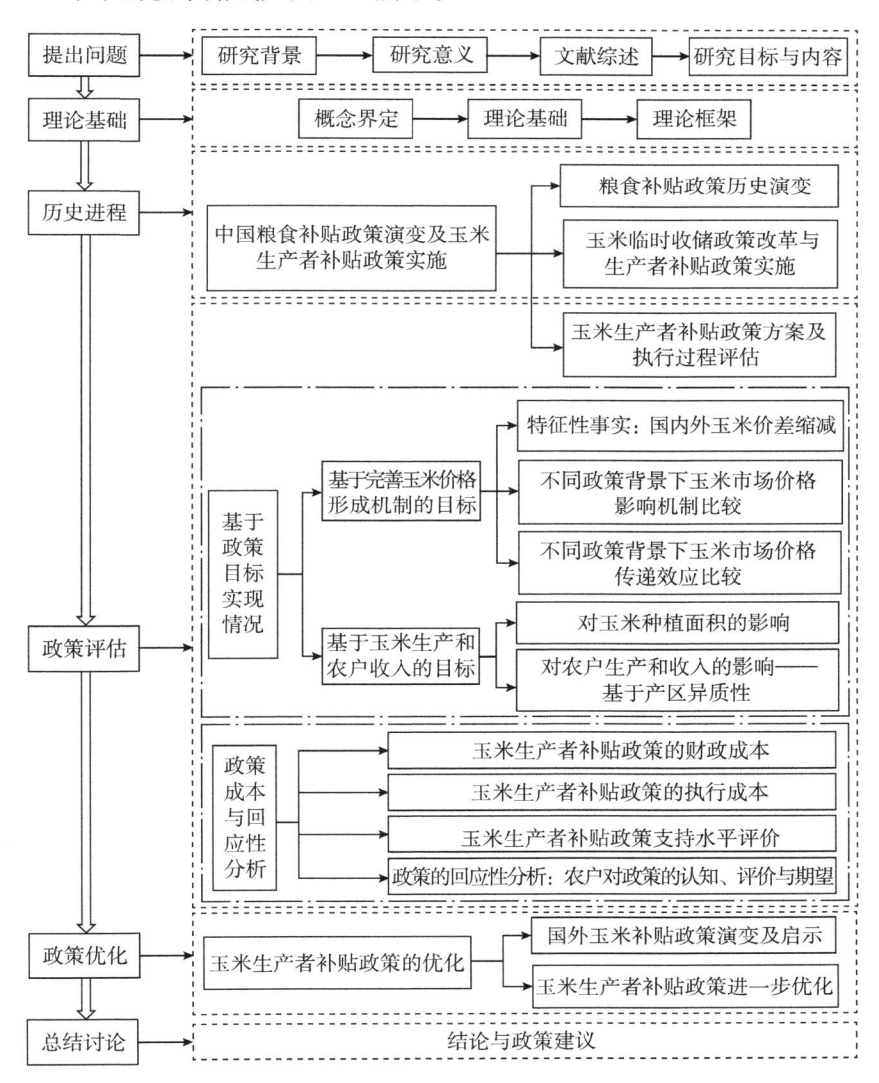

图1-1 本书的技术路线

第五节　可能的创新点

与已有文献相比，本书的边际贡献体现在以下两点。

第一，已有研究主要侧重对政策效果的评估，而本书基于政策评估理论，构建政策评估理论框架，对玉米生产者补贴政策开展全过程评估，既包括对政策效果的评估，也包括对政策方案、执行过程、政策成本、政策合规性及政策回应性等方面的评估，丰富了研究内容。此外，现有多数研究在分析玉米生产者补贴政策实施效果时未考虑政策目标的产区差异，导致研究结果未能基于政策目标客观反映政策效果，因此本书以政策目标为导向，分产区客观评价其政策效果。

第二，现有研究关于玉米生产者补贴政策未来发展方向的研究较少，与玉米生产者补贴政策实施初期相比，当前国内玉米市场环境已发生明显变化，有必要根据当前国内玉米市场环境调整、优化玉米生产者补贴政策。在政策实施初期，国内玉米产量、消费量和库存量"三量齐增"，国内玉米市场供过于求，但当前国内玉米市场逐渐呈现供需偏紧的态势，如何在巩固结构调整成果的同时更好地提升优势产区玉米产能成为亟待解决的问题。在此背景下，继续按照当前补贴方式进行补贴是否合适，是否有必要调整玉米生产者补贴方式。目前，关于该方面的研究还较少，鉴于此，本书借助PMP模型模拟分析了不同补贴方式及标准下玉米生产者补贴政策对各产区农户生产和收入的影响，并通过比较分析得出哪种补贴方式更有利于提升优势产区玉米产能并巩固结构调整成果，以期为玉米生产者补贴政策的优化提供参考。

第二章　理论基础与分析框架

本章首先对研究中常用的名词进行概念界定与说明，包括玉米生产者补贴政策、玉米优势产区和玉米非优势产区等；其次梳理相关理论，并据此构建本书的研究框架。

第一节　概念界定

一　玉米生产者补贴政策

2016年5月，财政部印发《关于建立玉米生产者补贴制度的实施意见》，这意味着自2016年起，中国将取消连续实施八年的玉米临时收储政策，开始在东北三省和内蒙古自治区实施玉米生产者补贴政策。玉米生产者补贴政策的主要内容可总结为"市场定价、价补分离"，其中，"市场定价"是指国家不再直接干预玉米价格的形成，玉米价格由市场供需决定，生产者随行就市出售玉米，各类市场主体自主入市收购；"价补分离"是指生产者随行就市出售玉米的同时，国家给予东北三省和内蒙古自治区一定补贴，由地方政府统筹补贴资金兑付到生产者，在资金使用时，为保障优势产区农户种粮收益基本稳定，鼓励地方将补贴资金向优势产区集中。此外，按照农民是否直接受益，农业补贴政策可分为直接补贴政策和间接补贴政策，与临时收储政策时期国家通过补贴粮食流通部门间接增加农户收入的补贴方式不同，生产者补贴政策时期国家按照玉米实际种植面积给予农民一定补贴，农民直接受益，因此，玉米生产者补贴政策为直接补贴政策。与临时收储政策这一间接补贴政策相比，玉米生产者补贴政策的实施使补贴资金全部归农民所有，避免了中间环节消耗导致的补贴资金流失，提高了补贴效率。

二　玉米优势产区和非优势产区

依据《优势农产品区域布局规划（2003—2007 年）》《优势农产品区域布局规划（2008—2015 年）》的划定方法和《农业部关于"镰刀弯"地区玉米结构调整的指导意见》将玉米种植区域分为玉米优势产区和非优势产区。

玉米优势产区具有自然资源条件好、生产规模大、市场区位优、产业化基础强、环境质量佳等特点，其中，自然条件好指该地区自然生态条件为玉米的最适宜区或适宜区；生产规模大是指该地区能够集中连片生产，玉米商品率较高；市场区位优指该地区市场目标明确，流通渠道畅通，对玉米产业发展带动力强；产业化基础强指有带动能力强的玉米产业化龙头企业，具备创建玉米知名品牌的基础；环境质量佳指具有保障玉米质量安全和生产可持续发展的良好生态环境。根据《优势农产品区域布局规划（2008—2015 年）》的划分，目前玉米优势产区包括北方春播玉米区、黄淮海夏播玉米区和西南玉米区，其中，本书涉及的北方春播玉米区包括黑龙江、吉林、辽宁、内蒙古、宁夏、新疆 6 个省份玉米种植区。

玉米非优势产区主要为"镰刀弯"地区，该地区多处在农牧交错、高寒高纬、坡地岗地、沙重盐重、跑水跑肥等立地条件较差的区域，抗御自然灾害能力弱，玉米产量低而不稳，年际波动比较大，并且该区域生态环境比较脆弱，种植玉米不仅不经济，还易造成水土流失，破坏生态环境。根据 2015 年《农业部关于"镰刀弯"地区玉米结构调整的指导意见》，玉米非优势产区包括东北冷凉区、北方农牧交错区、西北风沙干旱区、太行山沿线区及西南石漠化区。《关于北方农牧交错带农业结构调整的指导意见》进一步明确了北方农牧交错带的区域范围（146 个县市），本书涉及的调研地区中的敖汉旗包括在内。

第二节 理论基础

一 农业的弱质性理论

农业是人类衣食之源、生产之本，是一切生产的首要条件。然而，农业生产具有天然弱质性，面临自然和经济双重风险。首先，农业生产过程易受气候、土壤等自然条件的影响，自然条件的不确定性导致农业生产存在较大的不确定性，生产者易遭受较大损失。其次，农业生产周期较长且具有季节性，农产品供给难以根据市场价格作出及时调整，进而导致价格波动更剧烈、生产者承担的市场风险更大。具体来看，农产品的供给价格弹性往往大于需求价格弹性，根据蛛网理论，供给价格弹性大时，供给和价格构成发散型蛛网。如图2-1所示，横轴代表产量，纵轴代表价格，D和S分别表示需求曲线和供给曲线，两者交点为均衡价格。若某一年份在自由市场情况下粮食增产，市场供给量由均衡状态时的Q_0增长至Q_1，这时粮食市场价格将下降至P_1；粮食市场价格的下降导致农户预期收益减少，农户种粮积极性下降，进而导致粮食产量下降，市场上粮食供给量由Q_1降至Q_2，此时，粮食市场价格由P_1增长至P_2，大于市场均衡价格P_0；粮食价格上涨导致农户种粮积极性提高，进而导致粮食产量增加，第三年市场上粮食供给量将增长至Q_3，但供给量的增加又导致粮食价格大幅下降至P_3，远小于均衡价格P_0。可见，在自由市场的情况下，供给量和价格之间的均衡关系一旦被打破，市场波动将逐步加剧，越来越远离均衡点，这将致使粮食生产者承担巨大的市场风险。

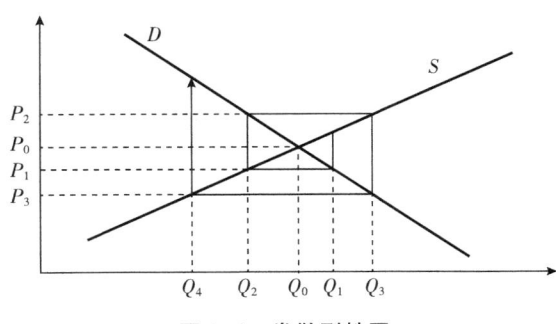

图2-1 发散型蛛网

此外，农业的比较利益逐渐变低。农业投资周期较长，且农产品单位价格较低，投资农业得到的回报率较低，在市场经济条件下，资源流动的趋利效应使优质资源更多地流向投资回报率高行业，若农业比较效益低下，则不能有效吸引资金、技术等资源进入，甚至农业自身的资源也会有所流失。如图2-2所示，曲线三角形 OAB 表示生产可能性边界；OA 和 OB 分别表示经济资源全部配置在非农业部门和农业部门所能提供的非农产品和农产品数量，$OB<OA$。若初始资源配置在 G_1 点，这时农产品和非农产品供给量分别为 OE 和 OF；如果进一步增加农产品的供给量，将资源配置点移到 G_2 点，这时农产品和非农产品的供给量分别为 OC 和 OD，其中，农产品供给量增加了 CE，非农产品则减少了 DF，$DF>CE$；反之，若初始资源配置在 G_2 点，若增加非农产品供给量，则将资源配置点由 G_2 点转移至 G_1 点，此时非农产品增加量为 DF，农产品减少量为 CE，可见，经济资源从非农部门转移至农业部门的转移成本较高，而从农业部门转移至非农部门的转移成本较低，因此，投资者不愿将资源投至农业部门。

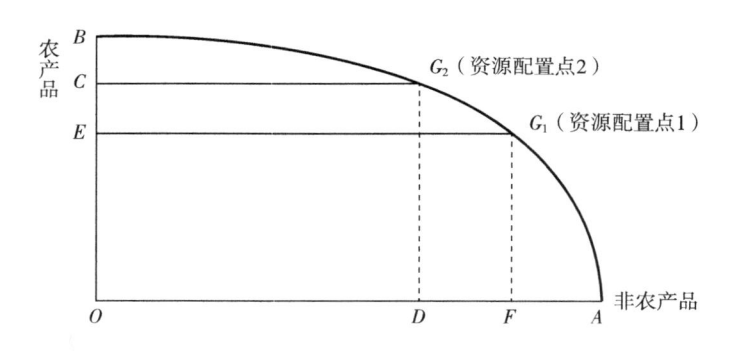

图2-2 经济资源在农业与非农业之间的配置分析

综上可知，与其他产业相比，农业具有弱质性，在市场机制无法保障生产者获得合理利润的情况下，政府应采取一定的政策措施对其进行扶植，以推动农业和粮食产业的发展。

二 农户行为理论

自 20 世纪以来，国内外学者针对农户行为开展了大量研究，学者尝试建立一个可分析农户生产、消费和劳动力供给等行为决策的理论模型，从而衍生出多个学派，主要有组织生产学派、理性小农学派和效用小农学派等。

组织生产学派以苏联经济学家恰亚诺夫（Chayanov）为代表。该学派摒弃了理性人假设，认为农户行为的出发点并不是追求利润最大化，而应以劳动—消费均衡理论和家庭周期理论为基础，采用人类学方法从农户心理状态切入分析其经济行为。该学派认为与资本主义农场的行为动机不同，小农生产的动机是满足家庭需要，追求最低的风险而不是最大的利润，小农的最优选择取决于"劳动负效应"与"收入正效应"之间的均衡，即多劳动时的辛苦程度与家庭需要得到满足时的愉悦之间的均衡，而不是取决于成本—收益之间的比较。对于小农户而言，不管边际收益是否小于市场工资，只要家庭需要没有得到满足，农户都会继续付出劳动，但对于资本主义农场而言，其将在边际收益低于市场工资时停止投入劳动力。此后，K. 波兰尼和斯科特进一步发展了该学派的理论，K. 波兰尼认为研究经济行为应根植于当时特定的社会关系。斯科特认为"避免风险"和"安全第一"是小农经济坚守的原则，农户不会冒险追求平均收益的最大化。组织生产学派强调生产是小农一切行为的目的，忽视市场及社会因素等对农户行为的影响。

理性小农学派以美国经济学家西奥多·舒尔茨为代表。舒尔茨在《改造传统农业》一书中根据社会学家对危地马拉的帕那加撒尔和印度的塞纳普尔进行调查的资料驳斥了"传统农业中生产要素配置效率低下"观点，认为小农经济"贫穷而有效率"。在现有技术条件和可利用要素既定的条件下，对生产作出贡献的每块土地都得到利用。传统农业贫穷落后的根源不在于农民储蓄率低和投资率低，而在于资本收益率低，因此为改造传统农业应引进新的现代农业生产要素，一旦有利益刺激，小农便会为追求利润而创新。之后，波普金在《理性的小农》中拓展与补充了舒尔茨的观点，认为小农的农场同公司一样，且小农在市场和政治活动中都更理性，农户可以综合成本收益、风险程度等合理选择生产行为以使自身期望利润最大化。

效用小农学派以黄宗智为代表。黄宗智分析了 20 世纪 30 年代以来华北地区小农经济的发展，发现中国存在一种分化的小农经济，主要分化为经营式农场和家庭式农场。其中，经营式农场按需雇佣劳力，因此经营式农场不存在多余劳动力，但家庭农场无选择余地，许多小农家庭被迫投入较多的劳动力，不少贫农农场在同一作物上投入的劳动力几乎是经营式农场的两倍，而过多的劳动力投入导致劳动边际报酬下降和边际刺激力下降，这种"内卷"化的耕作方式减少了农场的收入，并迫使贫农依靠佣工补充收入。对于贫穷家庭农场而言，为追求最好的维持生计的机会，往往被迫趋向不同于追求最高产量和效率的经营模式，贫农经济主要为生计挣扎，而非追求利润的经济。

根据农户行为理论，农户以追求利润最大化为目的进行农业生产，当农户理性生产行为具备可改进的外部条件，农户便会合理配置所掌握的有限资源，实现生产决策行为的收益最大化。在本书中，玉米生产者补贴政策作为一种与玉米种植面积挂钩的固定性补贴，对促进农民增收、缓解资金约束具有一定的效果，玉米种植户作为理性"经济人"，会综合考虑玉米生产者补贴等因素后作出生产决策。农户行为理论为下文分析玉米生产者补贴政策对农户种植行为的影响提供理论依据，是分析农户在玉米生产者补贴政策实施情况下如何调整玉米种植面积的基础。

三 比较优势理论

亚当·斯密在《国民财富的性质与原因的研究》（简称《国富论》）中提出国际地域分工理论，认为各国自然禀赋和后天有利条件不同，各国应充分利用这些优势，按照各自绝对有利的条件进行生产和交换，进而提高社会劳动生产率，使各国资源得到充分有效利用。大卫·李嘉图进一步完善了国际贸易理论，认为只要各国生产技术存在相对差别，在不同产品上便具有比较优势，便能以具有相对优势的产品参与到国际分工体系中。赫克歇尔—俄林批判地继承了李嘉图的比较成本理论，认为在生产过程中投入的生产要素包括劳动、土地、资本等，若生产同一产品时各国技术水平相同，则产品价格差异取决于生产要素价格差异，一国中某种生产要素越充足，则该生产要素价格越低，各国应按照生产要素丰裕程度生产产品，以在国际贸易中对某种产品占据优势地位。

比较优势理论解释了地区间发生贸易的条件，也解释了农业区域布局结构调整的原因。各地区所拥有的资源禀赋不同，使各地区生产要素价格不同，进而导致各地区种植同种农作物的生产成本各异，各地区应根据比较优势调整种植结构使资源充分利用。在本书中，玉米优势产区和非优势产区所处的自然环境不同、各生产要素丰裕程度也不尽相同，各产区应根据各自所拥有的资源禀赋情况种植更具比较优势的农作物。因此，在本书中比较优势理论将应用于第五章以分析玉米生产者补贴政策对不同产区玉米种植面积的影响，玉米优势产区和非优势产区农户将综合考虑各自资源禀赋情况、政策支持情况作出相应的生产决策。

四　价格形成理论

价格理论一直是经济学家研究的重点，他们不断探索着价格问题的本质。1776 年，斯密在《国富论》中开展了价值规律的讨论，认为商品的价值是价格的基础，商品的价值由生产商品中所耗费的劳动决定。18 世纪末至 19 世纪初期，李嘉图、马尔萨斯、萨伊等在继承斯密理论的同时，发展了不同的观点。李嘉图坚持了耗费劳动决定价值的观点，继续将社会必要劳动时间作为衡量价值量的标准，但与斯密不同，李嘉图将最劣等生产条件下生产商品所耗的劳动定义为社会必要劳动。马尔萨斯继承和发展了斯密的有效需求理论，提出了"供求论"，认为生产费用不能决定商品价格，商品的市场价格和自然价格均由供需决定。萨伊否定了生产过剩的存在，认为商品的供需必定相等，并且在《政治经济学概论》中首次提出效用价值论，认为效用是价值的基础，而效用是由劳动、资本、土地共同创造的。马克思根据资本主义竞争的分析得出生产价格理论，认为由于剩余价值作为全部预付资本的产物及部门间竞争的存在，价值将转化为生产价格，商品按生产者价格销售，即按生产成本加平均利润销售。19 世纪 70 年代，门格尔、杰文斯等纷纷提出边际效用价值价格理论，该理论认为商品的边际效用是价值的基础，报酬率取决于要素的边际贡献率，进而否定了劳动价值论。1890年，马歇尔提出均衡价格论，均衡价格为供求一致时的市场价格。本书将该理论应用于第四章，临时收储政策时期，玉米价格由政府决定，玉米市场扭曲严重，而生产者补贴政策实施后，玉米价格将重新由市场供需决定，因此，玉米生产者补贴政策实施前后玉米价格形成机制将有所不同，价格形成理论为下文分析玉米生产者补贴政策是否完善了玉米价格形成机制提供了理论基础。

五　公共政策评估理论

政策评估是实践发展直接推动的结果，政策评估从开始便存在方法论方面的争议。传统政策评估认为实现公平与正义是其主要功能，相关政策评估实践也主要从社会价值方面评价公共政策，因此，传统政策评估更注重价值判断。然而，价值评估观点的反对者认为价值评估过度强调政治原则，是混淆"政治评估"和"政策评估"的表现，由此，政治性的价值评估和政策评估被分离，政策评估逐渐转变为技术性评估，持该观点的学者认为评估主体应秉持价值中立的态度，重点关注技术和事实层面的分析，主张运用实证技术方法以分辨政策目标的设定与政策结果间的对应关系，明确政策评估的主旨为验证政策的实施效果。然而，技术性评估仅强调评估方法的科学性，忽视政策受众群体的需求和感受，导致评估结论未被大众广泛接受，技术性评估范式受到猛烈批评，被认为是"伪评估"。为应对此类批评，解决这方面的矛盾，技术评估学派开始重视价值问题的研究，并将其应用到实际政策评估中。这拓宽了政策评估视野，并使政策评估逐渐由技术性评估转向系统性综合评估。

第三节　理论框架

一　玉米生产者补贴政策评估的内涵、对象和标准

玉米生产者补贴政策评估是指评估主体根据一定标准，运用一定方法，对政策的执行过程、实施效果及价值等方面进行客观、系统的评价，判断政策结果实现政策目标的程度，并为政策的延续、修正、终止等提供依据。根据这一界定，需要从以下几个方面进行把握。

首先，明确为谁评估，即明确政策评估的目的与价值导向问题。政策评估的基本目的是评价相关政府部门的工作成效，并将相关评估信息提供给决策者，作为改善政策的依据。本书对玉米生产者补贴政策评估的目的是评价玉米生产者补贴试点工作的成效，为玉米生产者补贴政策的调整和改善提供依据。

其次，明确何时评估，即明确评估的时间。政策实施可以区分不同阶段，而在不同阶段可以进行不同的评估。在政策付诸实施之前进行的评估为事前评估，主要对政策方案进行评价；在政策执行阶段进行的评估为事中评估，主要对政策执行过程进行评价；在政策执行后对政策执行情况、实施效果及资源利用情况进行的全面系统的评价被称为事后评估。当前，玉米生产者补贴政策已经实施，因而对玉米生产者补贴政策的评估遵循事后评估原则。

再次，明确评估内容。评估结论的有效性取决于评估内容的选择是否恰当合理。为全面地对玉米生产者补贴政策作出评定，本书将对政策方案、政策执行过程及政策结果进行全面评估。

最后，明确评估标准。开展政策评估的重要前提条件之一是明确政策评估标准。当前，国内外学者对评估标准还未有一致看法，但一般而言，接近或基本符合客观事实的评估结论，其评估过程一般兼顾事实标准和价值标准（马国贤、任晓辉，2012）。基于此，本书建立了包括事实标准和价值标准两个维度的玉米生产者补贴政策的评估标准体系，如图2-3所示。

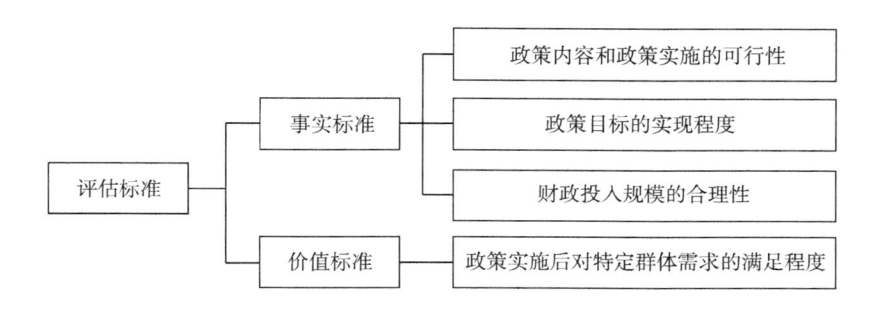

图2-3 玉米生产者补贴政策评估标准体系

事实标准是指能够反映事物过去、现在和将来的存在状况的数量值、比率关系、统计结果等一些可测量的客观指标。依据这些指标对政策加以评估，以确定政策在事实上产生了哪些实际的效果和影响。价值标准是建立在道德、文化等社会和政治价值观基础上的，在政策评估活动中，它既不关注客观事实的状况，也不重视技术手段的运作，主要强调的是评价主体的一种信念、思想和理想追求，反映人们利益的实现程度、社会发展总方向的符合状况。参考谢明（2004）、陈何南（2014）等研究，结合本书研究的实际情况，事实标准主要有效果标准、效率标准和可行性标准，价值标准则主要为回应性。

效果标准以实现政策目标的程度为衡量政策效果的尺度，它关注的是政策的实施效果是否与预期目标相符合，在什么程度上完成了预期目标，还存在哪些偏差。因此，在进行政策效果评估时以政策目标为导向进行评估。

效率标准衡量政策取得预期效果所耗费的政策资源的数量。根据财政效率理论（李俊生，1994），将从财政投入规模和政策支持水平的合理性进行分析，本书在测算政策执行成本和财政成本的基础上，进一步运用WTO和OECD农业政策评价指标体系测算玉米生产者补贴政策支持水平。

可行性标准衡量政策内容和政策实施的可行性，主要体现在政策目标是否协调，政策实施所需要的人力、物力、财力等资源是否充足等方面。政策内容协调、政策实施所需资源充分是政策实施方案设计得当和有效实施的重要条件。

回应性是指政策实施后对农户需求的满足程度。若某项政策未能满足受补对象政策诉求，则其很难采取相应的行动进行响应；反之，则可激发受补者的热情与积极性。回应性主要通过分析农户对政策的评价及满意度，判断生产者补贴政策是否符合试点地区玉米生产者的政策偏好、是否满足其政策需求。

二 玉米生产者补贴政策评估思路

根据上文对玉米生产者补贴政策评估内涵的界定，玉米生产者补贴政策评估应是全过程评估，即根据适宜的标准，运用一定方法，对政策实施方案、政策执行过程、政策实施效果、政策成本、政策回应性等方面进行评价。据此，本书的玉米生产者补贴政策评估思路如图 2-4 所示。

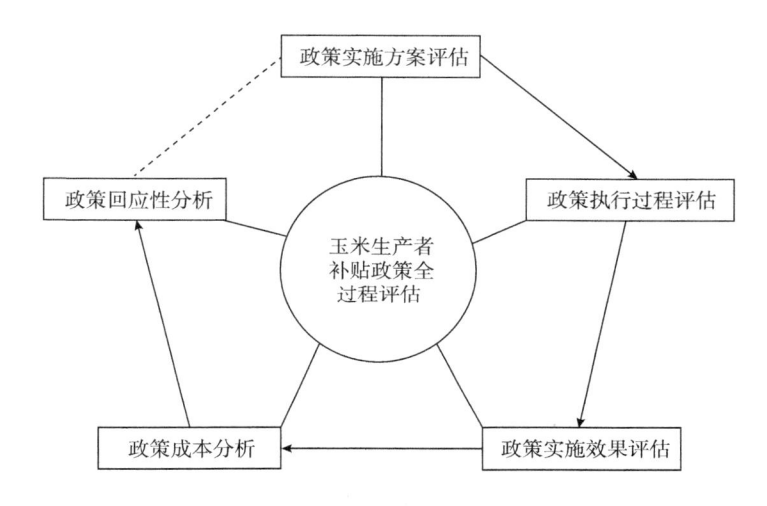

图 2-4　本书的玉米生产者补贴政策评估思路

三　玉米生产者补贴政策效应的经济学分析

本书结合玉米临时收储政策作用机制进行分析，以更好理解玉米生产者补贴政策作用机制。通过比较两种政策作用效果，正确认识生产者补贴政策对玉米种植面积的影响。

图 2-5 和图 2-6 分别为玉米临时收储政策和玉米生产者补贴政策的作用效果示意。假定市场是完全竞争的市场，农产品的供需曲线都是线性的。临时收储政策时期，玉米价格由政府规定，因临储价格要覆盖种植成本且预留合理收益，临储价格 P_1 高于市场均衡价格 P_0，从图 2-5 可知，此时原需求曲线 D_0D_1 的下半部分在临储价格水平时变成一条向右水平延伸的直线，新的需求曲线 D_0D_2 与供给曲线 S_0 相交，此时供给量为 Q'_1，需求量为 Q_1，Q'_1-Q_1 为政府收储量。农民获得的总收益为 $P_1Q'_1$，政府收购资金支出为 $P_1(Q'_1-Q_1)$。

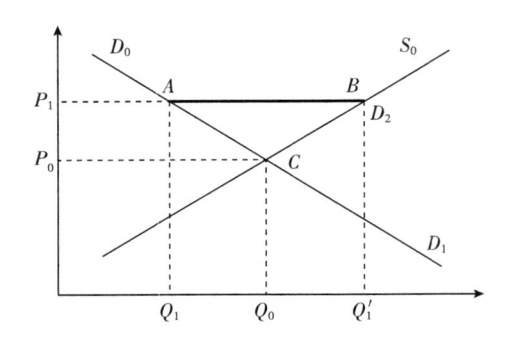

图 2-5　玉米临时收储政策的作用效果示意

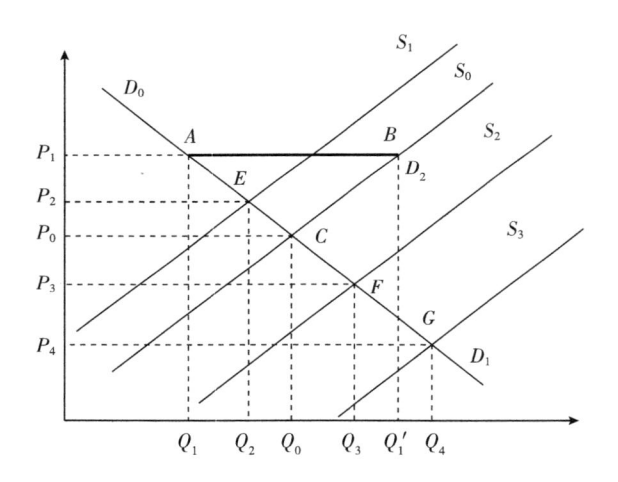

图 2-6　玉米生产者补贴政策的作用效果示意

玉米生产者补贴政策实施时，一方面，随着临储政策取消，玉米价格由市场供需决定，玉米需求曲线由临储政策存在时的折线 D_0D_2 变回原来的直线 D_0D_1，此时，由市场调节的玉米价格大幅下降至 P_0，玉米价格的大幅下降直接导致农户预期玉米种植收益的下降，进而降低农户玉米种植积极性，这时，理性的生产者会调减玉米种植面积，玉米供给曲线由 S_0 左移至 S_1；另一方面，因农户能够获得与实际种植面积挂钩的补贴，农户预期种植收益增加，玉米种植积极性提高，玉米供给曲线向下移动至 S_2 或 S_3，由图 2-6 可知，下移幅度对应的产量有可能高于或低于临储政策改革之前的产量，相应地，玉米生产者补贴实施后，农户玉米种植面积也有可能高于或低于政策实施之前的面积，这取决于折算到单位农产品的补贴额，补贴额越高，农户获得的玉米种植收益越高，越愿意种植玉米。

综上，通过比较上述两种政策的作用效果可以看出，受预期种植收益影响，生产者补贴政策时期，农户玉米种植面积可能大于或小于临时收储政策时期。具体来看，玉米生产者补贴政策对玉米种植面积影响的分析框架如图 2-7 所示。

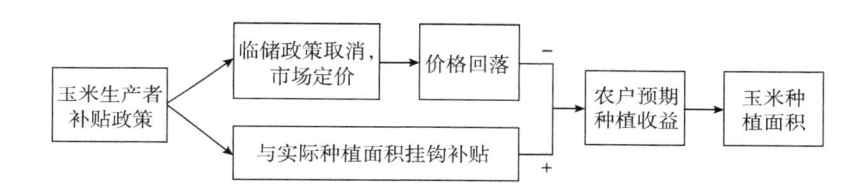

图 2-7　玉米生产者补贴政策对玉米种植面积影响的分析框架

第四节　本章小结

本章首先对玉米生产者补贴政策、玉米优势产区和玉米非优势产区等概念进行了界定。其次梳理了相关理论，包括农业的弱质性理论、农户行为理论、比较优势理论、价格形成理论及公共政策评估理论，其中，农业的弱质性理论为玉米生产者补贴政策的实施提供理论基础，农户行为理论和比较优势理论为农户调整玉米种植面积提供理论基础，价格形成理论为完善玉米价格形成机制提供理论基础，公共政策评估理论为本书构建玉米生产者补贴政策评估框架提供了理论基础。最后在上述理论基础上搭建了玉米生产者补贴政策评估的基本框架，明确了评估思路，认为玉米生产者补贴政策评估是全过程评估。

第三章 中国粮食补贴政策演变及玉米生产者补贴政策实施

一项粮食补贴政策的出台并不是一个孤立的事件,对玉米生产者补贴政策的研究应置于中国粮食补贴政策的历史演变之中。因此,本章首先回顾了自中华人民共和国成立以来粮食补贴政策的历史演变,然后重点对玉米生产者补贴政策及其实施情况进行介绍,包括政策实施背景、政策实施方案及政策执行过程等内容,并进一步从目标契合度、可行性等方面对政策实施方案及政策执行过程进行梳理与评价。

第一节 粮食补贴政策历史演变

在国民经济发展的不同阶段,粮食补贴政策随着国家财政实力、农业发展任务目标的变化而调整。伴随中华人民共和国成立以来国民经济发展战略的变化,中国粮食补贴政策的改革大体分为：1949—1978 年传统计划经济时期,以对粮食消费者进行补贴为主；1978 年 12 月至 2003 年改革开放至农业税取消前,以对流通环节补贴为主；2004 年至今完善粮食补贴政策时期,逐渐转变为补贴粮食生产者。

一 1949—1978 年

中华人民共和国成立初期,百废待兴,为迅速恢复国民经济,中国借鉴苏联模式,实行优先发展重工业的工业化战略。大规模工业化建设的开展,使城镇人口急剧增加,对粮食的需求也大幅增加,而同期农业发展面临生产规模小、资金和技术匮乏等困境,粮食大幅增产非常困难,粮食供需矛盾十分突出。为解决粮食紧缺问题，1953 年国家开始对粮食作物实施统购统销政策。此后，国家进一步完善统购统销制度，1955 年颁布《农村粮食统购统销暂行办法》，对农户实行"定产、定购、定销"的"三定"政策；1957 年 10 月，国家规定在粮食"三定"政策的基础上，实行"以丰补歉，超产超购奖励"；1958 年至 1978 年国家先后四次提高统购价格，提高幅度达 35%，但并未同步提高统销价格，在此期间，粮食统销价格提高幅度不足 20%，城市消费者获利。总的来看，统购统销政策要求农民按计划生产、农产品由国家统一收购，再由国家按照固定价格有计划供给消费者，这种模式在保障国家粮食需求的同时实现了农业剩余转移，有利于工业企业提高工业活动的利润水平，实现工业化建设的原始资本积累。除统购统销外，国家考虑到粮食增产的需要，也采取了一系列补贴政策，包括对一般性农业生产服务直接投资，1950 年至 1978 年中国在一般性农业生产服务支出投入资金总额高达 1348.8 亿元，还包括对农业生产资料的低价销售和亏损的补贴，如 20 世纪 50 年代末的"机耕定额亏损补贴"及对化肥、农药的降价补贴等。

二 1978 年 12 月至 2003 年

1. 1978 年 12 月至 1984 年统购统销政策微调阶段

这一时期继续对粮食实施统购统销政策，但收购价格和收购数量有所调整。1979 年，国家调整了长期未变的粮食统购价格，规定从夏粮上市开始，粮食统购价格提高 20%，超购部分加价幅度也由 30% 提高至 50%。随后几年国家逐步提高了粮食统购价格，并大幅减少了统购量，1982 年粮食统购量较 1979 年减少 19.49%（廖进球、黄青青，2018）。同时，国家开始放松对粮食购销的管控，逐渐放开粮食集贸市场，允许农民自由上市交易余粮。

2. 1985—1990 年粮食双轨制阶段

1985 年国家取消粮食统购制度，实行合同定购。至此，中国进入市场与计划并存的双轨制阶段。因以往超购价格多高于粮食定购价，农户种粮积极性下降，粮食产量降低，又使市场价格提高，农户不愿与政府签订合同，政府只能采取强制性行政手段落实定购合同。为扭转农业不利局面，1986—1989 年政府连年提高粮食定购价格，刺激了农民生产积极性，粮食产量大幅提高，这使农民迎来"卖粮难"等新问题。为解决农民"卖粮难"问题，保护农民种粮积极性，1990年中国开始对粮食实行最低保护价制度和粮食专项储备制度，同时，为保证定购任务的完成，1990年国家决定将"合同订购"改为"国家定购"，强调交售国家定购粮是农民应尽义务，农户必须完成。

3. 1991—1997年全面放开粮食销售价格改革与重回"双轨制"阶段

由于改革的不完备性，取消统购价的同时销售价格基本不变，使购销价格倒挂严重，由此形成巨额财政补贴，1990年财政补贴支出为440亿元，是1985年的1.18倍。为减少财政负担，实现购销同价，1991—1992年国家连续提高粮食统销价格。此外，部分地区探索全面放开粮食价格的改革试点，1993年底全国95%以上的县市放开了粮食销售价格。在此背景下，国家决定从1994年的开始对定购的粮食实行"保量放价"政策。至此，实施39年之久的粮食统购统销政策结束。然而，1993年底粮食价格暴涨，引发1994年的通货膨胀，为稳定粮食市场，1994年国家强制压低粮价，政府恢复对粮食的管控，此外，强化对流通领域的干预，要求粮食部门必须掌握社会商品粮源的70%—80%（兴庆，1998）。这意味着放开的价格重回双轨运行的老路。1994年政府强制压价导致农户种粮积极性下降，为确保各省份粮食供求平衡，1995年国家正式实行"米袋子省长负责制"。

4. 1998—2003年粮食流通体制大变革阶段

因1996—1997年农民遭遇新一轮"卖粮难"问题，1998年国家决定实施以"三项政策、一项改革"为核心的粮食流通体制改革，以保障农户种粮收益。此次改革举措将宏观调控和市场经济有机结合，为全面放开粮价铺平道路。2001年中国加入WTO，为适应国际规则，进一步深化粮价改革，国务院2004年下发《关于进一步深化粮食流通体制改革的意见》，提出粮价改革新思路。

三 2004年至今

1. 2004—2013年以促进粮食生产为导向的价格支持政策阶段

1999年以来，中国粮食产量连续四年下降，下降幅度高达16%，为调动农户种粮积极性，2004年中国降低农业税率，并开始对农户实施粮食直接补贴政策。同时，为避免粮食产量增加导致粮食价格过低，进而重走"谷贱伤农"的老路，国务院出台《粮食流通管理条例》，提出在主产区对短缺的重点粮食作物实施最低收购价格政策。2004 年国家率先在赣、湘、鄂、皖四省对早籼稻实施稻谷补贴政策，其最低收购价格为 0.7 元/斤；2005 年除继续按 0.7 元/斤的最低收购价格在四省收购早籼稻外，还在黑龙江、吉林、安徽、湖北、湖南、江西、四川 7 省对中晚籼稻和粳稻实施最低收购价政策，最低收购价格分别为 0.72 元/斤和 0.75 元/斤。2006 年河北、河南、山东、江苏、安徽、湖北 6 省的小麦被纳入最低收购价政策，2008 年稻谷最低收购价政策实施范围进一步扩大，广西早籼稻和辽宁、河南、江苏、广西等地的中晚籼稻均被纳入政策范畴。此外，2008 年受国际金融危机的影响，国际粮价大幅下降，导致国内市场粮价下行压力增加，为稳定国内玉米、大豆价格，保障农户种粮收益，2008 年中国开始对玉米和大豆实施临时收储政策，在政策开始实施时，国家按照一定数量收购玉米和大豆，但为更好保障农户收益，从 2009 年开始，国家取消收购数量限制，对玉米、大豆实施敞开收购。

2. 2014 年以来全面深化粮食价格政策改革阶段

以托市收购为主的价格支持政策的实施导致国内外粮食价格倒挂严重，国内粮食在国际市场上的竞争力丧失，同时价格支持政策的实施加重了财政负担，为解决上述等问题，2014 年财政部印发《关于大豆目标价格补贴的指导意见》，临时收储政策改革率先在大豆这一作物上开展，目标价格补贴政策的实施在一定程度上完善了大豆价格形成机制，但其在实施过程中存在操作成本过高和政策效率低下（蔡海龙等，2017）等问题，显著影响政策实施效果。2016 年国家决定取消玉米临时收储政策，开始对玉米实施生产者补贴政策，这是对农业补贴发展方向的又一重要探索，2017 年《财政部、国家发展改革委、农业部关于调整完善玉米和大豆补贴政策的通知》，将大豆目标价格补贴政策调整为生产者补贴政策，玉米和大豆补贴政策实现统一。2018 年国家决定对稻谷同时实施最低收购价政策和生产者补贴政策，在降低稻谷最低收购价的同时，按照种植面积给予稻谷种植者一定补贴，以保障农户种粮收益。

从上述粮食补贴政策实施历程可以看出，中国粮食补贴政策实现从计划经济时期的"以农支工"到市场经济时期的"以工促农"的转变；实现从粮食供应数量控制转向运用价格等经济手段调节市场的转变，实现从补贴流通环节向补贴生产者的"暗补"到"明补"的转变。

第二节 玉米临时收储政策改革与生产者补贴政策实施

一 玉米临时收储政策内容

2004—2008年中国玉米产量连续五年增加，而玉米需求量增长缓慢，连续多年产大于销的局面使玉米价格下行压力不断增加，2008年国际金融危机导致国际市场玉米价格大幅下跌，进一步加剧了粮食下行压力，为稳定玉米价格，保护农户种粮积极性，2008年秋粮上市之际，国家开始在东北地区对玉米实施临时收储政策。

表3-1汇总了2008年玉米临时收储政策实施以来，玉米临时收储政策的主要内容。从收购价格和收购数量来看，玉米收购价格公布的时间主要集中在10—12月秋粮上市时，2008年内蒙古自治区三市一盟地区和辽宁省的玉米临时收储价格为0.76元/斤，吉林省玉米临时收储价格为0.75元/斤，黑龙江省玉米临时收储价格为0.74元/斤；2008年国家共启动4次玉米临时收储，收储总量达4000万吨，约占东北三省和内蒙古自治区玉米产量的60%，有效保障了玉米种植者的收益。随后，国家连续四次上调玉米临时收储价格，2014年内蒙古自治区三市一盟地区和辽宁省、吉林省、黑龙江省的玉米临时收储价格分别增长至1.13元/斤、1.12元/斤、1.11元/斤，增长幅度分别为48.68%、49.33%、50.00%，2015年玉米临时收储价格首次下调，内蒙古自治区三市一盟地区和辽宁省、吉林省、黑龙江省的玉米临时收储价格均降至1元/斤，但与国际市场玉米价格相比，仍处于较高水平。同期，考虑到玉米供给远大于需求，为保障农户种粮收益，调动农户种粮积极性，从2009年开始，国家对玉米收购取消数量限制，实行敞开收购。从执行主体和收购时间来看，国家委托中储粮总公司负责收储工作。国家临储玉米收购时间主要集中在《关于国家临时存储玉米收购等有关问题的通知》下达之日至次年4月30日，后延长至6月30日。

表 3-1　玉米临时收储政策汇总

	2008年10月20日	2008年12月3日	2008年12月25日	2009年2月18日	2009年11月27日	2011年1月17日	2011年12月19日	2012年11月14日	2013年11月25日	2014年11月25日	2015年9月18日
发布时间											
数量	500万吨	500万吨	2000万吨	1000万吨				敞开收购			
价格水平	内蒙古、辽宁：0.76元/斤；吉林：0.75元/斤；黑龙江：0.74元/斤				内蒙古、辽宁：0.76元/斤；吉林：0.75元/斤；黑龙江：0.74元/斤	内蒙古、辽宁：0.91元/斤；吉林：0.90元/斤；黑龙江：0.89元/斤	内蒙古、辽宁：1.00元/斤；吉林：0.99元/斤；黑龙江：0.98元/斤	内蒙古、辽宁：1.07元/斤；吉林：1.06元/斤；黑龙江：1.05元/斤	内蒙古、辽宁：1.13元/斤；吉林：1.12元/斤；黑龙江：1.11元/斤	内蒙古、辽宁：1.13元/斤；吉林：1.12元/斤；黑龙江：1.11元/斤	内蒙古、辽宁、吉林、黑龙江：1元/斤
执行时间	下达时间至2009年4月30日，后延长至2009年6月30日				2009年12月11日至2010年4月30日	下达时间至2011年4月30日	2011年12月14日至2012年4月30日	下达时间至2013年4月30日	下达时间至2014年4月30日	下达时间至2015年4月30日	2015年11月1日至2016年4月30日
执行主体	中储粮总公司										
执行地区	内蒙古、辽宁、吉林、黑龙江										

注：此处内蒙古指内蒙古自治区三市一盟地区。

资料来源：根据国家发展和改革委员会、国家粮食和物资储备局、财政部相关政策文件整理。

二 玉米临时收储政策改革的背景

临时收储政策的实施在稳定粮食生产、保障农户种粮收益方面确实发挥了重要作用,据国家统计局的数据,2015年东北三省和内蒙古自治区粮食产量较2007年增长了7141.75万吨,其中玉米增加量占粮食增加量的比例高达84.44%;2014年东北三省和内蒙古自治区种植玉米的亩均净利润为152.43元,较2007年增长了13.68%。但是,随着国内、国际市场发展的变化,玉米临时收储政策的负面效应凸显,具体表现为以下几点。

第一,玉米库存积压严重。为解决农户"卖粮难"问题,2012—2015年中国连续四年启动了大规模玉米临时收储政策,临时收储量分别为3083万吨、6919万吨、8329万吨,2015年玉米临时收储量更是突破1亿吨,达到12543万吨,而同期,受拍卖底价偏高影响,临储玉米只拍卖了近3000万吨,到2015年底临储玉米库存量已高达2.37亿吨,各地库容爆满,库存积压严重。此外,据美国农业部的数据,随着玉米临时收储政策的实施,中国与世界及其他主产国家(地区)的玉米库销比之差呈增长态势,如图3-1所示,尤其2010年之后,中国与世界、美国、欧盟的玉米库销比之差增长迅速,以中国与世界的玉米库销比之差为例,2015年中国与世界的玉米库销比之差高达28.40%,较2008年的15.92%提高了12.48%,国内玉米库存水平远高于世界、美国、欧盟的玉米库存水平。

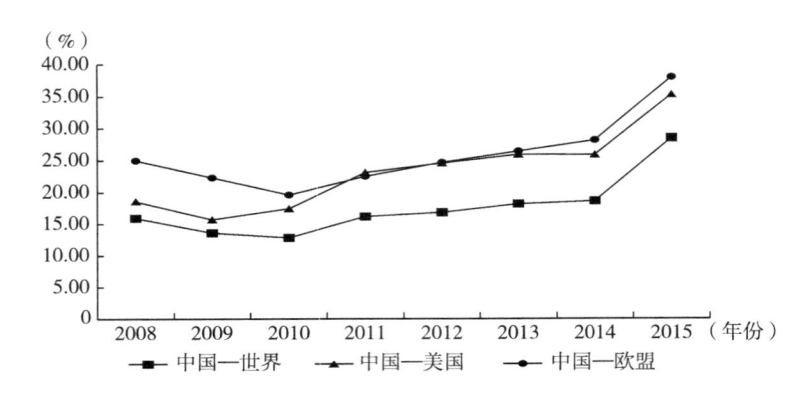

图3-1 2008—2015年中国与世界、美国、欧盟的玉米库销比之差

资料来源:美国农业部网站。

第二，政府承受巨大财政负担。如图3-2所示，自2008年启动玉米临时收储政策以来，中国连续四次上调玉米临时收储价格，2014年东北地区玉米平均临储价格为2.24元/公斤，较2008年的1.50元/公斤增长了49.33%，2015年玉米临时收储价格首次下调，但仍处于较高水平。玉米临时收储价格提高的同时，玉米临时收储量不断增加，进而导致用于收储玉米的财政支出大幅增加，据国家粮油信息中心的数据，2008—2015年，中国累计收储玉米3.56亿吨，年均收储量为4445.13万吨，为此付出的财政资金总额高达7324.95亿元，年均财政支出为915.62亿元。除高额的收购资金外，临储玉米库存成本高企，按玉米每年库存成本252元/吨计算，2015年2.37亿吨的临储玉米需要付出的库存成本高达597.24亿元。可见，若继续实施玉米临时收储政策，政府将承担巨大财政负担。

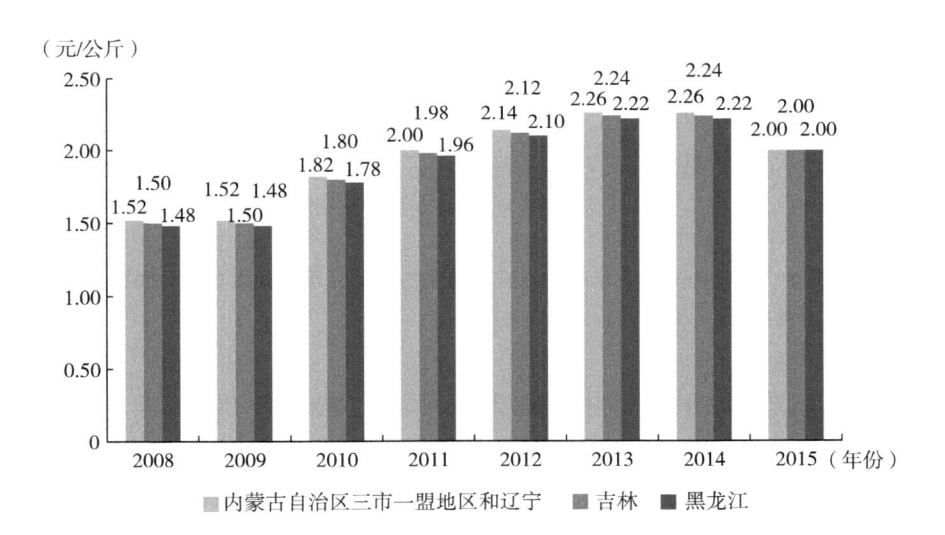

图3-2　2008—2015年玉米临时收储价格

资料来源：国家粮食和物资储备局。

第三，东北三省和内蒙古自治区粮食种植结构失衡加剧。玉米和大豆是东北三省和内蒙古自治区种植的主要粮食作物，二者之间替代性较高，2008年之前，东北三省和内蒙古自治区玉米和大豆种植面积均较稳定，其中玉米种植面积稳定在 7700—12000 千公顷，大豆种植面积稳定在 4200—5600 千公顷，自 2008 年以来，随着玉米临时收储政策的持续推进，玉米种植面积大幅增加，玉米与大豆之间的结构失衡进一步加剧。由图 3-3 可知，2007 年东北三省和内蒙古自治区玉米种植面积为 11056.11 千公顷，2015 年已增长至 18472.94 千公顷，年均增长 6.63%，与此同时，大豆种植面积逐年下降，2007 年东北三省和内蒙古自治区大豆种植面积为 5260.54 千公顷，2015 年已下降至 3716.18 千公顷，年均下降 4.25%。

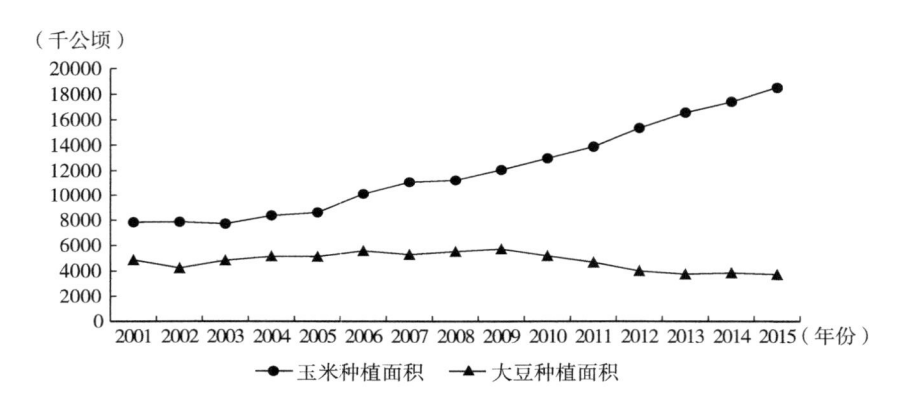

图 3-3　2001—2015 年东北三省和内蒙古自治区玉米和大豆播种面积
资料来源：2002—2016 年《中国统计年鉴》。

第四，国内外玉米价格倒挂严重。图 3-4 描绘了 2009 年至 2015 年吉林省玉米收购价格与进口玉米到岸完税价格的价差变化情况。2013 年之前国内玉米收购价格与进口玉米到岸完税价格的价差多为负值，表明此阶段进口玉米到岸完税价格高于国内玉米价格，但 2012 年国际粮价开始大幅下降，受国际粮价下跌影响，2013 年 7 月开始，国内玉米收购价格与进口玉米到岸完税价格的价差逐渐由负值转为正值，且二者的差值不断拉大，2015 年 12 月吉林省玉米收购价格为 2005.65 元/吨，而同期进口玉米到岸完税价格仅为 1571.82 元/公斤，二者之间的差距高达 433.83 元/吨。

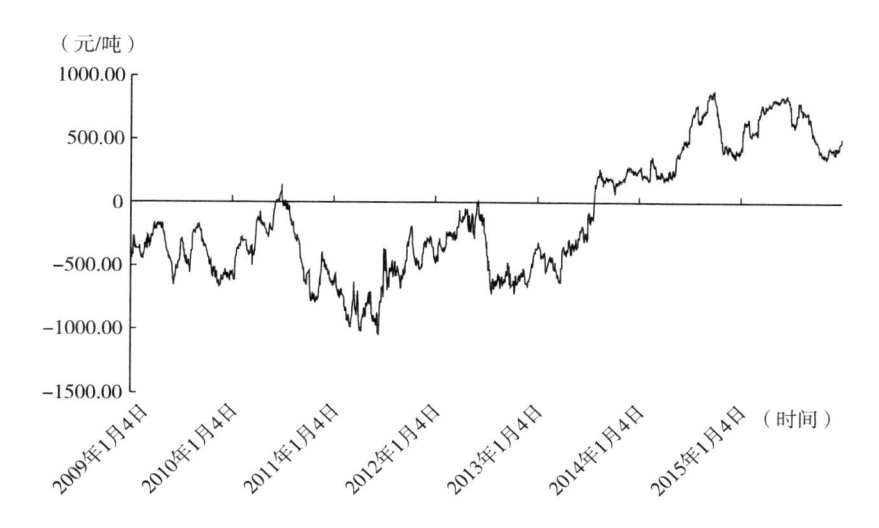

图 3-4　2009—2015 年国内玉米收购价格与进口玉米到岸完税价格的价差变化情况

注：国内玉米价格以吉林省玉米价格表示。
资料来源：Wind 数据库。

第五，下游产业成本急剧增加，加工企业亏损严重。从 20 世纪 80 年代后期开始，畜牧业和加工业消费逐渐占据中国玉米消费的绝大部分，目前，中国玉米消费中 65% 作为畜牧业原料消费，25% 作为加工业原料消费，仅有 10% 作为主食消费，可见，玉米价格大幅增加将直接导致下游产业成本大幅提高。2008—2014 年受玉米临储价格提高的影响，下游产业的加工原料成本大幅提高 49.17%。因此，玉米临时收储政策的实施使下游产业承担的原料成本逐年增加。此外，受国际金融危机的影响，自 2008 年以来玉米深加工产品需求不断下降（徐志刚等，2010），这致使玉米下游产业亏损程度进一步提高。2013 年吉林省玉米深加工行业全年实现利润总额-10.31 亿元，较 2012 年同比下降 160.19%。

三　玉米生产者补贴政策实施

如图 3-5 所示，2016 年中央一号文件明确提出建立玉米生产者补贴制度。随后，2016 年 5 月 20 日印发《财政部关于建立玉米生产者补贴制度的实施意见》，标志着玉米生产者补贴政策的正式实施。该实施意见明确了该补贴政策的指导思想、基本原则和主要内容，其中，对补贴额度、补贴对象的确定是生产者补贴政策实施的关键，中央对各省份根据当前亩均补贴水平与基期（2014年）各省份玉米种植面积测算补贴额度；各省份根据中央下达的资金确定本省份玉米生产者补贴额度。玉米生产者补贴金额应发放给实际玉米种植者。作为对该实施意见的响应，2016年8月前后各省份结合当地实际制定了本省具体的补贴办法，玉米生产者补贴工作正式启动。

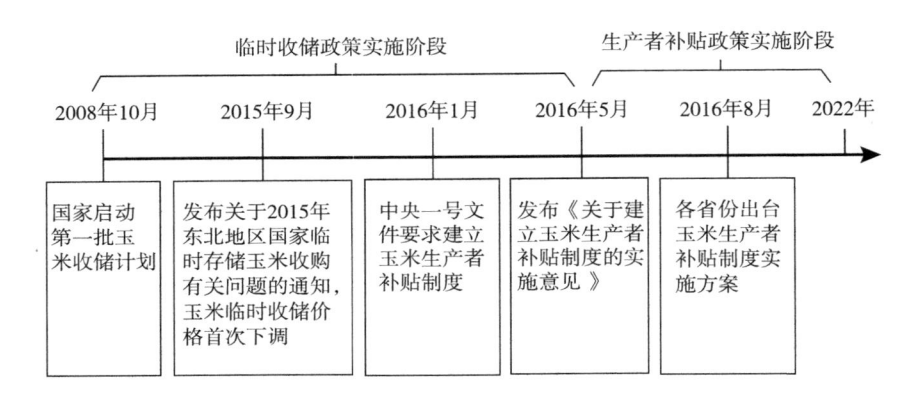

图 3-5　玉米生产者补贴政策实施历程时间线

第三节　玉米生产者补贴政策实施方案及执行过程评估

一　玉米生产者补贴政策目标分析

根据《财政部关于建立玉米生产者补贴制度的实施意见》，玉米生产者补贴政策的主要政策目标可总结为以下几点。

1. 完善玉米价格形成机制

2008年，国际金融危机导致国际市场粮食价格暴跌，为稳定国内粮食市场，中国实施了玉米临时收储政策，由国家委托中储粮按照规定的临时收储价格入市收购玉米。按照政策设计初衷，临时收储政策应体现"临时"概念，即国家根据市场情况确定临时收储价格及收储量，但在实际实施过程中，临时收储价格基本只升不降，收储量也由限量收购逐渐转变为敞开收购，这在保障农户收益方面发挥了重要作用，然而，政府对市场的强烈干预扭转了市场预期，使玉米价格稳步上涨，而同期国际市场玉米价格持续下跌，国内外玉米价格倒挂、玉米市场供需关系失衡等问题凸显。可见，政府过度干预市场价格是临时收储政策负面效应凸显的主要原因。玉米生产者补贴政策作为玉米临时收储政策的替代政策，为解决上述问题，其首要目标就在于还玉米价格于市场，使玉米价格由市场供需决定。

2. 保障优势产区农民种粮收益基本稳定

保障农户收入一直在中国农业政策目标体系中占据重要地位。在临时收储政策实施后期，玉米价格明显下跌，政策性收购价格也难以提高，依靠提价方式保障农户种粮收益面临巨大挑战。在此背景下，推动玉米临时收储政策改革，实施玉米生产者补贴政策的一个政策目标就在于保障农户种植收益。玉米生产者补贴政策鼓励农户随行就市销售玉米；同时，为弥补玉米价格下降导致的农户种粮收入损失，政府按照种植面积给予农户一定补贴；此外，为保障优势产区农户种粮收益基本稳定，国家鼓励地方将补贴资金向玉米优势产区集中。

3. 促进种植结构调整

连续实施八年的玉米临时收储政策使中国东北地区玉米种植结构失衡，玉米阶段性供过于求问题突出。2016年中央一号文件中指出要优化农业区域布局，适当调减非优势产区玉米种植，2016年4月农业部印发的《全国种植业结构调整规划（2016—2020年）》明确提出适当调减非优势区，重点是调减东北冷凉区、北方农牧交错区的玉米种植面积。在此背景下，2016年5月印发的《财政部关于建立玉米生产者补贴制度的实施意见》将促进种植结构调整作为玉米生产者补贴政策的重要目标之一。促进玉米种植结构调整，并不是说玉米不重要，而是在综合考虑资源禀赋、生态条件、市场需求等因素的情况下，合理引导玉米生产，优化玉米生产布局，即提升玉米优势产区产能，适当调减非优势产区玉米面积。

通过对玉米生产者补贴政策目标进行梳理，发现在玉米非优势产区促进种植结构调整和保障农户种粮收益之间存在一定矛盾，虽然国家鼓励将补贴资金向优势产区集中，但对于玉米非优势产区的生产者，国家也会给予少量补贴以保障其玉米种植收益，这在客观上形成了"既要调减玉米，又要补玉米"的矛盾，致使农户处于盲目状态。

二　玉米生产者补贴政策的实施方案评估

1. 玉米生产者补贴政策实施方案评估标准

政策实施方案设计的好坏影响政策目标的实现及政策的可持续性，因此，有必要在对各省份玉米生产者补贴政策实施方案系统梳理的基础上，按照一定标准对各政策实施方案进行评估，以便不断完善玉米生产者补贴政策实施方案。

本书选取"政策方案的设计能否实现政策目标"及"政策方案的可行性"作为评估标准开展方案评估，具体而言：

第一，政策方案的设计能否最大限度地实现政策目标。政策目标实现的前提条件之一为政策方案设计的准确性、完备性。本书选取以下几个政策要素：其一，补贴对象和执行主体是否明确，尤其是要明确执行主体，以确保责任落实到具体部门，防止出现政出多门、责任不明的问题；其二，补贴依据、补贴标准是否合适，补贴依据、补贴标准直接影响农户获得补贴资金的大小，进而影响农户生产行为，因此，应确保补贴依据和补贴标准的合理性；其三，补贴程序是否得当，主要指补贴各环节间是否流畅。

第二，政策方案的可行性。政策实施方案是否可行主要取决于政策实施所需的各种信息能否获得，人力、财力资源是否充足，如受补者信息能否及时获得、基层工作人员数量是否充足等。

2. 各试点省份玉米生产者补贴政策的具体方案

根据《财政部关于建立玉米生产者补贴制度的实施意见》、《财政部、国家发展改革委、农业部关于调整完善玉米和大豆补贴政策的通知》及各试点省份的玉米生产者补贴实施方案，对各试点省份玉米生产者补贴政策实施方案进行梳理，实施方案详细内容、补贴资金拨付流程、补贴面积核实和补贴资金兑付流程分别如表3-2、图3-6和图3-7所示。

表 3-2　　　　　　　　　　　玉米生产者补贴政策实施方案

项目	吉林省	辽宁省	黑龙江省	内蒙古自治区
省对市级、县级补贴额度的确定	按照基期年份玉米播种面积和产量各占50%权重测算确定（2016—2019年以2014年为基期年份，2020—2022年以2018年为基期年份）	按照基期年份玉米播种面积60%和前三年玉米平均产量40%的权重测算（2016—2019年以2014年为基期，产量为2012—2014年平均数据；2020—2022年以2015年为基期，产量为2017—2019年平均数据）	2016—2019年：根据全省统一补贴标准与省农业农村厅提供的各地合法实际种植面积测算确定；2020—2022年：根据全省统一补贴标准与省农业农村厅提供的各地基期面积范围内合法实际种植面积测算确定	按照基期年份（2014年）玉米播种面积和产量各占50%的权重测算确定
补贴对象	玉米实际生产者	玉米实际生产者	玉米实际生产者	玉米实际生产者
补贴范围	2016—2019年：全省范围内合法耕地上玉米种植面积。2020—2022年：基期面积（2018年统计玉米播种面积）范围内合法耕地上玉米种植面积	2016—2019年：全省范围内合法耕地上玉米种植面积。2020—2022年：原则上为基期面积（2015年统计玉米播种面积）范围内合法耕地上玉米种植面积	2016—2019年：全省范围内合法耕地上玉米种植面积。2020—2022年：基期面积范围内玉米实际种植面积	2016—2019年：全自治区范围内合法耕地上玉米种植面积。2020—2022年：基期面积范围（2014年统计玉米播种面积）内玉米实际种植面积
补贴依据	生产者符合补贴范围的当年实际玉米种植面积	生产者符合补贴范围的当年实际玉米种植面积	生产者符合补贴范围的当年实际玉米种植面积	生产者符合补贴范围的当年实际玉米种植面积
补贴标准	各县（区、市）根据自身实际情况测算全县统一补贴标准	各县（区、市）依据农业部门提供的全县可补贴面积测算全县统一补贴标准	全省统一补贴标准	各县（市、区、旗）根据自身实际情况测算全县统一补贴标准
补贴发放	"一卡通"等形式直接兑付玉米实际生产者	"一卡通"等形式直接兑付玉米实际生产者	"一卡通"等形式直接兑付玉米实际生产者	"一卡通"等形式直接兑付玉米实际生产者

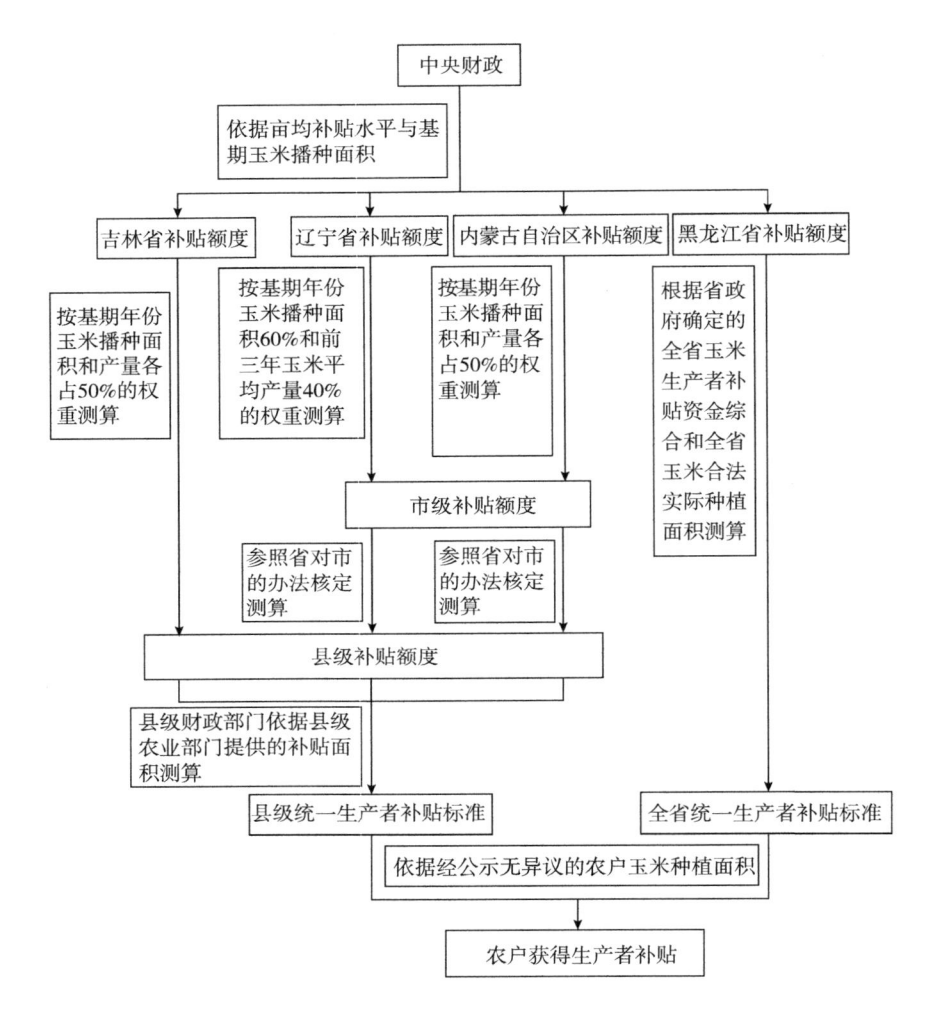

图 3-6　玉米生产者补贴资金拨付流程

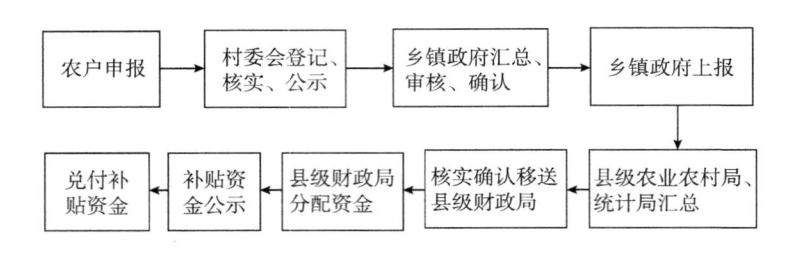

图 3-7　补贴面积核实和补贴资金兑付流程

具体来看：

第一，各省份玉米生产者补贴均坚持"市场定价，价补分离"原则。"市场定价，价补分离"是玉米生产者补贴政策的一大特点。各试点省份在实施玉米生产者补贴时均坚持"市场定价，价补分离"原则的出发点在于，将对农民的补贴从价格中剥离出来，把玉米价格形成还给市场，使玉米价格由市场供需决定，避免玉米价格脱离实际，保障玉米上下游产业协同发展，同时，通过直接补贴的方式保障农户种粮基本收益。

第二，各省份均明确了对市县补贴额度的核定方法，核定方法间存在差异。根据各省份《玉米生产者补贴政策实施方案》可知，各省份均制定了对市级、县级补贴额度的核定方法，其中，吉林省、辽宁省、内蒙古自治区在核定市级、县级补贴额度时综合考虑面积和产量两个因素，而黑龙江省仅考虑面积因素。具体而言，吉林省政府直接负责核定各市级、县级补贴额度，主要按照基期年份玉米播种面积和产量各占50%的权重测算，其中，2016—2019年测算基期为2014年，2020—2022年测算基期为2018年。辽宁省政府负责核定各市补贴额度，各市负责核定所属县（市、区）补贴额度。其中，省对市的补贴额度按照基期玉米种植面积60%和前三年玉米平均产量40%的权重测算确定，2016—2019年测算基期为2014年，即面积为2014年数据，产量为2012—2014年平均产量；2020—2022年测算基期为2015年，即面积为2015年数据，产量为2017—2019年平均产量；市对县（市、区）的补贴额度可参照省对市的办法核定，也可另行确定核定方法。内蒙古自治区政府负责核定各市（盟）补贴额度，各市（盟）负责核定所属县（市、区、旗）补贴额度。其中，区对市（盟）的补贴额度按照基期年份（2014年）各市玉米产量和玉米种植面积各占50%权重核定；市（盟）对县（市、区、旗）的补贴额度可参照省对市的办法核定，也可另行确定核定方法。2016—2019年黑龙江省政府根据全省统一补贴标准与省农业农村厅提供的各地合法实际种植面积测算确定各地补贴额度；2020—2022年黑龙江省对玉米面积实施基期管理，在基期范围内根据实际种植面积补贴，超出基期面积不补，因此，该时期黑龙江省政府根据全省统一补贴标准与省农业农村厅提供的各地基期面积范围内合法实际种植面积测算各地补贴额度。可见，黑龙江省仅依据玉米种植面积分配补贴资金，未考虑玉米产量因素，这不利于补贴资金向玉米优势产区转移。

第三，除黑龙江省外，各试点省份补贴标准县内统一，县与县之间存在差异。吉林省、辽宁省和内蒙古自治区在测算玉米生产者补贴标准时均以县（市、区、旗）为单位，由县（市、区、旗）财政部门根据上级下达的补贴资金额度及县（市、区、旗）农业部门提供的全县（市、区、旗）补贴面积测算确定全县（市、区、旗）统一补贴标准。这三个省份在核定对县的补贴额度时均考虑了面积和产量两个因素，导致各县（市、区、旗）获得的玉米补贴资金存在差异，进而致使县（市、区、旗）与县（市、区、旗）之间补贴标准可能存在差异。黑龙江省在全省范围内实行统一的补贴标准，由省政府根据全省补贴资金总额，省统计、农业部门核实认定的玉米可补贴面积综合测算确定全省统一的玉米生产者补贴标准。

第四，生产者补贴以玉米合法实际种植面积为依据下发至玉米实际种植者。各试点地区均以玉米合法实际种植面积为依据发放补贴。玉米生产者补贴资金的发放大致可分为三个步骤：首先，中央财政根据亩均补贴水平与基期各省份玉米种植面积测算对各省份的补贴资金；其次，各省根据对市级、县级补贴额度的核定方法测算省对市级、县级的补贴资金；最后，各县（市、区、旗）财政部门根据下达的玉米生产者补贴资金，以及农业部门汇总核实的玉米可补贴面积测算补贴标准和分户补贴资金，经公示无异议后通过"一卡通"直接将生产者补贴资金发放至玉米实际种植者。

第五，2020年前后试点省份玉米生产者补贴范围均有所变化。2020年之前各试点省份玉米生产者补贴范围均为全域范围内合法耕地上的玉米种植面积，但农业农村部发布的2020年重点强农惠农政策中指出在东北三省和内蒙古自治区继续实施玉米生产者补贴政策，中央财政的玉米补贴不超过基期（2014年）种植面积，自此，各试点省份对玉米种植面积也实行基期管理，原则上，在基期面积范围内，根据实际种植面积兑付补贴，超出基期面积部分不再给予补贴。

第六，补贴面积均采取申报审核制。玉米种植面积的统计均采用申报审核制，各省实施方案中指出各市级、县级政府应结合本地实际，细化玉米合法实际面积的核实口径及核实办法，由当地统计部门会同农业部门通过自下而上的形式开展玉米合法实际种植面积的申报、核实、汇总和上报工作。首先，各行政村组织辖区内玉米实际生产者申报生产者补贴，并组织专人对申报信息进行逐户核查确认，核查确认后以村屯为单位进行公示，公示无异议后报所在乡（镇）政府；其次，乡（镇）政府对辖区内农户申报的玉米面积进行核实，核实后，乡（镇）政府形成以村为单位的乡（镇）汇总表，并上报县农业部门；最后，县级农业部门对各乡（镇）上报的补贴基本信息情况进行抽查、核验并确认后，以正式公函的形式将玉米补贴基本信息情况表报县级财政部门。

3. 各试点省份玉米生产者补贴政策方案评估

通过对各省份玉米生产者补贴政策实施方案进行比较梳理，发现当前试点省份玉米生产者补贴政策实施方案中仍存在一些不足，具体如下。

第一，玉米生产者补贴政策实施方案中政策内容总体较为完备，但部分内容缺乏细节说明。各省份制定的玉米生产者补贴政策实施方案中均明确了补贴额度核定方法、补贴对象、补贴范围、补贴依据和补贴标准等内容，并对各内容作出了具体规定，这有利于各级政府部门正确理解玉米生产者补贴政策，以便更好地推行该政策，不过，当前部分内容的具体规定中仍缺乏必要的细节说明，致使不同部门对相关内容的理解存在偏差，进而影响政策实施效率和效果。主要表现包括：一是部分省份未明确基期年份。从2020年开始，各省份对玉米种植面积实行基期管理，但部分省份并未在实施方案中明确基期年份为哪一年，如黑龙江省，致使县级政府部门无法确定当前全县玉米实际种植面积是否超过基期面积，这种不确定性影响了玉米生产者补贴资金发放的效率。二是各省份实施方案中均指出市级、县级在基期面积内按实际种植面积兑付补贴，超出部分不再给予补贴，但未详细说明当某县合法玉米实际种植面积超过基期时，应该如何对农户进行补贴以保证补贴面积不超过基期面积。这使部分市县为简化补贴计算程序，在执行过程中继续按照实际种植面积发放补贴，未真正落实超出不补。

第二，玉米生产者补贴政策实施方案中补贴依据选择较为粗放，未兼顾差异。实际种植面积、销售量在农业补贴中均可作为补贴依据，由于玉米生产者数量较多、规模较小，且销售渠道多样，统计农户玉米销售量的操作难度大、成本高，鉴于此，各试点省份选择玉米合法实际种植面积作为补贴依据。以合法实际种植面积为补贴依据虽然操作简单且成本较低，但忽略了不同农户单产水平的差异，在该补贴依据下，按统一的补贴标准发放补贴相当于变相增加单产较低农户的单位补贴额度，减少单产较高农户的单位补贴额度，这对于集约经营农户而言有失公平，进而可能导致单产较高的农户调减玉米种植面积，而单产较低的农户增加玉米种植面积，不利于引导农户合理调整种植结构。

第三，玉米生产者补贴政策实施方案中补贴范围的界定简单易衡量，但对部分农户有失公允。各省份均以二轮土地承包地面积为合法种植面积、以二轮土地承包面积内的玉米种植面积为补贴依据，该方案操作简单，有一定的合理性，但对部分农户有失公允。受以前土地面积测量技术和测量方法简陋，农户为逃避农业税瞒报少报耕地面积，按照地力对面积折算导致登记在册的面积小于实际耕地面积，以及原先田埂、土埂逐渐变为正常的耕地等因素影响，部分农户的实际合法种植面积应大于二轮土地承包面积。

第四，玉米生产者补贴政策实施方案中明确了部门职责，但部门间仍未建立有效协作机制。玉米生产者补贴政策的实施涉及财政、农业、统计等多个政府部门，应明确部门职责分工，并建立部门间协调机制以保障补贴政策的顺利实施。目前，各省份政策实施方案中均明确了部门职能分工。如黑龙江省的政策实施方案中规定省财政厅负责牵头研究制定补贴工作实施方案、测算补贴标准、分配拨付资金等；省农业农村厅负责玉米合法实际种植面积的汇总和补贴政策宣传工作；省发展改革委负责玉米和大豆生产成本收益调查工作；省粮食和储备局负责做好引导多元市场主体积极入市收购玉米等工作；各市级、县级政府负责在省总体补贴框架内，结合各地实际制定本地具体补贴工作实施方案。虽然各省份实施方案均提到部门间要建立协调机制，但多数省份并未建立起有效的协作平台，仅吉林省的政策实施方案中明确要求成立由省财政厅、省发展改革委、省农业农村厅、省粮食和储备局、省统计局、国家统计局吉林调查总队组成的协调工作小组（下设办公室），统一组织实施玉米生产者补贴工作，其他省份各部门间相对独立，缺乏沟通与协调平台，不利于政策的完善和实施。

第五，玉米生产者补贴政策下达时间较晚，对农户生产引导作用有限。各省份政策实施方案一般在5月之后下达，而东北三省和内蒙古自治区玉米种植时间一般在4月末到5月初，备耕时间更早，一般在3月中旬便购买好农用物资，因此，生产者补贴政策下达时农户已购买完种子、化肥等物资，生产决策也已完成，故而玉米生产者补贴对农户生产的引导作用有限。

三 玉米生产者补贴政策执行过程评估

根据《财政部关于建立玉米生产者补贴制度的实施意见》及各试点省份玉米生产者补贴实施方案，可知玉米生产者补贴政策执行过程包括政策宣传和培训、玉米生产者补贴面积申报与核实、玉米生产者补贴标准测算和补贴资金兑付等环节，任何一个环节在执行中出现偏差，都会对政策实施效果产生一定影响。为了解玉米生产者补贴政策实际执行情况，本书选取吉林省公主岭市和农安县、内蒙古自治区的元宝山区和敖汉旗作为调研地区，采取问卷调研与座谈相结合的方式于2020年10月对玉米生产者补贴政策执行情况开展调研。在与当地农财部门领导、乡镇、村委会干部等进行交流，以及对农户进行一对一访谈后，对玉米生产者补贴政策的执行情况及存在的问题有了较为全面的认识。

1. 政策宣传和培训环节

（1）具体内容

各试点省份政策方案要求，为使广大群众清楚了解玉米生产者补贴政策，掌握补贴对象、补贴标准等政策要点，确保补贴政策有效落实，各市、县要制定具体宣传方案，通过多种渠道、多种方式宣传该补贴政策。

（2）实际执行情况

为保障玉米生产者补贴政策的顺利开展，调研地区每年在补贴面积统计前均会开展政策宣传与培训工作，主要采取印发宣传单和召开培训大会的方式。宣传单一般由县级农业和财政部门制作，发放到各乡

(镇),再由乡(镇)发放到各村,最后由各村发放至各户。宣传单的内容包括补贴对象、补贴依据、补贴标准确定方法、补贴发放程序和时间等。培训大会由"县(市、区、旗)—乡(镇)—村"三级会议组成,先由县级农业部门组织召开培训会议,主要对乡(镇)农业部门工作人员进行培训,再由乡(镇)农业部门组织召开培训大会,主要对各村民小组组长进行培训,最后由各村民小组组长组织召开会议对村民培训。培训会议内容主要是宣读《玉米生产者补贴实施方案》,对补贴对象、补贴依据、补贴标准等政策要点进行解读,并重点对补贴面积申报、核实、公示的方法、流程、时间节点,以及补贴资金发放的渠道、时间进行说明,以保障补贴工作顺利推进、按时保质完成。

(3)存在的问题

虽然政策宣传每年有序推进,但农户对玉米生产者补贴政策具体内容的了解程度并不高。根据调研可知,受访农户中84.03%的农户知道玉米生产者补贴政策,但进一步问及对玉米生产者补贴政策具体内容的了解程度时,只有68.07%的农户知道玉米生产者补贴标准,73.95%的农户知道玉米生产者补贴依据,这表明许多农户仅限于知道玉米生产者补贴政策,但对政策的主要内容并不了解。在考察农户对玉米生产者补贴政策的了解渠道时,63.03%的农户选择通过村干部了解到玉米生产者补贴政策,这表明村委会在提高农户对玉米生产者补贴政策的认知中起重要作用。

2. 补贴面积申报与核实环节

(1)具体内容

各省份政策实施方案要求,各市、县要细化玉米合法实际种植面积的核实口径及核实办法,由当地农业部门会同统计部门通过自下而上的形式开展玉米合法实际种植面积的申报、核实、汇总、上报等工作,坚持补贴公示制度,对经审核确定的玉米补贴面积、补贴标准、补贴资金等补贴信息要在村屯张榜公示。

(2)实际执行情况

多数调研地区能够按照以下步骤核实玉米生产者补贴面积。第一,农户申报。农户将本年度玉米种植面积如实向村委会申报,以户主姓名,一户一申报,农户申报一般在5日内完成。第二,村委会登记、核实、公示。村委会将农户申报面积进行汇总登记，填列《农户申报玉米和大豆生产者补贴面积明细表》，并进行逐户核实，核实后的种植面积，由村委会进行7天以上的公示，公示无异议后，村委会对全村申报面积进行汇总，填列《村委会申报玉米和大豆生产者补贴面积汇总表》，并连同明细表一同上报所在乡（镇），村委会登记、核实、公示工作一般在10日内完成。第三，乡（镇）部门把关核查和上报。乡（镇）部门对农户申报面积进行核查。重点核实各村公示面积是否与上报面积一致，是否有少公示多上报的情况；核实是否有少种多报套取补贴资金的情况。核实后乡（镇）政府形成以村为单位的乡（镇）汇总表，并上报县级农业农村局和统计局，乡（镇）政府汇总、审核工作一般10日内完成。第四，县部门核查确认转移。县级农业农村局和统计局对各乡（镇）上报补贴面积进行汇总统计、抽查核验，确认后填列以乡（镇）为单位的县级汇总表，并将县级汇总表连同基层报表一并移送县财政局，作为补贴资金测算和拨付依据，县级政府部门汇总、审核工作一般在5日内完成。第五，补贴资金兑现。县级财政局根据省财政厅核拨的玉米生产者资金总额，以及县级农业农村局确认的玉米生产者的种植面积分配补贴资金，并由乡（镇）负责将补助面积、补助标准、补助金额在所属村屯内进行公示，公示时间不少于7天，公示无异议后，利用现有农业补贴资金发放渠道，兑付补助资金。

（3）存在的问题

补贴面积核实工作存在简化问题。调研中了解到，村委会、乡（镇）或县级层面对补贴面积核实时均未对玉米种植面积进行实际测量，其中，村委会主要通过将农户申报的玉米种植面积与二轮土地承包台账相比进行核查，若未超过二轮土地承包台账记录的面积，则基本认为其申报的玉米种植面积为合法实际种植面积；若超过二轮土地承包台账记录的面积，则再对其进行严格的核查。乡（镇）、县（市、区、旗）也主要通过核对申报面积与台账面积是否一致、申报面积与公示面积是否一致对补贴面积进行抽查。虽然调研中村委会及乡（镇）工作人员普遍表示村委会对该村每家每户种植情况非常了解，且农户之间会相互监督，没必要进行实地测量或逐户核实。但显而易见，这种补贴面积核实方法给农户虚报留下了较大的空间。此外，补贴面积核实工作存在人员不足的问题，尤其对于村和乡（镇）核实工作而言。补贴面积核查工作主要由村委会和乡（镇）部门落实，其中，村级核查主要由村委会主任、屯长负责，由于需要逐户核查且核查时间较为紧张，目前村级核查人员工作强度较大；乡镇农业部门工作人员较少，一般为1—2人，致使进行补贴面积核实时无人可出，主要通过雇用他人进行面积核实，这无疑增加了政策执行成本。

3. 补贴标准测算环节

（1）具体内容

各省份政策方案要求，各市级、县级政府应综合考虑地域种植特点、玉米和大豆未来预期收益比较等实际情况，根据上级下达的资金总额、玉米合法实际种植面积及基期面积合理确定玉米生产者补贴标准。

（2）实际执行情况

调研地区中的公主岭市和农安县在测算补贴标准时均考虑了基期面积，在基期面积内按照省财政厅下达的补贴资金总额和当年玉米合法种植面积，测算确定每亩补贴标准；若合法种植面积超过基期面积，则根据全县实际种植面积和省明确的基期面积确定补贴折算系数，等比例计算出各户基期补贴面积数，确保全县（市、区、旗）补贴面积不超过基期数。元宝山区和敖汉旗直接按照上级下达补贴资金总额和当年玉米合法实际种植面积确定补贴标准。测算玉米补贴标准时各调研地区基本上均考虑了玉米和大豆的比价关系，如敖汉旗不计补贴收入时，玉米亩均种植纯收益比大豆亩均种植纯收益高193.61元，加入补贴后，玉米和大豆亩均种植纯收益基本实现相等，二者之差缩减至24.37元；公主岭市不计补贴时，玉米亩均种植纯收益比大豆高315元，加入补贴后，玉米亩均种植纯收益为922.33元，大豆亩均种植纯收益增至907元，玉米和大豆亩均种植纯收益基本实现相等。

（3）存在的问题

玉米合法实际种植面积超过基期面积时，按照对各户实际种植面积等比例折算的方式确定补贴面积进行补贴，这种计算方法简单易操作但对玉米种植面积未超过基期面积的农户有失公允，并且，该种计算方法从本质上看仍为按照玉米实际种植面积进行补贴，并未落实到农户层面，即按照农户基期面积进行补贴，未实现真正意义上的"超出不补"，补贴仍与农户生产行为挂钩。

第四节 本章小结

本章在对粮食补贴政策实施历程回顾的基础上，重点对玉米生产者补贴政策的实施背景、实施方案和执行过程进行梳理，并进一步对政策实施方案和执行过程进行评估，以求不断完善玉米生产者补贴政策。

首先，通过对粮食补贴政策发展历程的回顾可知，中国粮食补贴政策已实现从计划经济时期的"以农支工"到市场经济时期的"以工促农"的转变，实现从粮食供应数量控制转向运用价格等经济手段调节市场的转变，实现从补贴流通环节向补贴生产者的"暗补"到"明补"的转变。

其次，对玉米生产者补贴政策的目标分析发现，在玉米非优势产区种植结构调整和农户种粮收益保障之间可能存在矛盾，虽然国家鼓励补贴资金向玉米优势产区集中，但对于玉米非优势产区玉米生产者，国家也会给予少量补贴，以保障其玉米种植收益，这在客观上形成了"既要调减玉米，又要补玉米"的矛盾，导致农户生产处于盲目状态。

再次，对玉米生产者补贴政策实施方案进行评估，认为该政策实施方案存在以下问题。第一，玉米生产者补贴政策实施方案的政策内容总体较为完备，但部分内容缺乏细节说明；第二，玉米生产者补贴政策实施方案的补贴依据选择较为粗放，未兼顾差异；第三，玉米生产者补贴政策实施方案的补贴范围的界定简单易衡量，但对部分农户有失公允；第四，玉米生产者补贴政策实施方案明确了部门职责，但部门间仍未建立有效协作机制；第五，玉米生产者补贴政策下达时间较晚，对农户的生产引导作用有限。

最后，依据调研实际情况对试点地区玉米生产者补贴政策执行过程的评估，发现该政策在执行过程中存在以下问题：第一，在政策宣传和培训环节，试点地区政策宣传每年都在有序推进，但农户对玉米生产者补贴政策具体内容的了解程度并不高。第二，补贴面积申报与核实环节，补贴面积核实工作存在简化问题。此外，补贴面积核实工作存在人员不足问题，尤其对于村屯和乡（镇）核实工作而言。第三，在补贴标准测算环节，当玉米合法实际种植面积超过基期面积时，补贴面积测算方法简单易操作，但对部分农户有失公允。

第四章 玉米生产者补贴政策实施效果评估：基于完善玉米价格形成机制的目标

"完善玉米价格形成机制"是玉米生产者补贴政策的重要目标，本章旨在考察玉米生产者补贴政策对玉米价格形成机制的影响，研究主要从以下方面展开。首先，根据国内外玉米价格变动情况及下游产业经营状况初步判断玉米生产者补贴政策对玉米价格形成机制的影响；其次，以玉米市场价格为被解释变量建立回归模型，考察不同政策背景下影响玉米价格形成的因素；最后，对玉米生产者补贴政策实施前后国内外玉米市场间及国内玉米产业链市场间的价格传导关系进行实证分析，以考察不同政策时期各玉米市场的整合程度。

第一节 问题提出

玉米临时收储政策的出发点是以国家储备为调节手段，通过"高卖低买"的干预措施稳定玉米价格，促进玉米生产。临时收储政策时期，临储价格由政府制定，临储价格要覆盖种植成本且预留合理收益。如图4-1所示，从2011年开始受化肥价格、人力成本上涨等因素影响，玉米生产成本大幅提高，这使玉米临时收储价格逐渐提高，2014年四省（区）玉米平均临时收储价格为2.245元/公斤，较2008年的1.505元/公斤增长了49.17%，2015年玉米临时收储价格首次下调，但仍处于较高水平。同期，国际市场玉米价格逐年下降，导致国内外玉米价差日益扩大。在市场开放条件下，国内外价差的存在导致玉米进口量不断增加，国内外玉米价格将逐渐实现趋同。如此一来，临储玉米将更加难以顺价销售，同时为维持国内玉米高价，玉米临时收储量进一步增加从而形成"边进口、边积压""洋货入市、国货入库"的局面。此外，玉米临时收储政策的托市效应使玉米加工企业被迫接受较高的玉米价格，从而陷入亏损，玉米市场扭曲严重。临时收储政策取消后，玉米价格将由市场形成，农户随行就市出售玉米，那么，这是否有利于完善玉米价格形成机制、矫正玉米市场扭曲、实现上下游产业协调发展？

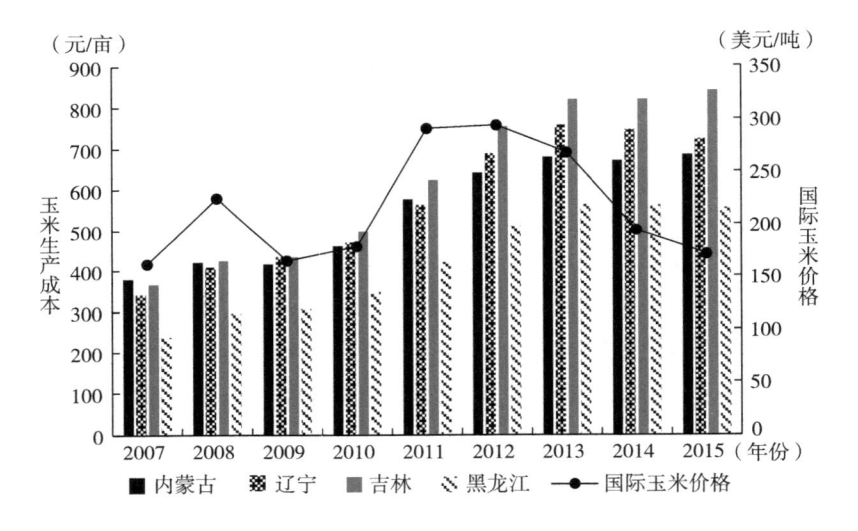

图 4-1　2007—2015 年四省（区）玉米生产成本及国际玉米价格变化

本章试图围绕上述问题展开研究，当前，关于测定玉米价格形成机制是否完善的评估体系尚未成熟，梳理相关文献，发现国内外价差、上下游企业经营状况及上下游产品价格联动性是最常见的评价指标（黄季焜等，2015；刘慧等，2018）。因此，本章主要从国内外玉米价格关系及上下游市场间的关系考察玉米生产者补贴政策实施对玉米价格形成机制的影响。首先描述分析玉米临时收储政策改革前后国内外玉米价差变化的特征性事实，其次运用多元回归分析、时间序列分析方法考察玉米生产者补贴政策对玉米价格形成机制的影响。

第二节　特征性事实：国内外玉米价差缩减

图4-2描绘了玉米临时收储政策改革前后国内玉米价格、国际玉米价格、进口玉米到岸完税价格，以及国内玉米价格与进口玉米到岸完税价格之差的变动情况。由图4-2可知，玉米临时收储政策时期，国内玉米价格持续提高，而同期，尤其是自2013年4月以来，国际市场玉米价格大幅下降，导致进口玉米到岸完税价格大幅下降，国内玉米价格逐渐高于进口玉米到岸完税价格，且两者之差日益扩大，根据Wind数据库的数据，2013年4月国内玉米价格与进口玉米到岸完税价格之差为5.50元/吨，此后两者之差波动增加，2014年9月达到峰值，为1028.55元/吨，2015年受玉米临储价格下调的影响，两者之差有所减小，但仍处于高位，2015年全年国内玉米价格与进口玉米到岸完税价格之差的平均值仍高达776.46元/吨。可见，临时收储政策时期，国内外玉米价格"倒挂"问题日益突出。玉米生产者补贴政策实施以来，国内玉米价格波动下降，国内玉米价格与进口玉米到岸完税价格逐渐趋同。2016年6月国内玉米价格与进口玉米到岸完税价格之差为361.21元/公斤，2018年8月两者之差已下降至-13.75元/吨，表明国内玉米价格低于进口玉米到岸完税价格，此后，国内玉米价格与进口玉米到岸完税价格之差一直维持在较低的范围区间，且围绕零值上下波动。由此可知，生产者补贴政策实施后国内外玉米价差缩小，国产玉米竞争力有所提高，这在一定程度上表明生产者补贴政策完善了玉米价格形成机制。

此外，生产者补贴政策实施后，玉米价格显著下降，以玉米为主要原料的加工企业的生产成本明显下降，企业经营情况改善，开工率回升。2017年3月东北地区酒精企业开工率达到96%，比2016年11月的87%提高了9%（宫斌斌等，2021）。同时，玉米价格下降导致畜牧业养殖成本明显降低，畜牧业养殖收益增加，农业农村部价格信息中心统计，2014年全国猪粮比价为5.5∶1，低于盈亏平衡点（6∶1），而临时收储政策改革后，2016年全国猪粮比价已高达9.49∶1，2019年猪粮比价进一步提高，为10.77∶1，远高于盈亏平衡点。

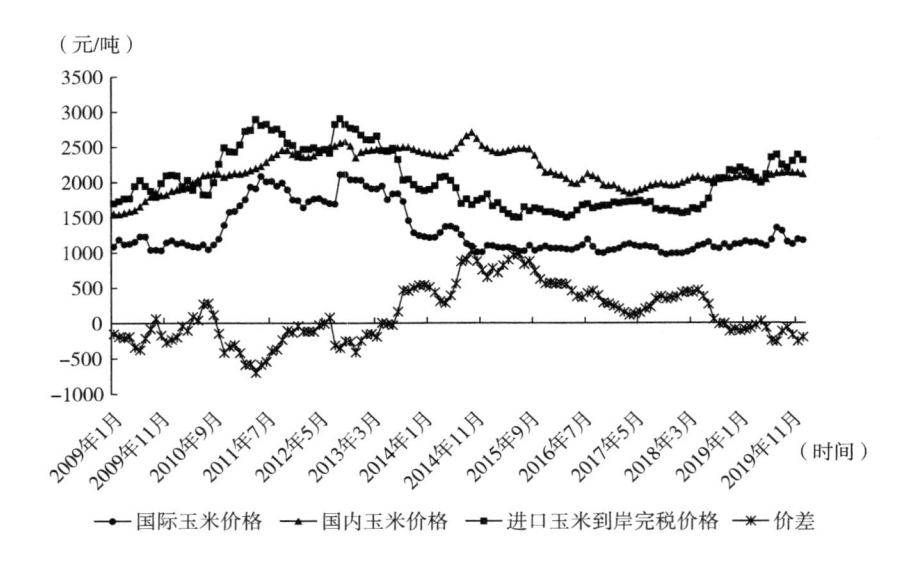

图 4-2　国内和国际玉米价格变化趋势

注：价差为国内玉米价格与进口玉米到岸完税价格之差。

资料来源：Wind 数据库。

第三节　不同政策背景下玉米市场价格影响机制比较

一　供需决定论

1. 无临时收储政策干预时期

在玉米临时收储政策实施之前，玉米价格由市场供求决定，这是分析玉米价格形成的基本框架。因为玉米具有耐藏性，故本节将建立一个完全竞争假设条件的包含库存的均衡模型（Labys，1979）。

首先，确定玉米的供给模型，一个国家或地区玉米的总供给量包括产量、进口量和期初库存量三个部分。其中，玉米产量由国内玉米价格决定，由于玉米具有固定的生产周期，假定上期玉米价格影响当期玉米产量；玉米进口量主要取决于国内玉米价格与国际玉米价格间的价差，考虑到运输等过程所产生的时滞，认为当期玉米进口量是上期国内玉米价格与上期国际玉米价格间价差的函数；玉米期初库存量是上期玉米价格的函数。其次，确定玉米的需求模型，玉米的总需求量主要包括国内消费量、出口量和期末库存量。其中，玉米国内消费量包括口粮消费量和饲料粮消费量，玉米口粮消费量主要受当期国内玉米价格的影响，而玉米饲料粮消费量主要受上期价格的影响（Westcott and Hoffman，1999）；玉米出口量主要取决于当期国内玉米价格和当期国际玉米价格间的价差；玉米期末库存量为本期玉米价格的函数。在不考虑政策干预的模型中，当市场出清时，玉米价格形成的均衡条件是总供给等于总需求，用函数表示为

$$S = f(p_{t-1}^d, \ p_{t-1}^d - p_{t-1}^w, \ k_0, \ z) \quad （供给函数） \tag{4-1}$$

$$k_0 = f(p_{t-1}^d, \ z) \quad （期初库存函数） \tag{4-2}$$

$$D = f(p_t^d, \ p_{t-1}^d, \ p_{t-1}^d - p_{t-1}^w, \ k, \ z) \quad （需求函数） \tag{4-3}$$

$$k = f(p_t^d, \ z) \quad （期末库存函数） \tag{4-4}$$

$$S = D \quad （均衡条件） \tag{4-5}$$

式中：S 为玉米供给；D 为玉米需求；p^d 为国内玉米价格；p^w 为国际玉米价格；k_0 为玉米期初库存量；k 为玉米期末库存量；z 为一系列外生变量；t 与 $t-1$ 分别为当期与上期。

在均衡条件下可进一步推导出玉米价格决定函数：

$$p_t^d = h^{-1}(p_{t-1}^d, \ p_{t-1}^d - p_{t-1}^w, \ k, \ z) \tag{4-6}$$

2. 政策干预时期

玉米临时收储政策时期，国家对玉米设定临时收储价格，并按此价格参与玉米收购以影响玉米市场价格，这在一定程度会影响玉米消费函数和库存函数，因此，有必要对玉米临时收储政策时期的玉米消费函数与库存函数重新考虑。临时收储政策时期，国家按照临时收储价格收购玉米，此时，玉米收购量主要取决于临时收储价格，临时收储价格越高，政府玉米收购量越大，若收购的玉米无法顺价销售，则会转变为新的库存，因此，临时收储政策时期，玉米库存量同时受本期玉米价格、临时收储价格的影响。纳入临时收储价格后，玉米库存函数为

$$k = f(p_t^d, \ p_g, \ z) \quad （临储时期库存函数） \tag{4-7}$$

政府收储量将抬高玉米价格，进而影响玉米消费函数，基于以上考虑，在新的消费需求函数中引入政府收储量（q_g）：

$$D = f(p_t, \ p_{t-1}, \ q_g, \ k, \ z) \quad （临储时期消费需求函数） \tag{4-8}$$

故在均衡条件下，临时收储政策时期的玉米价格决定函数为

$$p_t^d = h^{-1}(p_{t-1}^d, \ p_{t-1}^d - p_{t-1}^w, \ q_g, \ k, \ z) \tag{4-9}$$

由式可知，临时收储政策的实施对玉米价格的形成机理产生了影响，可能使玉米市场价格进入相对独立的行情，形成"政策市"。

生产者补贴政策时期，随着玉米临时收储价格的取消，政府不再参与玉米收购，此时，玉米价格的形成机理将恢复至无政策干预时期，基于此，提出本书的第一个假说：

假说1：临时收储政策时期，国内玉米价格形成主要受政策干预的影响，而生产者补贴政策时期，国内玉米价格形成主要受市场供需的影响。

二 研究方法及数据

以国内玉米价格为被解释变量，选取库存消费比、上期国际玉米价格、上期国内玉米价格、世界石油现货价格和汇率为被解释变量，构建回归模型进行分析，其中，玉米库存是玉米供给和需求市场博弈的结果，是玉米价格的调节器，虽然临时收储政策时期玉米进口量、库存量、消费量三量齐增，但该时期玉米进口量一直较少，远低于玉米进口配额，玉米消费仍以国内生产的玉米为主，USDA统计数据显示，2015年国内玉米总消费中进口玉米消费仅占2.73%，因此本部分选择以库存消费比衡量供需因素对玉米价格的影响；考虑到运输、通关等过程所产生的时滞性，假定当期国内玉米价格受上期国际玉米价格的影响。模型形式具体如下：

$$\ln p_t^d = \beta_0 + \beta_1 \ln ratio_t + \beta_2 \ln p_{t-1}^d + \beta_3 \ln p_{t-1}^w + \beta_4 \ln gas_t + \beta_5 \ln exch_t \tag{4-10}$$

式中：p_t^d 为当期国内玉米价格；$ratio$ 为玉米库存消费比；p_{t-1}^d 为上期国内玉米价格；p_{t-1}^w 为上期国际玉米价格；gas 为国际原油价格；$exch$ 为汇率。

本书选取的样本区间为2002年1月至2021年4月。其中，国内玉米价格数据来自中华人民共和国国家统计局；玉米库存消费比由玉米库存量除以玉米消费量得到，所用数据来自美国农业部网站；国际玉米价格、国际原油价格数据来自国际货币基金组织主要商品价格数据库，并参照当期汇率折算成以人民币计价；汇率数据来自世界银行GEM数

据库。此外，为消除物价因素影响，货币性指标均以 2002 年 1 月为基期的 CPI 指数进行平减，为消除数据的异方差，对各变量进行对数化处理。各变量的描述性统计见表 4-1。

表 4-1 各变量的描述性统计

变量	含义	最大值	最小值	平均数	标准差	VIF
$\ln p_t^d$	当期国内玉米价格的对数值	0.6326	-0.0212	0.3486	0.1562	—
$\ln gas_t$	当期国际原油价格的对数值	6.6333	4.5571	5.8068	0.3887	1.0479
$\ln exch_t$	当期汇率的对数值	2.1138	1.8090	1.9479	0.1049	1.0394
$\ln p_{t-1}^w$	上期国际玉米价格的对数值	0.4633	-0.4856	-0.1139	0.2418	1.0157
$\ln ratio_t$	玉米库存消费比的对数值	-0.1340	-1.8917	-0.9775	0.5015	1.0213
$\ln p_{t-1}^d$	上期国内玉米价格的对数值	0.6326	-0.0212	0.3460	0.1571	1.0729

为分析不同政策背景下国内玉米价格形成影响机制的差异，本书将样本分为三个阶段：玉米临时收储政策实施之前（2002 年 1 月至 2008 年 10 月）、玉米临时收储政策时期（2008 年 11 月至 2016 年 5 月）、玉米生产者补贴政策时期（2016 年 6 月至 2021 年 4 月）。选择 2008 年 10 月和 2016 年 5 月作为时间节点的原因在于：2008 年 10 月 17 日国务院第 31 次常务会议研究决定在东北地区对玉米实施临时收储政策，并于 2008 年 10 月 20 日下达首批玉米收储计划；2016 年 5 月 20 日《财政部关于建立玉米生产者补贴制度的实施意见》推进玉米临时收储制度改革，开始对玉米实施生产者补贴制度，因此，本书将上述两个节点分别作为玉米临时收储政策的起点和终点。

三 模型运行与结果分析

1. 单位根检验

时间序列多为非平稳变量，非平稳变量回归会导致伪回归，因此，在时间序列变量回归前，需要确定变量的平稳性，常用的平稳性检验方法为 ADF 检验。本部分对不同阶段各序列进行 ADF 检验，检验结果如表 4-2 所示。由表 4-2 可知，各序列均为非平稳序列，但一阶差分后均为平稳变量，可用于回归分析。

表 4-2　　　　　　　　　各变量 ADF 检验

检验序列	临时收储政策实施前 ADF 统计值	结果	临时收储政策时期 ADF 统计值	结果	生产者补贴政策时期 ADF 统计值	结果
$\ln p_t^d$	-2.3192 (0.4187)	不平稳	0.3577 (0.9986)	不平稳	-1.5185 (0.8117)	不平稳
$\ln gas_t$	-2.7086 (0.2362)	不平稳	-2.6912 (0.2428)	不平稳	-2.3991 (0.3761)	不平稳
$\ln exch_t$	-0.4417 (0.9843)	不平稳	0.0491 (0.9963)	不平稳	-2.7468 (0.2228)	不平稳
$\ln p_{t-1}^w$	-1.3214 (0.8750)	不平稳	-1.6433 (0.7677)	不平稳	-2.1293 (0.5177)	不平稳
$\ln ratio_t$	-1.6061 (0.7820)	不平稳	-2.1858 (0.4914)	不平稳	-1.2921 (0.8760)	不平稳
$\Delta \ln p_t^d$	-6.2714 (0.0000)	平稳	-5.0787 (0.0000)	平稳	-4.3954 (0.0000)	平稳
$\Delta \ln gas_t$	-6.3310 (0.0000)	平稳	-7.3132 (0.0000)	平稳	-6.1025 (0.0000)	平稳
$\Delta \ln exch_t$	-2.3126 (0.0209)	平稳	-1.9889 (0.0452)	平稳	-4.9306 (0.0000)	平稳
$\Delta \ln p_{t-1}^w$	-4.6229 (0.0000)	平稳	-7.9581 (0.0000)	平稳	-3.2648 (0.0016)	平稳
$\Delta \ln ratio_t$	-6.2695 (0.0000)	平稳	-8.3545 (0.0000)	平稳	-7.4889 (0.0000)	平稳

注：括号内为 P 值。

2. 回归结果

表 4-3 为分阶段的回归结果。分阶段回归之前，使用 Chow Breakpoint 检验对样本分界点进行检验，发现 2008 年 10 月和 2016 年 5 月是样本期内有效显著断点，因此，区间划分具有统计意义。从分阶段回归结果可知，不同阶段的玉米价格形成影响机制存在较大差异。其中，在玉米临时收储政策实施之前（2002 年 1 月至 2008 年 10 月）库存消费比、上期国际玉米价格、上期国内玉米价格是影响玉米价格波动的主要因素，而在玉米临时收储政策实施时期（2008 年 11 月至 2016 年 5 月）玉米库

存消费比、上期国际玉米价格等因素对玉米价格的影响均不再显著，到玉米临时收储政策取消后，生产者补贴政策时期玉米库存消费比、上期国际玉米价格又重新成为影响玉米价格波动的显著因素。这表明在临时收储政策实施之前，供需因素是影响玉米价格形成的主要因素，而临时收储政策实施后影响玉米价格波动的因素主要为供需因素之外的其他因素，到临时收储政策取消后，供需因素又重新成为影响玉米价格波动的显著因素。可见，玉米生产者补贴政策的实施在一定程度上完善了玉米价格形成机制，使玉米价格重新由市场供需决定，假说1得以验证。

表 4-3　2002—2021 年分阶段影响玉米价格的因素分析

变量	2002年1月—2008年10月 系数	t值	2008年11月—2016年5月 系数	t值	2016年6月—2021年4月 系数	t值
玉米库存消费比	-0.0378*	-1.8498	0.0342	0.7155	-0.0525**	-2.1111
上期国际玉米价格	0.0872*	1.9838	0.0380	1.2056	0.0835*	1.9417
上期国内玉米价格	0.2380**	2.1829	0.6239***	7.0414	0.4202***	3.5268
国际原油价格	0.0332	1.1410	0.0261	1.0930	0.0045	0.2408
汇率	0.3588	0.5842	0.7021**	2.0182	0.0046	0.0243
常数项	0.0029	1.0472	0.0004	0.1968	0.0029	1.2288
Chow test	2.6635***		3.800***			
F值	3.5472***		9.4152***		5.8529***	
R^2	0.1933		0.4079		0.3557	
D-W值	2.0761		2.0970		1.8235	

注：***、**、*分别表示在1%、5%、10%的水平上显著。

3. 稳健性检验

玉米补贴政策仅在东北玉米主产区实施，上述回归使用全国玉米平均价格作为被解释变量的前提是假设玉米补贴政策通过影响主产区的玉米价格进而影响全国玉米平均价格，由于该假设有一定的不确定性，因此本部分选择政策实施地区的玉米平均价格作为被解释变量对上述回归结果进行稳健性检验。由于省级层面的玉米价格数据统计到2019年，选取 2002—2019 年作为样本期，结果如表 4-4 所示，由回归结果可知，临时收储政策时期玉米价格主要受供需因素之外的因素影响，而临时收储政策实施之前和临时收储政策取消后，玉米价格主要受供需因素影响，这与上述回归结果基本一致。

表 4-4　　　　　　　　　　稳健性检验

变量	2002年1月—2008年10月		2008年11月—2016年5月		2016年6月—2019年12月	
	系数	t 值	系数	t 值	系数	t 值
玉米库存消费比	-0.0629*	-1.8929	0.0358	0.8731	-0.0591**	-2.4657
上期国际玉米价格	0.0496	0.7504	0.0309	1.2893	0.0026	0.0518
上期国内玉米价格	0.5170***	5.4725	0.6840***	8.8362	0.6400***	5.8179
国际原油价格	0.0652	1.3758	0.0299	1.5629	-0.0637	-1.6218
汇率	0.5791	0.6142	0.1966	0.5915	0.0530	0.2392
常数项	0.0024	0.5789	0.0004	0.2819	-0.0003	-0.1226
F 值	7.9747***		18.4992***		11.1470***	
R^2	0.3532		0.5211		0.6010	
D-W 值	1.9814		1.5782		1.8845	

注：***、**、*分别表示在1%、5%、10%的水平上显著。

第四节　不同政策背景下玉米市场价格传递效应比较

一　理论分析

市场的一体化程度在某种程度上可由市场间价格传递反映。若市场的一体化程度较高，则市场间价格可自由传递；若市场的一体化程度不高，则市场间价格传递可能受阻，进而造成价格信号错误传递，导致市场流通的低效率（Goodwin and Schroeder，1991），并且相对分割的市场更易存在套利空间，造成生产者和消费者的福利损失（Heman and Fateh，2005）。目前，学术界对价格传递还未有公认的定义。国内外学者普遍认为价格传递指两个市场间价格的相互影响，既包括产业链上下游的垂直价格传递，也包括空间市场价格传递。基于此，本书选取两条价格传递路径进行分析：一是国内外玉米期现货市场间的价格传递，二是国内玉米产业链上下游市场间的价格传递。

从临时收储政策改革前后国内玉米期现货市场间的关联性来看，在市场竞争条件下，玉米价格由市场决定，玉米供需双方可通过期货市场的价格发现和套期保值功能规避市场风险，期现货市场间价格信息的有效传递是玉米期货市场发挥作用的前提条件之一。国家针对玉米先后实施了不同的支持政策，虽然各政策没有直接干预玉米期货市场，但会通过影响现货市场价格间接影响期货市场价格。具体而言，2008—2015年，中国连续八年在东北地区对玉米实施临时收储政策，该政策对玉米价格进行直接托底，导致玉米现货市场形成"政策市"，这可能导致国内期现货市场关系脱节，进而导致两市场间价格波动溢出效应和关联性较低。自2016年以来，国家决定对玉米实施"市场化收购+补贴"的生产者补贴政策，即玉米生产者随行就市出售玉米，然后国家按照农户玉米实际种植面积给予补贴。生产者补贴政策实施时期，玉米价格重新由市场供需决定，玉米期货市场功能得以实现，对现货市场价格的引导作用将得以发挥。

贸易和期货是国内外玉米价格关联的主要途径。一方面，国际玉米现货价格通过市场整合、异地套利、替代效应等方式，影响国内玉米现货价格；另一方面，市场投资者的恐慌心理、羊群行为等将导致期货市场间的联动性。临时收储政策时期，玉米价格由政府制定，国内玉米现货市场进入"政策市"，这将使国内外玉米现货市场间的关联性降低，虽然玉米期货市场并未直接受到临时收储政策影响，但该政策的实施会影响交易主体的预期，进而影响国内外期货市场间的关联性。

从临时收储政策改革前后玉米产业链上下游市场间的关联性来看，临时收储政策时期，其"托市"效应使玉米市场进入相对独立的市场，进而导致玉米产业链上下游市场间出现一个奇怪的现象，即玉米收购价格稳中有增，但下游玉米加工业亏损严重，有关数据显示，临时收储政策时期，下游产品淀粉、乙醇生产均已进入盈亏平衡点以下，其中，淀粉亏损200元/吨，乙醇亏损150元/吨（顾莉丽、郭庆海，2017），这在一定程度上表明临时收储政策时期玉米产业链上下游市场间并不是有效传导的；临时收储政策取消后，玉米价格重新由市场供需决定，产业链上下游市场间关联性将有所提高。

基于以上分析，提出本部分研究假说：

假说2：与临时收储政策时期相比，生产者补贴政策实施后玉米国内外期现货市场间的关联性将有所提高。

假说3：临时收储政策时期玉米产业链上下游市场间的关联性较小，生产者补贴政策时期玉米产业链上下游市场间的关联性将显著提高。

二 模型选择

本部分将分别运用向量自回归模型（VAR）、BEKK-GARCH模型和DCC-GARCH模型分析玉米国内外期现货市场间，以及国内玉米产业链上下游市场间的溢出效应和动态关联性。向量自回归模型（VAR）较为常见，此处不再详细介绍，重点对BEKK-GARCH和DCC-GARCH模型进行介绍。

1995年，Engle和Kroner将BEKK-GARCH模型正式用于研究，该模型能够在较弱的条件下假定协方差矩阵的正定性且待估参数较少，因此，能够有效刻画市场间的波动溢出效应。易丹辉（2008）认为现实中的时间序列一般采用一阶模型展开分析即可，故本书运用BEKK-GARCH（1，1）模型研究玉米国内外期现货市场间的波动溢出效应。BEKK-GARCH模型设定如下：

$$\begin{pmatrix} P_{1,t} \\ P_{2,t} \\ P_{3,t} \\ P_{4,t} \end{pmatrix} = \begin{pmatrix} \mu_1 \\ \mu_2 \\ \mu_3 \\ \mu_4 \end{pmatrix} + \sum_{j=1}^{k} \begin{pmatrix} \beta_{11,j} & \beta_{12,j} & \beta_{13,j} & \beta_{14,j} \\ \beta_{21,j} & \beta_{22,j} & \beta_{23,j} & \beta_{24,j} \\ \beta_{31,j} & \beta_{32,j} & \beta_{33,j} & \beta_{34,j} \\ \beta_{41,j} & \beta_{42,j} & \beta_{43,j} & \beta_{44,j} \end{pmatrix} \begin{pmatrix} P_{1,t-j} \\ P_{2,t-j} \\ P_{3,t-j} \\ P_{4,t-j} \end{pmatrix} + \begin{pmatrix} \varepsilon_{1,j} \\ \varepsilon_{2,j} \\ \varepsilon_{3,j} \\ \varepsilon_{4,j} \end{pmatrix}$$

(4-11)

$$\begin{pmatrix} \varepsilon_{1,j} \\ \varepsilon_{2,j} \\ \varepsilon_{3,j} \\ \varepsilon_{4,j} \end{pmatrix} | I_{t-1} \sim N(0, H_t)$$

(4-12)

式中：$P_{1,t}$和$P_{2,t}$、$P_{3,t}$和$P_{4,t}$分别为国内玉米现货和期货价格、国际玉米现货和期货价格；μ_i 为常数项；$\beta_{1i,j}$ 和 $\beta_{2i,j}$、$\beta_{3i,j}$ 和 $\beta_{4i,j}$ 分别为国内玉米现货和期货价格、国际玉米现货和期货价格对自身及其他市场价格的影响；k 为模型滞后阶数；根据 AIC 和 SC 准则确定模型最优滞后阶数，$\varepsilon_{1,j}$、$\varepsilon_{2,j}$、$\varepsilon_{3,j}$、$\varepsilon_{4,j}$ 为随机误差项，其条件方差—协方差矩阵 H_t 为

$$H_t = C'C + A'(\varepsilon_{t-1}\varepsilon'_{t-1})A + B'H_{t-1}B \tag{4-13}$$

式中：C 为四维三角矩阵；A 和 B 分别为 C 的 ARCH 项系数矩阵和 GARCH 项系数矩阵。各矩阵的形式如下：

$$H_t = \begin{pmatrix} h_{11,t} & h_{12,t} & h_{13,t} & h_{14,t} \\ h_{21,t} & h_{22,t} & h_{23,t} & h_{24,t} \\ h_{31,t} & h_{32,t} & h_{33,t} & h_{34,t} \\ h_{41,t} & h_{42,t} & h_{43,t} & h_{44,t} \end{pmatrix}; \quad C = \begin{pmatrix} c_{11} & & & \\ c_{21} & c_{22} & & \\ c_{31} & c_{32} & c_{33} & \\ c_{41} & c_{42} & c_{43} & c_{44} \end{pmatrix};$$

$$A = \begin{pmatrix} a_{11} & a_{12} & a_{13} & a_{14} \\ a_{21} & a_{22} & a_{23} & a_{24} \\ a_{31} & a_{32} & a_{33} & a_{34} \\ a_{41} & a_{42} & a_{43} & a_{44} \end{pmatrix}; \quad B = \begin{pmatrix} b_{11} & b_{12} & b_{13} & b_{14} \\ b_{21} & b_{22} & b_{23} & b_{24} \\ b_{31} & b_{32} & b_{33} & b_{34} \\ b_{41} & b_{42} & b_{43} & b_{44} \end{pmatrix} \tag{4-14}$$

式中：h_{ii} 为玉米国内外期现货市场间的条件方差；$h_{ij}(i \neq j)$ 为条件协方差；a_{ii} 和 $b_{ii}(i=1,2,3,4)$ 分别为某一玉米市场价格自身的 ARCH 型和 GARCH 型波动溢出效应；$a_{ij}(i \neq j)$ 和 $b_{ij}(i \neq j)$ 分别为某一玉米市场对其他玉米市场的 ARCH 型和 GARCH 型波动溢出效应。若 $a_{ij} = b_{ij} = 0$，则表示 i 价格对 j 价格不存在波动溢出效应；若 a_{ij} 和 b_{ij} 中有一个异于零，则表示 i 价格对 j 价格存在波动溢出效应，故检验 $i(j)$ 市场对 $j(i)$ 市场是否存在波动溢出效应，即检验系数 $a_{ij}(a_{ji})$ 和 $b_{ij}(b_{ji})$ 中任意 1 个是否显著异于零；检验 i 和 j 市场间是否存在波动溢出效应，即检验系数 a_{ij}、b_{ij}、a_{ji} 和 b_{ji} 中任意 1 个是否显著异于零。

通过极大似然估计计算模型参数，假定 ε_t 服从正态分布，对数似然函数估计形式为

$$L(\theta) = -\frac{NT}{2}\log 2\pi - \frac{1}{2}\sum_{t=1}^{T}(\log|H_t| + \varepsilon'_{t-1}H_{t-1}^{-1}\varepsilon_{t-1}) \tag{4-15}$$

式中：θ 为待估参数；T 为观测样本数量；N 为序列数量。

DCC-GARCH 模型由 Engle（2000）提出，具体方程如下：

$$P_t = CX_t + \varepsilon_t \tag{4-16}$$

式中：$P_t = (P_{1t}, P_{2t})$；C 为 $2 \times k$ 维待估参数；X_t 为 $k \times 1$ 维的解释变量；ε 为扰动项，其条件协方差矩阵 H_t 可表示为

$$H_t = D_t^{\frac{1}{2}} R_t D_t^{\frac{1}{2}} \tag{4-17}$$

式中：D_t 为条件方差对角矩阵；R_t 为时变相关系数矩阵，$R_t = \mathrm{diag}(Q_t)^{-\frac{1}{2}} Q_t \mathrm{diag}(Q_t)^{-\frac{1}{2}}$，$Q_t = (1-\alpha-\beta)\overline{Q} + \alpha \varepsilon_{t-1}^* \varepsilon_{t-1}^{*\prime} + \beta Q_{t-1}$，其中 Q_t 为条件标准差矩阵，$\overline{Q}$ 为 ε_t 的无条件方差矩阵，ε_{t-1}^* 为标准化的扰动项，$\varepsilon_{t-1}^* = D_t^{-\frac{1}{2}} \varepsilon_t$，参数 α、β 均为非负参数，且 $0 \leq \alpha + \beta \leq 1$。利用变量 i 和变量 j 在 t 时期的条件相关系数 $\rho_{ij,t}$ 可检验市场间的动态关联性，具体公式为

$$\rho_{ij,t} = h_{ij,t} / \sqrt{h_{ii,t}} \sqrt{h_{jj,t}} \tag{4-18}$$

式中：$h_{ii,t}$、$h_{jj,t}$、$h_{ij,t}$ 为矩阵 H_t 对角及非对角元素。

三　不同政策背景下国内外玉米期现货市场间价格传递关系比较

1. 数据来源与描述性统计

（1）数据来源

本部分分析数据选取国内玉米现货价格和期货价格、国际玉米现货价格和期货价格的日度数据，其中，国内、国际玉米现货价格分别选取国内各地区玉米交易价格的平均值和美国市场 2 号黄玉米现货日价格；国内玉米期货价格和国际玉米期货价格分别选取大连商品交易所的黄玉米期货收盘价格和美国芝加哥期货交易所的玉米期货收盘价格。以上数据均来自 Wind 数据库，样本的时间范围为 2011 年 1 月 4 日至 2020 年 11 月 30 日，剔除周末、节假日及不能互相匹配的数据后，共获得 2158 个有效观测值。因国内外粮食价格单位存在差异，故通过汇率进行换算，统一换算为元/吨。为保证变量的平稳性，对各序列进行对数化处理，然后计算各序列的收益率[①]。在样本期划分上，根据政策变化节

[①] 收益率：$r_t = 100 \times \log(P_t / P_{t-1})$。

点，将研究样本划分为玉米临时收储政策时期和玉米生产者补贴政策时期，由于2016年5月20日财政部发布《关于建立玉米生产者补贴制度的实施意见》，标志着临时收储政策取消及生产者补贴政策的实施，因此，本书将2011年1月4日至2016年5月18日设置为玉米临时收储政策时期，将2016年5月20日至2020年11月30日设置为玉米生产者补贴政策时期。

（2）数据描述性统计

表4-5所列为玉米各市场价格收益率序列的描述性统计结果。国内现货价格的标准差低于国内期货价格的标准差。国内期现货价格的标准差均低于国际期现货价格的标准差，意味着与国内期货价格相比，玉米国内现货价格波动较小；与国际期现货价格相比，玉米国内期现货价格波动较小。从偏度、峰度和JB统计量来看，玉米各市场价格序列中除国际玉米现货价格序列表现为右偏外，其他市场价格序列均表现为左偏；各市场价格序列均为非正态分布，且具有尖峰厚尾特征。从单位根检验结果来看，各市场价格序列均为平稳序列。

表4-5　　　玉米各市场价格收益率序列的描述性统计

变量	均值	标准差	偏度	峰度	JB统计量	ADF统计值
国内玉米现货	0.009	0.275	-1.797	22.203	34302.892***	-10.291***
国内玉米期货	0.012	1.359	-0.927	47.284	76560.592***	-25.979***
国际玉米现货	0.001	1.427	1.134	26.192	48801.265***	-13.435***
国际玉米期货	-0.017	1.932	-4.075	88.910	669294.304***	-11.306***

注：＊＊＊表示在1%的水平上显著。

2. 国内外玉米期现货市场间价格传导的实证分析

（1）均值溢出效应检验

构建各玉米市场间的VAR模型，并使用格兰杰因果关系检验分析各玉米市场间是否存在均值溢出效应。首先，根据AIC、SC等准则确定玉米价格的自回归模型的最优滞后阶数在临时收储政策时期、生产者补贴政策时期均为5阶。因VAR模型参数估计非本书重点，故表4-6直接列出根据格兰杰因果检验所得的国内国际玉米期现货市场间的均值溢出效应检验结果。

表 4-6　国内国际玉米期现货市场间均值溢出效应检验

原假设：市场A对市场B不存在均值溢出效应		F 值	结论		F 值	结论
国内现货→国内期货	临时收储政策时期	3.105***	拒绝	生产者补贴政策时期	2.646**	拒绝
国内期货→国内现货		1.796	接受		10.039***	拒绝
国内现货→国际现货		0.703	接受		0.581	接受
国际现货→国内现货		0.382	接受		1.044	接受
国内现货→国际期货		1.050	接受		0.361	接受
国际期货→国内现货		0.409	接受		1.402	接受
国内期货→国际现货		0.436	接受		1.266	接受
国际现货→国内期货		0.118	接受		1.005	接受
国内期货→国际期货		0.298	接受		0.700	接受
国际期货→国内期货		0.439	接受		1.638	接受
国际现货→国际期货		1.080	接受		0.485	接受
国际期货→国际现货		50.046***	拒绝		18.781***	拒绝

注：***、**分别表示在1%、5%的水平上显著。

玉米各市场间均值溢出效应的检验结果表明，临时收储政策时期，国内期现货市场间、国际期现货市场间均存在单向均值溢出效应，其他玉米市场间均不存在均值溢出效应。生产者补贴政策时期，国际玉米期现货市场间仍存在单向均值溢出效应，但国内期现货市场间由存在单向均值溢出效应转为存在双向均值溢出效应。这表明临时收储政策时期，国内玉米现货市场引导国内玉米期货市场；临时收储政策改革后，国内玉米期货市场的引导作用增强。

（2）波动溢出效应检验

ARCH效应检验。对国内、国际玉米期现货市场价格序列进行ARCH-LM检验，检验结果如表4-7所示，由检验结果可知，各玉米期现货市场价格序列均存在ARCH效应，表明国内、国际玉米期现货市场价格波动均具有集聚性，符合GARCH型模型建立条件。

表 4-7　国内国际玉米期现货市场价格序列 ARCH-LM 检验

变量	变量	F 统计量	P 值	Obs×R-squared	P 值
临时收储政策时期	国内玉米现货	2.8787	0.0900	2.8771	0.0898
	国内玉米期货	3.6772	0.0553	3.6733	0.0553
	国际玉米现货	18.9159	0.0000	18.7113	0.0000
	国际玉米期货	169.2046	0.0000	152.7003	0.0000
生产者补贴政策时期	国内玉米现货	9.2447	0.0024	9.1911	0.0024
	国内玉米期货	27.5748	0.0000	27.0180	0.0000
	国际玉米现货	320.2895	0.0000	254.9105	0.0000
	国际玉米期货	48.0910	0.0000	46.3689	0.0000

波动溢出效应检验。本部分使用 WinRats 软件，基于 BFGS 算法估计 BEKK-GARCH（1，1）模型参数，其参数估计结果如表 4-8 所示。

表 4-8　国内国际玉米期现货市场 BEKK-GARCH（1，1）模型估计

参数	临时收储政策时期	生产者补贴政策时期	参数	临时收储政策时期	生产者补贴政策时期	参数	临时收储政策时期	生产者补贴政策时期
c_{11}	0.042*	0.055***	a_{11}	0.650***	0.416***	b_{11}	0.862***	0.865***
c_{21}	0.167	0.061***	a_{12}	-0.875**	-0.239*	b_{12}	0.393	-0.036
c_{22}	1.319***	0.025	a_{13}	0.311	0.276	b_{13}	-0.043	-0.128
c_{31}	0.674*	0.320***	a_{14}	-0.355	0.005	b_{14}	0.018	0.106
c_{32}	-0.140	0.833***	a_{21}	-0.007	0.057***	b_{21}	0.044***	0.001
c_{33}	0.855**	0.495	a_{22}	0.469***	0.104***	b_{22}	0.015	0.991***
c_{41}	-0.077	0.205**	a_{23}	0.262***	-0.066	b_{23}	-0.268	0.010
c_{42}	-0.0175	0.131	a_{24}	0.089	-0.060*	b_{24}	-0.067	0.007
c_{43}	0.694***	0.102	a_{31}	0.003	0.001	b_{31}	-0.002	-0.008***
c_{44}	0.043	-0.005	a_{32}	0.017	-0.014	b_{32}	0.006	0.005
			a_{33}	1.156***	0.596***	b_{33}	0.661***	0.505***
			a_{34}	0.053	-0.025	b_{34}	-0.016	0.023
			a_{41}	-0.004	-0.006	b_{41}	0.001	0.002

续表

参数	临时收储政策时期	生产者补贴政策时期	参数	临时收储政策时期	生产者补贴政策时期	参数	临时收储政策时期	生产者补贴政策时期
			a_{42}	-0.008	0.060***	b_{42}	0.011	-0.017***
			a_{43}	-0.194***	-0.486***	b_{43}	0.003	0.297***
			a_{44}	0.313***	0.257***	b_{44}	0.965***	0.958***

注：***、**、*分别表示在1%、5%、10%的水平上显著。

首先，从不同政策背景下玉米各市场自身波动溢出效应来看，临时收储政策时期玉米各市场价格方差方程中的 ARCH 项、GARCH 项系数矩阵 **A**、**B** 的对角线元素 a_{11}、a_{22}、a_{33}、a_{44} 和 b_{11}、b_{33}、b_{44} 均在1%的水平上显著异于零，生产者补贴政策时期 a_{11}、a_{22}、a_{33}、a_{44} 和 b_{11}、b_{22}、b_{33}、b_{44} 均在1%的水平上显著异于零，表明临时收储政策时期国内玉米期货市场价格波动仅具备方差时变性特征，而国内玉米现货市场、国际玉米现货市场和国际玉米期货市场价格波动具备方差时变性和持久性特征；临时收储政策改革后国内外玉米期现货市场价格波动均具备方差时变性和持久性特征。

其次，从不同政策背景下各玉米市场间价格波动溢出效应看，临时收储政策时期矩阵 **A** 和矩阵 **B** 的非对角元素中 a_{12}、a_{23}、a_{43}、b_{21} 均显著异于零，其他非对角元素均不显著；生产者补贴政策时期矩阵 **A** 和矩阵 **B** 的非对角元素中 a_{12}、a_{21}、a_{24}、a_{42}、a_{43} 和 b_{31}、b_{42}、b_{43} 均显著异于零，可见，临时收储政策改革后矩阵 **A** 和矩阵 **B** 中非对角元素显著异于零的数量明显增加，表明临时收储政策改革提高了玉米国内外期现货市场间的波动溢出效应。具体来看，临时收储政策时期仅国内玉米期现货市场间存在双向波动溢出效应，国内期货和国际现货市场间、国际期现货市场间均存在单向波动溢出效应；而临时收储政策改革后，国内期现货市场间仍存在双向波动溢出效应，国内和国际期货市场间、国内和国际现货市场间均由不存在波动溢出效应分别变为存在双向波动溢出效应和存在单向波动溢出效应。表4-9中的 Wald 检验结果进一步证实临时收储政策时期仅国内期现货市场间存在双向波动溢出效应；临时收储政策改革后，生产者补贴政策时期除国内玉米期现货市场间存在双向波动溢出效应外，国内和国际玉米期货市场间也存在双向波动溢出效应，国内玉米现货市场和国际玉米现货市场间存在单向波动溢出效应。

表 4-9　国内国际玉米期现货市场间波动溢出效应检验

市场—市场	假设1：两者之间不存在波动溢出效应，即 $a_{ij}=b_{ij}=a_{ji}=b_{ji}=0$ 假设2：前者对后者不存在波动溢出效应，即 $a_{ij}=b_{ij}=0$ 假设3：后者对前者不存在波动溢出效应，即 $a_{ji}=b_{ji}=0$	
	临时收储政策时期	生产者补贴政策时期
国内现货—国内期货	Wald = 3.872*** Wald = 2.405* Wald = 5.633***	Wald = 13.806*** Wald = 27.131*** Wald = 69.837***
国内现货—国际现货	Wald = 0.452 Wald = 0.210 Wald = 0.809	Wald = 3.669*** Wald = 0.735 Wald = 6.492***
国内现货—国际期货	Wald = 0.744 Wald = 0.781 Wald = 0.687	Wald = 1.355 Wald = 1.686 Wald = 0.798
国内期货—国际现货	Wald = 2.002* Wald = 3.661** Wald = 0.517	Wald = 1.430 Wald = 0.575 Wald = 2.128
国内期货—国际期货	Wald = 0.447 Wald = 0.685 Wald = 0.157	Wald = 3.970*** Wald = 6.066*** Wald = 1.580
国际现货—国际期货	Wald = 2.500** Wald = 1.157 Wald = 4.140**	Wald = 21.019*** Wald = 0.886 Wald = 36.809***

注：***、**、*分别表示在1%、5%、10%的水平上显著。

比较玉米生产者补贴政策实施前后国内和国际玉米期现货市场间波动溢出效应可以发现，临时收储政策改革使玉米国内期现货市场间、国内外现货市场间、国内外期货市场间波动溢出效应的显著性均有所提高，这表明临时收储政策改革后中国玉米市场化程度有所提高，国内和国际玉米期货市场间的互动性明显增强，假说2得以验证。

四 不同政策背景下玉米产业链市场价格纵向传导分析

1. 数据来源与描述性统计

本书选取玉米饲用消费产业链和玉米深加工消费产业链作为研究对象。考虑到数据可获得性，本书将育肥猪配合饲料和玉米酒糟（DDGS）作为玉米饲用消费产业链中下游产品，将玉米淀粉作为玉米深加工消费产业链中下游产品。各玉米产业链上下游环节价格数据均使用2013年5月至2021年5月的周度数据，其中玉米价格和育肥猪配合饲料价格数据来自农业农村部，DDGS价格和玉米淀粉价格数据来自前瞻数据库。在样本期划分上，根据政策变化节点，将研究样本划分为玉米临时收储政策时期和玉米生产者补贴政策时期，2016年5月20日发布《财政部关于建立玉米生产者补贴制度的实施意见》，标志着生产者补贴政策的正式实施，故将2013年5月3日至2016年5月20日设置为玉米临时收储政策时期，将2016年5月27日至2021年5月28日设置为玉米生产者补贴政策时期。下文中：maize 表示玉米价格，feed 表示育肥猪配合饲料价格，ddgs 表示 DDGS 价格，starch 表示玉米淀粉价格。此外，对各价格数据进行对数化处理，以消除异方差的影响。

表4-10所示为生产者补贴政策实施前后玉米产业链上下游市场价格的描述性统计结果。从均值来看，玉米价格、育肥猪配合饲料价格、DDGS价格和玉米淀粉价格在临时收储政策时期的平均值均大于生产者补贴政策时期的平均值；且在不同政策时期内育肥猪配合饲料价格，玉米淀粉价格均大于玉米价格，DDGS价格均小于玉米价格。从标准差来看，除 DDGS 价格外，玉米价格、育肥猪配合饲料价格和玉米淀粉价格在生产者补贴政策时期的标准差均大于临时收储政策时期，表明玉米价格、育肥猪配合饲料价格和玉米淀粉价格在生产者补贴政策时期的波动幅度要大于临时收储政策时期，而 DDGS 价格在生产者补贴政策时期的波动幅度要小于临时收储政策时期。从偏度来看，各政策时期玉米价格、育肥猪配合饲料价格、DDGS 价格和玉米淀粉价格均表现为左偏或右偏，其中，临时收储政策时期玉米产业链各环节价格序列均表现为左偏，生产者补贴政策时期玉米产业链各环节价格序列均表现为右偏。从

峰度来看，临时收储政策时期，玉米价格和育肥猪配合饲料价格的峰度系数均大于3，而DDGS价格和玉米淀粉价格的峰度系数均小于3，表明该时期玉米价格和育肥猪配合饲料价格具有尖峰厚尾特征，DDGS价格和玉米淀粉价格分布较为平坦；生产者补贴政策时期，玉米价格、育肥猪配合饲料价格、DDGS价格和玉米淀粉价格的峰度系数均大于3，表明该时期各市场价格序列分布均具有尖峰厚尾特征。

表4-10　　　　玉米产业链上下游市场价格描述性统计

时期	变量	均值	标准差	偏度	峰度	JB统计量
临时收储政策时期	玉米价格	2.3475	0.2112	-0.6408	3.0092	10.9492***
	育肥猪配合饲料价格	3.2673	0.1094	-1.0550	3.1298	29.7937***
	DDGS价格	1.8756	0.3622	-0.5212	1.9495	14.6009***
	玉米淀粉价格	2.7858	0.3187	-0.5358	2.5873	8.7913**
生产者补贴政策时期	玉米价格	2.0910	0.3283	1.4769	3.9868	111.1286***
	育肥猪配合饲料价格	3.1356	0.1952	1.5979	4.1943	133.3704***
	DDGS价格	1.8508	0.2115	1.0748	3.5156	55.9943***
	玉米淀粉价格	2.4915	0.4157	1.3491	4.1398	98.3047***

注：***、**分别表示在1%、5%的水平上显著。

2. 玉米产业链上下游市场间价格传导的实证分析

（1）平稳性检验

为避免伪回归，本书使用ADF检验方法对玉米产业链上下游市场价格序列的平稳性进行检验，检验结果如表4-11所示。生产者补贴政策实施前后，玉米价格序列、育肥猪配合饲料价格序列、DDGS价格序列和玉米淀粉价格序列均为非平稳序列，而一阶差分后的序列均为平稳序列，可继续进行模型估计。

表 4-11　玉米产业链上下游市场价格序列 ADF 平稳性检验

时期	变量	类型	t 值	1%临界值	P 值	结果
临时收储政策时期	ln$maize$	0, 0, 5	-0.8429	-2.5801	0.3493	不平稳
	ln$feed$	0, 0, 3	-1.0646	-2.5799	0.2586	不平稳
	ln$ddgs$	0, 0, 6	-0.3788	-2.5797	0.5465	不平稳
	ln$starch$	0, 0, 1	-0.9005	-2.5797	0.3247	不平稳
	Δln$maize$	0, 0, 4	-4.3047	-2.5801	0.0000	平稳
	Δln$feed$	0, 0, 2	-3.5675	-2.5799	0.0004	平稳
	Δln$ddgs$	0, 0, 0	-6.3431	-2.5797	0.0000	平稳
	Δln$starch$	0, 0, 0	-9.4876	-2.5797	0.0000	平稳
生产者补贴政策时期	ln$maize$	0, 0, 2	1.4762	-2.5735	0.9655	不平稳
	ln$feed$	0, 0, 8	1.6479	-2.5737	0.9759	不平稳
	ln$ddgs$	0, 0, 9	0.6515	-2.5737	0.8563	不平稳
	ln$starch$	0, 0, 0	1.2053	-2.5734	0.9417	不平稳
	Δln$maize$	0, 0, 1	-9.9465	-2.5735	0.0000	平稳
	Δln$feed$	0, 0, 7	-5.4692	-2.5737	0.0000	平稳
	Δln$ddgs$	0, 0, 8	-7.4218	-2.5737	0.0000	平稳
	Δln$starch$	0, 0, 0	-15.4193	-2.5735	0.0000	平稳

(2) 均值溢出效应分析

构建玉米—育肥猪配合饲料、玉米—DDGS 和玉米—玉米淀粉三种玉米产业链的 VAR 模型，并使用格兰杰因果检验分析各玉米产业链上下游市场间是否存在均值溢出效应。首先，建立 VAR 模型，根据 AIC、SC 等准则确定模型的最优滞后阶数，生产者补贴政策实施前后玉米—育肥猪配合饲料产业链、玉米—DDGS 产业链、玉米—玉米淀粉产业链的最优滞后阶数均分别为 3 阶、2 阶、4 阶。接着，基于 VAR 模型进行两变量间的格兰杰因果检验以考察玉米产业链各环节间的均值溢出效应和单双方向关系，表 4-12 所示为根据格兰杰因果检验所得的玉米产业链各环节间的均值溢出效应检验结果。

第四章　玉米生产者补贴政策实施效果评估：基于完善玉米价格形成机制的目标

表 4-12　　　　　玉米产业链各环节间均值溢出效应检验

时期	原假设	滞后期	卡方统计量	P 值	结论
临时收储政策时期	玉米价格对育肥猪配合饲料价格不存在均值溢出效应	3	44.0302	0.0000	拒绝
	育肥猪配合饲料价格对玉米价格不存在均值溢出效应	3	3.5964	0.3085	接受
	玉米价格对DDGS价格不存在均值溢出效应	2	0.8113	0.6665	接受
	DDGS价格对玉米价格不存在均值溢出效应	2	2.0403	0.3605	接受
	玉米价格对玉米淀粉价格不存在均值溢出效应	4	21.9176	0.0002	拒绝
	玉米淀粉价格对玉米价格不存在均值溢出效应	4	5.4142	0.2474	接受
生产者补贴政策时期	玉米价格对育肥猪配合饲料价格不存在均值溢出效应	3	57.3677	0.0000	拒绝
	育肥猪配合饲料价格对玉米价格不存在均值溢出效应	3	7.7076	0.0525	拒绝
	玉米价格对DDGS价格不存在均值溢出效应	2	11.7504	0.0280	拒绝
	DDGS价格对玉米价格不存在均值溢出效应	2	0.7916	0.6732	接受
	玉米价格对玉米淀粉价格不存在均值溢出效应	4	17.1194	0.0018	拒绝
	玉米淀粉价格对玉米价格不存在均值溢出效应	4	15.1927	0.0043	拒绝

临时收储政策时期，在玉米—育肥猪配合饲料产业链中，玉米价格和育肥猪配合饲料价格间仅存在前者对后者的单向均值溢出效应；在玉米—DDGS产业链中，玉米价格和DDGS价格间不存在均值溢出效应；在玉米—玉米淀粉产业链中，玉米价格和玉米淀粉价格间也仅存在前者对后者的单向均值溢出效应。临时收储政策改革后，在玉米—育肥猪配合饲料产业链中，玉米价格和育肥猪配合饲料价格间存在双向均值溢出效应；在玉米—DDGS产业链中，玉米价格和DDGS价格间存在前者对后者的单向均值溢出效应；在玉米—玉米淀粉产业链中，玉米价格和玉米淀粉价格间存在双向均值溢出效应。对比临时收储政策改革前后各玉米产业链上下游市场间均值溢出效应可知，生产者补贴政策实施后各玉米产业链上下游市场间价格传导作用均显著增强。

(3) 波动溢出效应检验

本部分使用 WinRats 软件，基于 BFGS 算法估计 BEKK-GARCH (1, 1) 模型参数，其参数估计结果如表 4-13 所示。

表 4-13　玉米产业链上下游价格波动溢出效应检验

类别	临时收储政策时期			生产者补贴政策时期		
	玉米—育肥猪配合饲料产业链	玉米—DDGS产业链	玉米—玉米淀粉产业链	玉米—育肥猪配合饲料产业链	玉米—DDGS产业链	玉米—玉米淀粉产业链
C (1, 1)	0.0040*** (3.6155)	0.0008 (0.9589)	0.0047*** (5.1376)	-0.0003 (-0.1298)	0.0035*** (4.8451)	0.0025 (1.5343)
C (2, 1)	-0.0005 (-0.9216)	0.0011 (0.1478)	-0.0015 (-1.0349)	0.0012** (2.4777)	-0.0019 (-0.8656)	-0.0033* (-1.7751)
C (2, 2)	0.0000 (-0.0001)	0.0037 (0.8322)	0.0000 (0.0001)	0.0000 (0.0024)	0.0020 (0.6836)	0.0000 (0.0000)
A (1, 1)	0.4548*** (3.4012)	0.1339 (1.5693)	0.7657*** (3.9029)	0.1217 (1.2228)	0.5002** (5.3825)	0.4225*** (4.2870)
A (1, 2)	0.0799*** (3.5459)	1.0005*** (2.9957)	0.8043** (2.5109)	0.0880*** (4.1515)	-0.1151 (-0.6792)	0.7505*** (3.9002)
A (2, 1)	-0.9003* (-1.7224)	0.0061 (0.2814)	-0.0317 (-0.8255)	1.0651*** (2.7381)	0.0656** (2.2705)	0.0420 (0.6413)
A (2, 2)	-0.0321 (-0.2240)	0.5266*** (4.2988)	0.4127*** (3.6366)	-0.0052 (-0.0663)	0.0502 (0.6121)	0.5794*** (4.2760)
B (1, 1)	0.7265*** (8.3914)	0.9785*** (31.9071)	0.1569 (0.3986)	0.9603*** (26.9260)	0.7061*** (8.2304)	0.8959** (7.6311)
B (1, 2)	-0.0470*** (-2.8339)	-0.0848 (-0.2723)	0.4645 (1.0105)	0.0766*** (3.7320)	0.3786** (2.3273)	0.3577*** (3.3007)
B (2, 1)	1.0466 (1.4727)	-0.0093 (-0.7599)	0.0558 (1.0048)	-1.8802*** (-4.8475)	-0.0081 (-0.3754)	-0.1641*** (-3.7534)
B (2, 2)	0.9135*** (11.3994)	0.8099*** (12.1365)	0.7857*** (7.2173)	0.6027*** (7.4819)	0.9586*** (23.5497)	0.5410*** (5.2799)

注：***、**、*分别表示在1%、5%、10%的水平上显著，括号内为 t 值。

首先，从生产者补贴政策实施前后玉米产业链各环节自身波动溢出效应来看，临时收储政策时期，玉米—育肥猪配合饲料产业链中的方差方程 ARCH 项、GARCH 项系数矩阵 A、B 的对角线元素 a_{11}、b_{11} 和 b_{22} 均在 1% 的水平上显著异于零；玉米—DDGS 产业链中的系数矩阵 A、B 的对角线元素 a_{22}、b_{11} 和 b_{22} 均在 1% 的水平上显著异于零；玉米—玉米淀粉产业链中的系数矩阵 A、B 的对角线元素 a_{11}、a_{22} 和 b_{22} 均在 1% 的水平上显著异于零。生产者补贴政策时期，玉米—育肥猪配合饲料产业链中的方差方程 ARCH 项、GARCH 项系数矩阵 A、B 的对角线元素 b_{11} 和 b_{22} 均在 1% 的水平上显著异于零；玉米—DDGS 产业链中的系数矩阵 A、B 的对角线元素 a_{11}、b_{11} 和 b_{22} 均在 1% 的水平上显著异于零；玉米—玉米淀粉产业链中的系数矩阵 A、B 的对角线元素 a_{11}、a_{22} 和 b_{11}、b_{22} 均在 1% 的水平上显著异于零。这表明生产者补贴政策实施前后玉米产业链上下游价格的波动均受自身前期价格波动的影响，存在明显的波动集聚效应。

其次，从生产者补贴政策实施前后玉米产业链上下游市场间波动溢出效应来看，临时收储政策时期，玉米—育肥猪配合饲料产业链中的方差方程 ARCH 项系数矩阵 A 和 GARCH 项系数矩阵 B 的非对角元素 a_{12}、a_{21} 和 b_{12} 均显著异于零，表明玉米价格与育肥猪配合饲料价格间存在双向波动溢出效应；玉米—DDGS 产业链中的方差方程 ARCH 项系数矩阵 A 和 GARCH 项系数矩阵 B 的非对角元素中仅 a_{12} 显著异于零，表明玉米价格与 DDGS 价格间仅存在前者对后者的单向波动溢出效应；玉米—玉米淀粉产业链中的方差方程 ARCH 项系数矩阵 A 和 GARCH 项系数矩阵 B 的非对角元素中也只有 a_{12} 显著异于零，表明玉米价格与玉米淀粉价格间也仅存在前者对后者的单向波动溢出效应。生产者补贴政策时期，玉米—育肥猪配合饲料产业链中的系数矩阵 A 和 B 的非对角元素 a_{12}、a_{21} 和 b_{12}、b_{21} 均显著异于零，表明玉米价格与育肥猪配合饲料价格间存在双向波动溢出效应；玉米—DDGS 产业链中的系数矩阵 A 和 B 的非对角元素 a_{21}、b_{12} 均显著异于零，表明玉米价格与 DDGS 价格间存在双向波动溢出效应；玉米—玉米淀粉产业链中的系数矩阵 A 和 B 的非对角元素 a_{12} 和 b_{12}、b_{21} 均显著异于零，表明玉米价格与玉米淀粉价格间存在双向波动溢出效应。进一步使用 Wald 检验结果判断玉米产业链各环节间波动溢出效应的单双向关系，检验结果如表 4-14 所示。Wald 检验结果进一步证实，临时收储政策时期，玉米价格与育肥猪配合饲料价格间存在双向波动溢出效应，玉米价格与 DDGS 价格间、玉米价格与玉米淀粉价格间均仅存在前者对后者的单向波动溢出效应；而临时收储政策改革后，玉米价格与育肥猪配合饲料价格、DDGS 价格、玉米淀粉价格间均存在双向波动溢出效应。

表4-14　　　　　玉米产业链各环节间波动溢出效应检验

原假设	临时收储政策时期 Wald 值	结论	生产者补贴政策时期 Wald 值	结论
玉米价格对育肥猪混合饲料价格不存在波动溢出效应	13.5734***	拒绝	34.6385***	拒绝
育肥猪混合饲料价格对玉米价格不存在波动溢出效应	4.9938*	拒绝	37.2884***	拒绝
玉米价格和育肥猪混合饲料价格间不存在波动溢出效应	19.1581***	拒绝	119.8465***	拒绝
玉米价格对 DDGS 价格不存在波动溢出效应	10.8515**	拒绝	6.8022**	拒绝
DDGS 价格对玉米价格不存在波动溢出效应	0.9611	接受	5.2066*	拒绝
玉米价格和 DDGS 价格间不存在波动溢出效应	11.7042**	拒绝	13.7303***	拒绝
玉米价格对玉米淀粉价格不存在波动溢出效应	12.4685***	拒绝	28.7671***	拒绝
玉米淀粉价格对玉米价格不存在波动溢出效应	1.1654	接受	25.5418***	拒绝
玉米价格和玉米淀粉价格间不存在波动溢出效应	14.2358***	拒绝	15.7780***	拒绝

注：***、**、* 分别表示在 1%、5%、10%的水平上显著。

可见，生产者补贴政策实施后各玉米产业链上下游市场间的波动溢出效应均明显增强。其原因主要为临时收储政策时期，国家通过规定最低限价的方式直接为玉米市场价格"托底"，使国内玉米现货市场进入"政策市"，进而导致玉米市场和下游产品市场间的关联性降低。临时收储政策取消后，玉米价格开始由市场供需决定，玉米价格更多反映市场力量，导致玉米价格受下游产品价格波动的影响加大。进一步从显著性水平来看,与玉米—DDGS产业链、玉米—玉米淀粉产业链相比,临时收储政策改革前后玉米—育肥猪配合饲料产业链上下游市场间均存在更为显著的波动溢出效应,其原因主要是玉米消费中作为玉米淀粉原料消费的数量较少,作为饲料原料消费的数量较多;猪饲料是产量最大的饲料品种,中国饲料工业协会数据显示,饲料总产量中40%为猪饲料,而猪饲料中玉米添加比例高达65%,这意味着猪饲料供需变化将会对玉米供需变化造成较大影响,因此与其他玉米产业链相比,玉米—育肥猪配合饲料产业链上下游市场间的关联性更高。

（4）动态关联性分析

本书运用DCC-GARCH模型进一步分析各玉米产业链上下游市场间的动态相关系数。DCC-GARCH模型估计结果见表4-15,除个别参数外,其余参数均通过显著性检验,表明各玉米产业链上下游价格均具有显著的波动集聚特征;各环节b_j和c_j值之和均小于1,满足模型平稳性条件;同时,λ_1和λ_2之和小于1,且均显著异于零,表明符合DCC-GARCH模型约束条件,通过DCC-GARCH模型进一步分析各玉米产业链上下游市场间关联关系变化较为合理。

表4-15　玉米产业链各环节间DCC-GARCH模型估计

变量	玉米—育肥猪配合饲料产业链	玉米—DDGS产业链	玉米—玉米淀粉产业链
a_1	0.0000*** (3.3592)	0.0000*** (4.5322)	0.0000*** (8.4510)
a_2	0.0000*** (4.6809)	0.0001*** (2.7890)	0.0001*** (9.0336)
b_1	0.3031*** (5.1025)	0.7447*** (5.9369)	0.4013*** (12.5329)
b_2	0.3074*** (4.6308)	0.5005*** (3.0583)	0.4797*** (13.7151)
c_1	0.4666*** (4.8419)	0.1297 (1.4639)	0.5537*** (15.8360)
c_2	0.3333*** (3.2746)	0.3147*** (1.8384)	0.2231*** (6.6010)

续表

变量	玉米—育肥猪配合饲料产业链	玉米—DDGS产业链	玉米—玉米淀粉产业链
λ_1	0.0894*** (1.9755)	0.3882*** (5.8591)	0.0100*** (44.3344)
λ_2	0.8342*** (10.1792)	0.2986** (2.3420)	0.9858*** (18.8761)
Wald 检验: $\lambda_1=\lambda_2=0$	chi^2(2)=94690.4839 Prob>chi^2=0.0000	chi^2(2)=77.9808 Prob>chi^2=0.0000	chi^2(2)=9431.0623 Prob>chi^2=0.0000

注：***、**分别表示在1%、5%的水平上显著，括号内为 t 值。

表4-16所示为各玉米产业链各环节间相关系数的描述性统计结果。统计结果显示，首先，不同政策时期，各玉米产业链上下游市场间价格关系均呈正相关，且玉米价格与育肥猪配合饲料价格间的相关性最高，玉米价格与玉米淀粉价格间的相关性次之，玉米价格与DDGS价格间的相关性最小，其原因主要为中国是生猪饲养大国，对育肥猪配合饲料的需求量一直较大，根据中国饲料工业协会统计数据，2020年1—11月育肥猪配合饲料累计产量已高达3357万吨，育肥猪配合饲料中玉米添加比例高达60%—70%，这使每年将有大量的玉米用于育肥猪配合饲料的生产，进而使玉米价格与育肥猪配合饲料价格间的关联程度较高；虽然玉米也是玉米淀粉的主要原料，但玉米淀粉产量较低，作为玉米淀粉加工原料的玉米数量较少，因而使玉米价格受玉米淀粉价格的影响有限，玉米价格与玉米淀粉价格的关联程度相对较小；DDGS是玉米制取乙醇后的副产物，其价值较低，且产量有限，因而致使玉米价格与DDGS价格间的关联程度较低。其次，从不同政策时期各玉米产业链上下游市场间相关系数均值的比较来看，临时收储政策时期，玉米价格与育肥猪配合饲料价格、DDGS价格、玉米淀粉价格间的相关系数均值分别为0.5889、0.2230、0.3977，生产者补贴政策时期，玉米价格与育肥猪配合饲料价格、DDGS价格、玉米淀粉价格间的相关系数均值分别为0.5941、0.2932、0.3981，表明生产者补贴政策实施后玉米价格与育肥猪配合饲料价格、DDGS价格、玉米淀粉价格间的关联性均有所提高。其原因主要为临时收储政策的"托市"效应使市场出现分割现象，玉米市场与其下游产品市场间的关联度降低，而临时收储政策取消后，

生产者补贴政策的实施使玉米价格由市场供需决定，玉米市场与其下游产品市场间的关联度逐渐提高，假说3得以验证。

表 4-16　玉米产业链各环节间相关系数描述性统计

时期	相关系数	均值	最大值	最小值	标准差
临时收储政策时期	玉米—育肥猪配合饲料产业链	0.5858	0.8166	0.3536	0.0944
	玉米—DDGS 产业链	0.2230	0.8770	−0.5886	0.2577
	玉米—玉米淀粉产业链	0.3977	0.4156	0.3800	0.0037
生产者补贴政策时期	玉米—育肥猪配合饲料产业链	0.5941	0.9663	0.2309	0.1522
	玉米—DDGS 产业链	0.2932	0.8519	−0.4861	0.2539
	玉米—玉米淀粉产业链	0.3981	0.4717	0.3754	0.0072

进一步绘制各玉米产业链上下游市场间的相关系数变化趋势图（图4-3—图4-5），可以看出：第一，不同政策时期各玉米产业链上下游环节间的相关系数值是不同的，表明不同政策时期各玉米产业链上下游环节间的关联性并非固定不变，而是具有显著的时变性。第二，总体来看，各玉米产业链上下游环节间关联系数均呈上升态势，表明各玉米产业链上下游环节间关联程度均有所提高。具体来看，玉米—育肥猪配合饲料产业链上下游环节间相关系数呈现先波动下降又波动上升的趋势，最低点出现在临时收储政策改革后的第一个玉米收获季节，即2016年11月至2017年3月，此后，上下游环节间关联系数波动上升。其原因可能为临时收储政策取消后，玉米现货市场迅速作出反应，玉米价格大幅下降，但玉米产业链价格传导具有时滞性，即从玉米采购到饲料加工需要一定的时间，并且企业为稳定生产一般会储备一定库存，因而导致临时收储政策改革初期玉米市场与育肥猪配合饲料市场间的关联程度出现一定的下降，但随着时间的推移，两市场间的关联程度将逐渐上升。玉米—DDGS 产业链和玉米—玉米淀粉产业链各环节间相关系数均围绕均值上下波动，并呈现突变性，但进一步比较可以发现，与玉米—DDGS 产业链各环节间相关系数相比，玉米—玉米淀粉产业链各环节间相关系数均为正数，且近年来玉米价格与玉米淀粉价格间的关联性增长明显。究其原因主要在于 DDGS 为玉米制取乙醇后的副产品，其价格相对较低，且

产量较少，对玉米的需求量有限，而玉米淀粉是玉米的主要加工产品，近年来其产量持续增加，2020年为3233万吨，较2013年的2196.1万吨增长了47.22%，玉米淀粉产量的大幅增加导致玉米的需求量也大幅增加，进而使近年来玉米价格与玉米淀粉价格间的关联性逐渐增加。

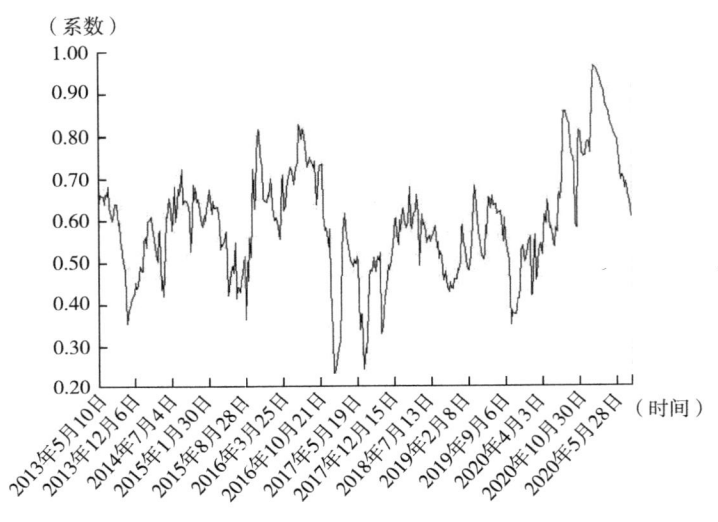

图 4-3 玉米与育肥猪配合饲料间的相关系数变化趋势

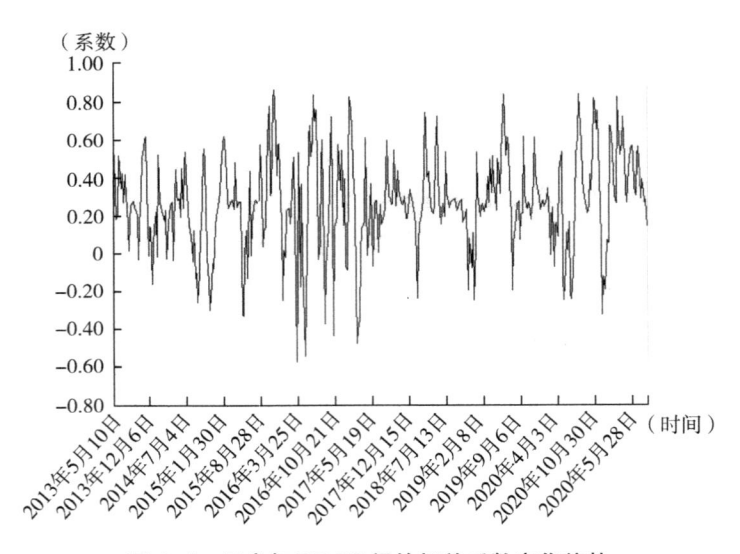

图 4-4 玉米与 DDGS 间的相关系数变化趋势

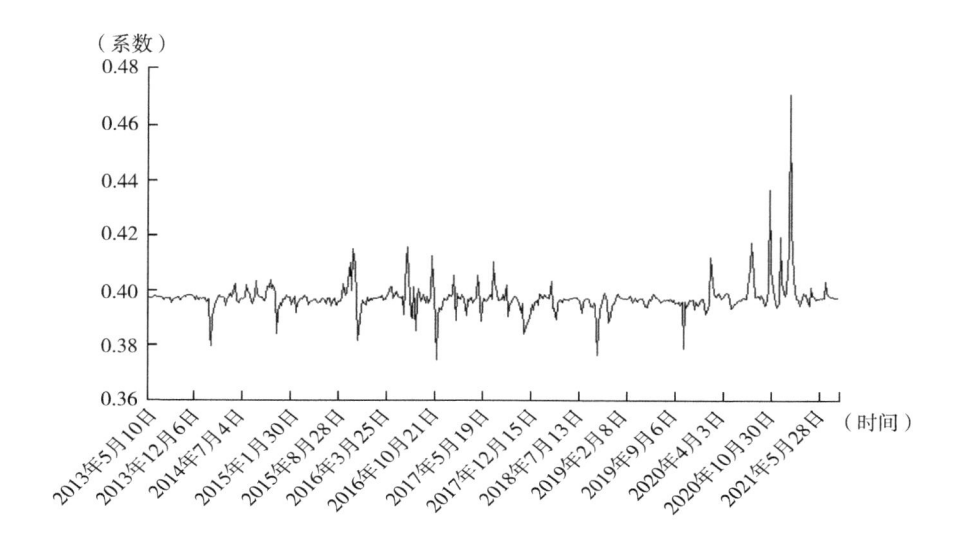

图 4-5　玉米与玉米淀粉间的相关系数变化趋势

第五节　本章小结

本章从完善玉米价格形成机制目标出发，探讨了玉米生产者补贴政策对玉米价格形成机制的影响。首先，根据玉米生产者补贴政策实施前后国内外玉米价格变化特征和下游企业经营状况初步判断玉米生产者补贴政策对玉米价格形成机制的影响；其次，运用多元回归分析、VAR-BEKK-GARCH等方法实证分析玉米生产者补贴政策对玉米价格形成机制的影响。具体得出以下结论。

一是由玉米生产者补贴政策实施前后国内外玉米价差的变化特征可知，玉米生产者补贴政策实施后国内外玉米价差显著降低，国内玉米价格逐渐等于甚至低于进口玉米到岸完税价格，进口玉米价格优势不复存在，国内玉米竞争力有所提高。此外，玉米生产者补贴政策实施后玉米下游产业经营状况改善，下游企业开工率逐渐提高。

二是以国内玉米市场价格作为被解释变量建立回归分析，考察不同政策时期玉米价格形成影响机制，发现2004年1月至2008年10月（临时收储政策实施之前）国内玉米价格是在国内供需和国际因素共同作用下形成的。临时收储政策时期，这些影响因素不再显著，表明这一时期影响国内玉米价格形成的是国内供需及国际因素以外的其他因素。玉米临时收储政策取消后，实施玉米生产者补贴政策时期，供需因素又重新成为国内玉米价格波动的显著影响因素，这表明玉米生产者补贴政策在一定程度上完善了玉米价格形成机制。

三是选取国内外玉米期现货市场间价格传导和国内玉米产业链上下游市场间价格传导两条传导路径进行实证分析。研究发现，从国内外玉米期现货市场间价格传导关系来看，临时收储政策改革后国内玉米期货市场对国内玉米现货市场的引导作用增强，两市场间的关联性提高，同时，国内和国际市场间波动溢出效应的显著性增加，国内和国际市场间的关联性有所提高；从玉米产业链上下游市场间关系来看，玉米生产者补贴政策实施后各玉米产业链上下游市场间的整合程度均显著提高，上下游产业逐渐趋于协同发展。具体来看，临时收储政策时期，玉米市场与育肥猪配合饲料市场、玉米淀粉市场间仅存在单向均值溢出效应，玉米市场与DDGS市场间不存在均值溢出效应，玉米市场与玉米淀粉市场、DDGS市场间也只存在单向波动溢出效应；生产者补贴政策实施后，除玉米市场与DDGS市场间存在单向均值溢出效应外，玉米市场与其他下游产品市场间存在双向均值溢出效应和双向波动溢出效应。

第五章　玉米生产者补贴政策实施效果评估：基于玉米生产和农户收入的目标

"完善玉米价格形成机制"和"保障优势产区农户种粮收益基本稳定，促进种植结构调整"是玉米生产者补贴政策的核心目标。上一章主要考察了生产者补贴政策对玉米价格形成机制的影响，本章将重点考察玉米生产者补贴政策对农户生产和收入的影响。本章首先基于地市级面板数据，运用双重差分方法从全国层面分析了玉米生产者补贴政策对玉米种植面积的影响；其次基于调研数据，运用实证数学规划模型分产区分析了玉米生产者补贴政策实施对不同规模农户和不同兼业农户种植行为和种植业收入的影响。

第一节　玉米生产者补贴政策对玉米种植面积的影响

图5-1描绘了2012—2020年东北三省和内蒙古自治区玉米种植面积变化走势，2016年之前，东北三省和内蒙古自治区玉米种植面积呈现逐年增长的态势，2015年增长至18472.94千公顷，较2012年的15314.12千公顷增长了20.63%，从2016年玉米临时收储政策改革元年开始，东北三省和内蒙古自治地区玉米种植面积波动下降，2020年已降至16291.12千公顷，较2016年下降了11.81%。玉米种植面积变化趋势与玉米补贴政策变化的一致性是否可以说明从全国层面来看玉米生产者补贴政策的实施调减了玉米种植面积，接下来将对其进行验证。

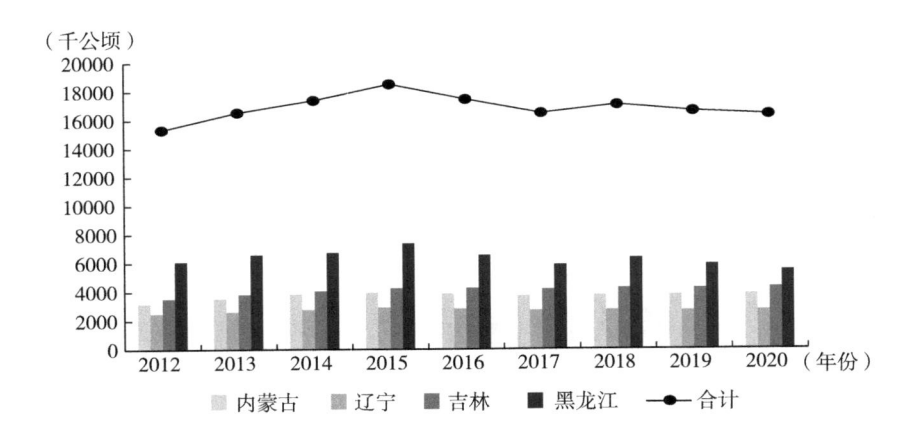

图 5-1　2012—2020 年玉米生产者补贴政策试点地区玉米种植面积变化

资料来源：历年《中国统计年鉴》。

一　计量模型构建、数据来源及变量选择

1. 计量模型构建

玉米生产者补贴政策仅在东北三省和内蒙古自治区进行试点，为研究该补贴政策实施效果提供了一个准自然实验。因此，本部分使用双重差分模型进行分析。双重差分方法是一种专门用于政策效果评价的计量方法，已被应用于诸多研究，国内代表性的应用研究包括：周黎安和陈烨（2005）运用双重差分模型对中国农村税费改革的政策效果进行评估，刘瑞明和赵仁杰（2015）利用双重差分法研究了经济特区建立对地区 GDP 的影响，邓荣荣和詹晶（2017）实证分析了国家低碳试点对试点城市碳排放绩效的影响，贺超飞等（2018）运用该方法研究了大豆临时收储政策改革对大豆种植面积的影响。使用双重差分方法，就是要构建处理组和对照组，在控制其他因素后，对比政策实施前后两组之间的差异，以检验政策实施效果。

基于此，本书选择玉米生产者补贴政策试点地区作为处理组、其他未实施玉米生产者补贴政策的地区作为对照组。按照双重差分模型的设计方法，基于地市级面板数据建立如下方程：

$$\ln y_{it} = \alpha_0 + \alpha_1 policy_i \cdot time_t + \alpha_2 \ln X_{it} + \mu_i + \gamma_t + \varepsilon_{it} \tag{5-1}$$

式中：i 为地级市；t 为时期；y 为结果变量，表示玉米种植面积；$policy$ 为地区虚拟变量，若某地区为玉米生产者补贴政策试点地区，则赋值 1，否则赋值 0；$time$ 为时间虚拟变量，政策实施前赋值 0，实施后赋值 1；μ 为市级层面的固定效应；γ 为时间固定效应；ε 为随机干扰项；α_1 为本书研究的重要参数，衡量了玉米生产者补贴政策对玉米种植面积的影响；X 为影响玉米种植面积的其他控制变量。

借鉴阮荣平等（2020）、贺超飞等（2018）、隋丽莉和郭庆海（2018）的研究，结合本书研究需要和数据可得性，选择如下控制变量：一是玉米生产成本，玉米生产成本影响农户玉米种植收益，进而影响农户玉米种植意愿，并且通过对上年玉米生产成本的控制可以控制以生产成本影响农户生产决策的其他因素，包括农药、化肥等农用物资价格因素；二是玉米与大豆比价和大豆种植面积，玉米与大豆之间具有较高的替代性，为实现利润最大化，农户往往在两者之间调整种植结构，因此，将玉米与大豆比价、大豆种植面积因素引入模型作为控制变量，通过控制玉米与大豆比价和大豆种植面积以控制竞争性作物对农户种植决策的影响，并且通过控制大豆种植面积能够控制其他补贴政策的影响；三是人均 GDP，人均 GDP 反映了各地区经济发展水平，经济发展水平高的地区，外出务工机会较多，农户种植玉米的意愿可能较低，此外，为进一步提高估计结果的准确性，将农作物种植面积、上年玉米种植面积等影响玉米种植面积的因素引入模型作为控制变量。

2. 数据来源

为研究玉米生产者补贴政策对玉米种植面积的影响，本节以 2012—2019 年吉林、辽宁、黑龙江、山东、河南、安徽、陕西、山西 8 省 118 个地市级数据为样本进行分析。其中，实施玉米生产者补贴政策的地级市 36 个，本节将其作为处理组，未实施玉米生产者补贴政策的地级市 82 个，本节将其作为对照组。本节所用数据主要源于各省市统计年鉴及 EPS 数据库、Wind 数据库。

3. 变量选取与数据描述

（1）被解释变量

本节选取玉米种植面积作为被解释变量，玉米种植面积数据用各地级市玉米种植面积的对数表示。

（2）控制变量

由于公开数据中没有地市级玉米生产成本，本节借鉴王新刚和司伟

(2021)的做法，玉米生产成本采用省级层面玉米生产成本作为替代指标。玉米与大豆比价，用各地级市玉米价格与大豆价格的比值表示，其中，Wind数据库中报告了长春、四平、白城、沈阳、铁岭、哈尔滨、佳木斯、齐齐哈尔、郑州、漯河、潍坊、聊城12个地级市每日农户出售玉米、大豆价格数据，因此，本节用各地级市每日农户出售价格的平均值作为各地级市玉米价格、大豆价格的替代变量；而其他地级市玉米价格和大豆价格数据，本节借鉴阮荣平等（2020）的做法，采用省级层面的相应价格作为替代指标，并据此计算各地级市玉米和大豆比价。大豆种植面积数据，用各地级市大豆种植面积的对数表示；农作物种植面积数据，用各地级市农作物种植面积的对数表示；人均GDP数据，用各地级市人均GDP的对数表示。此外，为消除通货膨胀的影响，对货币性指标的数据进行平减，本节用种植业产品价格指数对玉米价格和大豆价格数据进行平减，用农业生产资料价格指数对玉米生产成本数据进行平减，用各地级市生产总值指数对人均GDP进行平减。上述变量的描述性统计见表5-1。

表5-1　　　　　　　　　变量的描述性统计

变量名	变量代码	均值	标准差	最小值	最大值
玉米种植面积	lny	11.599	1.324	7.413	14.184
玉米生产成本	lnc	6.394	0.204	5.944	6.805
玉米与大豆比价	$lnbj$	-0.943	0.132	-1.327	-0.706
大豆种植面积	$lnsm$	9.365	1.580	4.868	15.912
农作物种植面积	$lnam$	12.903	0.870	10.732	14.650
人均GDP	$lnrg$	10.284	0.476	9.238	11.737

二　模型运行与结果分析

1. 回归结果

本节运用双向固定效应模型实证分析了玉米生产者补贴政策对玉米种植面积的影响，回归结果如表5-2所示。列（1）为仅控制时间和地区固定效应后的回归结果，由列（1）可知，玉米生产者补贴政策对玉米种植面积产生了显著负向影响，即玉米生产者补贴政策的实施调减了玉米种植面积，使玉米种植面积显著降低了10.65%。上述回归结果可能存在估计偏差，本节进一步控制了上年玉米生产成本、上年玉米和大豆比价、上年玉米种植面积、上年大豆种植面积、上年农作物种植面积及人均GDP等控制变量后，回归结果如列（2）所示，由列（2）可知，玉米生产者补贴政策对玉米种植面积仍有显著负向影响，且双重交互项 police×time 的系数估计值的绝对值显著增加，这表明遗漏与玉米种植面积相关的因素会低估玉米生产者补贴政策对玉米种植面积的影响，纳入其他控制变量后，玉米生产者补贴政策的实施使玉米种植面积显著降低了15.81%。上述回归主要分析了玉米生产者补贴政策对玉米种植面积的平均影响，下面将进一步研究玉米生产者补贴政策对玉米种植行为影响的时间效果，回归结果如列（3）所示。从回归结果来看，玉米生产者补贴政策在"政策实施第1—4年"均对玉米种植面积产生负向影响，从各交互项系数估计值的绝对值来看，政策实施第1—4年，交互项 police×time 的系数估计值的绝对值整体呈先增后降态势，这表明，随着政策的持续推进，玉米生产者补贴政策调减玉米种植面积的效果先增强后波动下降。其原因可能为政策实施初期，玉米价格高位回落，农户玉米种植积极性显著降低，导致玉米种植面积大幅下降，但随着政策的不断推进，农户种植结构调整逐渐完成，种植收益趋于稳定，进而农户玉米种植面积逐渐稳定，玉米生产者补贴政策对玉米种植面积的影响降低。

表5-2　　　　玉米生产者补贴政策对玉米种植面积的影响

变量名称	(1) lny	(2) lny	(3) lny
police×time	-0.1065*** (0.034)	-0.1581*** (0.0491)	—
police×time$_{2016}$	—	—	-0.1130*** (0.0326)
police×time$_{2017}$	—	—	-0.2570*** (0.0760)
police×time$_{2018}$	—	—	-0.0379 (0.0419)

续表

变量名称	(1) lny	(2) lny	(3) lny
$police \times time_{2019}$	—	—	-0.1282* (0.0759)
时间固定效应	YES	YES	YES
地区固定效应	YES	YES	YES
上年玉米生产成本	—	-0.3782* (0.2316)	-0.3926* (0.2230)
上年玉米与大豆比价	—	0.1082 (0.0923)	-0.0853 (0.0934)
上年玉米种植面积	—	0.2992* (0.1518)	0.3151** (0.1492)
上年大豆种植面积	—	0.0267** (0.0116)	0.0156 (0.0116)
上年农作物种植面积	—	0.2687* (0.1481)	0.2955* (0.1512)
人均GDP	—	-0.1077* (0.0628)	-0.0850 (0.0649)
常数项	11.5335*** (0.0137)	7.9074*** (2.380)	7.1933*** (2.4323)
观测值	935	935	935
R^2	0.0897	0.8232	0.8371

注：*、**、***分别表示在10%、5%和1%的水平上显著，括号内为标准误。

2. 稳健性检验

采用双重差分方法有一定的适用条件，为保证研究结论的可靠性，本节从多个方面对表5-2列（2）所示结果进行稳健性检验。

（1）平行趋势假设检验

表5-3列（1）为平行趋势检验结果，由列（1）可知，玉米生产者补贴政策实施前，各双重交互项的系数均不显著，这表明政策实施前试点地区与非试点地区玉米种植面积无显著差异，即试点地区和非试点地区玉米种植情况在生产者补贴政策实施前符合平行趋势假设。

表 5-3　玉米生产者补贴政策对玉米种植面积影响的稳健性检验

变量	(1) lny	(2) lny	(3) lny	(4) lny
police×time	—	0.0195 (0.0169)	0.0221 (0.0177)	0.0150 (0.0270)
police×time$_{2012}$	0.0894 (0.0546)	—	—	—
police×time$_{2013}$	0.0367 (0.0562)	—	—	—
police×time$_{2014}$	−0.0125 (0.0420)	—	—	—
police×time$_{2015}$	0.0512 (0.0429)	—	—	—
police×time$_{2016}$	−0.0781** (0.0344)	—	—	—
police×time$_{2017}$	−0.2138*** (0.0563)	—	—	—
police×time$_{2019}$	−0.0903* (0.0513)	—	—	—
控制变量	YES	YES	YES	YES
时间固定效应	YES	YES	YES	YES
地区固定效应	YES	YES	YES	YES
观测值	935	648	648	648
R^2	0.8464	0.9848	0.9848	0.9851

注：*、**、***分别表示在10%、5%和1%的水平上显著，括号内为标准误。

（2）安慰剂检验

为防止受遗漏变量的影响，导致在假设检验中拒绝玉米生产者补贴政策对农户玉米种植面积无显著影响的假设，本节进一步进行了安慰剂检验。本节借鉴Chetty等（2009）的做法，首先，从控制组中随机抽取多次，每次抽取36个地级市作为玉米生产者补贴政策实施地区，并分别与时间虚拟变量 time 交互构成虚假处理组；其次，对虚假处理组进行双重差分回归。回归结果见表5-3列（2）至列（4），回归结果仅列出了随机抽取的3次数据的双重差分回归结果，在实际操作中，随机抽取了30次进行双重差分回归，发现双重交互项的系数均不显著，表明本节所得的结果是稳健的。

第二节　玉米生产者补贴政策对农户生产和收入的影响——基于产区异质性

一　政策效果评估方法——PMP模型

实证数学规划模型（PMP模型）最早由Howitt（1995）提出，与常规的线性规划模型相比，该模型能够通过自动标定确保模型的最优值与实际观察值一致，同时，该模型符合边际收益递减的经济学假设，应用时不受标定条件的约束，具有较高的灵活性和准确性。目前，实证数学规划模型在欧美国家政策分析的研究中得到广泛应用，但在国内的应用研究还较少。查阅相关文献，发现国内学者中仅有王姣和肖海峰（2006）、王裕雄和肖海峰（2012）、吴连翠和陆文聪（2011）、席桂萍（2014）、韩冰（2017）、田聪颖和肖海峰（2018）等少数学者将该方法用于农业经济问题分析。

本节将借助实证数学规划方法构建符合农户生产特点的家庭生产行为模型。本节选用实证数学规划模型进行政策效果模拟分析主要基于以下考虑：一是农户在进行生产决策时，会综合考虑补贴政策、劳动力约束、资金约束等因素，实证数学规划模型所特有的显性约束结构，可直接将多种因素纳入模型（Howitt，1995）；二是当政策变量发生变化时，农户种植行为将随之变化，很难运用计量方法根据政策变动前的经验数据模拟分析政策实施后的效果（王裕雄、肖海峰，2012），而实证数学规划模型在这方面具有较大优势。本书的研究目的是分析玉米生产者补贴政策对农户玉米生产和收入的影响，虽然当前玉米生产者补贴依据为玉米实际种植面积，但基期种植面积、销售量等也常被欧美国家作为补贴依据使用，随着国内玉米市场环境变化以及玉米生产者补贴信息档案的完善，基期种植面积也可能成为新的补贴依据，因此下文有必要模拟

第五章 玉米生产者补贴政策实施效果评估：基于玉米生产和农户收入的目标

分析以基期种植面积等为补贴依据的玉米生产者补贴政策对农户玉米生产和收入的影响，进一步优化玉米生产者补贴政策。由于现实中缺乏以基期种植面积、产量等为补贴依据的样本数据，难以建立计量经济模型进行分析，而实证数学规划模型在根据经验数据模拟分析不同补贴方式下政策实施效果方面具有明显优势。

因此，本节将运用实证数学规划模型从对玉米种植面积、产量及农户种植业纯收入的影响角度客观评价玉米生产者补贴政策的实施效果。

构建实证数学规划模型分析政策效果的过程分为以下三个步骤。

步骤一：依据实际观测数据构建线性规划模型，计算各标定约束条件的对偶值。

根据舒尔茨理性小农的观点，种植业纯收入最大化是农户从事生产活动的主要目标，以此确定目标函数：

$$\max TGM = \sum (r_i X_i - c_i X_i) \tag{5-2}$$

Subject to：

$$\sum_i X_i \leq b(\theta) \tag{5-3}$$

$$X_i \leq X_0 + \varepsilon(\lambda) \tag{5-4}$$

$$X_i \geq 0 \tag{5-5}$$

式中：TGM 为纯收入，表示总收入与可变生产成本之差；r 为单位面积收益；c 为单位面积可变生产成本；b 为总播种面积；X 和 X_0 分别为农作物播种面积和观察到的农作物实际播种面积。约束条件中，$\sum_i X_i \leq b(\theta)$ 和 $X_i \leq X_0 + \varepsilon(\lambda)$ 分别为常规约束和标定约束，θ 为常规约束方程的对偶值；λ 为标定约束方程的对偶值，在标定约束中加入一个正的微小向量 ε，可保证当去掉标定约束条件时，对偶值 λ 保持不变（Howitt, 1995）。当资源用于不同作物时，收益最大化的条件是每种产品边际收益相等，若观察到的第 i 种作物的边际收益大于第 j 种作物，则必须增加一个标定约束条件使该作物的最大种植面积不超过实际观察值，模型中标定条件的对偶值等于作物边际纯收益之差，即 $\lambda_{cal} = MGM_i - MGM_j$。

步骤二：根据对偶值计算 PMP 模型目标函数的参数值。

各项生产的边际产品价值相等，即 $VMP_i = VMP_j$ 时，收益最大。假定每种生产活动都是边际收益递减的，为体现边际收益递减，现有研究多假设边际成本递增,即将单位可变成本作为面积的线性函数递增的形式(Merel and Howitt, 2014),此时边际成本函数形式为 $MC = C + \gamma X$。从建模者角度考虑,虽然成本函数不能直接观察到,但可以计算出来。Howitt 等(1983)用边际收益(MGM)代替边际产品价格(VMP)。对于第 i 种作物,存在

$$MGM_i = MGM_j \tag{5-6}$$

$$MGM_i = MR_i - MC_i = r_i - (c_i + \gamma_i X_i) \tag{5-7}$$

$$\gamma_i = \frac{r_i - c_i - MGM_j}{X_i} \tag{5-8}$$

根据线性规划目标方程,$r_i - c_i$ 为第 i 种作物的边际纯收益,将其代入上式,可得

$$\gamma_i = \frac{\lambda_{cal}}{X_i} \tag{5-9}$$

依据实际观测值可计算出边际成本的斜率,边际成本的截距项 c_i 等于平均可变成本。使用该方法得到的成本函数,只能使得收益较高的农作物的成本函数为非线性的,但建立完全的 PMP 模型必须假设所有生产活动的边际成本并非定值,因此,需采用其他方法计算其边际成本函数。Howitt(1995)、Heckelei(2005)等提出利用外生信息增强求解的可靠性。其中,Howitt 建立了二次成本项与基期观测成本值的关系,即 $c_i = MC - \lambda$,计算可得 γ_i 保持不变。Heckelei 建立外生弹性值与成本项系数之间的等式并求得成本项系数为 $\gamma = R_i / \varepsilon_{ij} x_{ij}$。这两种方法得到的模型的准确性依赖成本项和供给弹性等信息的质量,但准确的供给弹性方面的数据不易获得。

在 Howitt(1995)建立的 PMP 模型的基础上,Paris(1995)进行了改进,使所有函数形式的确定无须增加额外的先验信息。Paris 主要采用对偶理论进行推导,并假定所有边际成本曲线都通过原点,即在原点的平均成本和边际成本都为零。PMP 方法中一般采用二次成本函数形式,平均的单位成本不再是常数,此时,目标函数方程为

$$\max TGM = \sum_i (r_i X_i - 0.5 \gamma X_i^2) \tag{5-10}$$

Subject to:

$$\sum_i X_i \leqslant b_i \qquad (5-11)$$

$$X_i \geqslant 0 \qquad (5-12)$$

式中：γ 为边际成本函数的斜率，PMP 模型自动实现对模型的标定。该方程的对偶方程为

$$\min TC = b\lambda_{land} + \sum_i 0.5\gamma_i X_i^2 \qquad (5-13)$$

Subject to：

$$\lambda_{land} + \gamma_i X \geqslant r_i \qquad (5-14)$$

$$\lambda_{land}, \lambda \geqslant 0 \qquad (5-15)$$

式中：TC 为总成本，两项成本分别表示土地投入等固定成本和除土地要素以外的其他可变成本。显然，PMP 方法中假设认为生产成本等于观察到的成本 c_i 和隐性成本 λ 之和，即 $\lambda + c_i = \gamma_i X_i$。实际观察到的可变成本和作物种植面积分别为 c_i 和 X_0，根据假设条件，观察到的资源配置是最优的，将观察值代入上式即可求得边际成本的斜率：

$$\gamma_i = \frac{\lambda + c_i}{X_0} \qquad (5-16)$$

Paris 的建模方法在计算参数时无须加入额外的条件，且能避免不同作物标定的成本函数形式不同所造成剧烈变动情况。故本节采用 Paris（1995）的方法。

步骤三：利用建立的 PMP 模型，通过改变模型参数，分析政策变动对农户的影响。

二 农户模型的建立及数据说明

1. 假设条件

为分析玉米生产者补贴政策对农户生产和收入的影响，本节欲建立一个体现玉米生产者补贴政策试点地区生产特点的农户模型。在建立模型之前，需明确模型的应用范围，为此，作出如下假设。

假设一："理性小农"假设。遵循理性小农理论，认为农户会根据自身拥有的生产要素权衡利弊后作出合理的生产决策，以追求利益最大化。

假设二："家庭纯收入最大化"假设。实现家庭纯收入最大化是农

户从事生产活动的最终目标，农业收入、非农就业收入是家庭收入的主要来源，农业收入中多数农户以种植业收入为主，因此，本节进一步用种植业纯收入替代农业纯收入。

假设三：价格"外生性"假设。农户无论是作为农业生产者还是劳动力供应者均是价格的接受者，农产品价格和外出务工工资等变量均是既定的。

假设四：家庭资源"稀缺性"假设。一定时间内，农户拥有的家庭资源数量是不变的，农户从事不同经济活动时各种要素资源是相互竞争的，其中农业生产活动内部存在土地、劳动力等资源的竞争；农业生产活动与非农生产活动间存在劳动力资源的竞争。因此，在建立模型时将劳动力、土地资源等纳入约束方程。

2. PMP 模型构建

考虑到农业生产具有阶段性特征，农户只需要在农忙季节作出农业生产还是外出务工的决策，因此，本节设置的目标函数仅限于农忙季节的家庭纯收入最大化，具体模型表达为

$$\max TGM = \sum_i (p_i y_i - 0.5\gamma_i X_i) X_i + w \cdot t_w \tag{5-17}$$

Subject to：

$$\sum_i X_i \leq land \tag{5-18}$$

$$\sum_i t_i \cdot X_i + t_w \leq t \tag{5-19}$$

$$\sum_i (c_i - \widehat{c_{ni}} + c_{ni}) X_i \leq R_{farm} \tag{5-20}$$

$$q_i = a_i c_{ni}^2 + b_i c_{ni} + v_i \tag{5-21}$$

式中：TGM 为家庭纯收入；p_i 为第 i 种农作物的单产；y_i 为第 i 种农作物的销售价格；X_i 为第 i 种农作物的种植面积；w 为农户外出务工日工资水平；t_i 为种植第 i 种农作物投入的亩均劳动时间；t 和 t_w 分别为农忙时期家庭能提供的劳动总天数和外出务工天数；$land$ 为农作物总播种面积；c_i 为观测到的农户种植第 i 种农作物的单位生产成本；$\widehat{c_{ni}}$ 为观测到的农户种植第 i 种农作物的化肥投入成本；c_{ni} 为农户种植第 i 种农作物的内生化肥投入成本；R_{farm} 为农户生产总收入。

目标函数确定后，根据调研地区农业生产特点设定约束条件：

$\sum_i X_i \leq land$ 为耕地面积约束，农作物种植面积之和应小于农户可利用的总播种面积，由于东北三省和内蒙古自治区一年只种一季作物，可利用播种面积等于可利用耕地面积；$\sum_i t_i \cdot X_i + t_w \leq t$ 为劳动时间投入约束，农忙季节农户投入农业生产的时间小于农忙季节家庭可提供的劳动时间与外出务工时间之差。$\sum_i (c_i - \widehat{c_{ni}} + c_{ni}) X_i \leq R_{farm}$ 为生产成本约束，农户投入农业生产的成本不超过家庭农业总收入。$q_i = a_i c_{ni}^2 + b_i c_{ni} + v_i$ 为单位面积产量函数。为增加模型的灵活性，本书认为玉米和谷子的化肥投入水平是模型内生的，借鉴王娇等（2006）的研究，基于调研数据分别估算玉米、谷子化肥投入产出函数，估计方式为二次函数形式，以符合边际成本递增的经济学假设。

3. 数据说明

（1）样本分组

本节所用数据主要源于2020年10月前往吉林省长春市和内蒙古自治区赤峰市进行的实地调研，并基于调研数据构建"典型农户"。本次调研地区中吉林省的公主岭市和农安县均处于世界黄金玉米带，属于玉米优势产区，同时，结合《优势农产品区域布局规划（2003—2007年）》《优势农产品区域布局规划（2008—2015年）》的划定方法和《农业部关于"镰刀弯"地区玉米结构调整的指导意见》可知，赤峰市的元宝山区也属于玉米优势产区，而敖汉旗处于北方农牧交错区，该地区水资源紧缺、土壤退化沙化，与种植玉米这种高温喜水作物相比，该地区更适合种植杂粮杂豆等耐旱型农作物，同时也为玉米结构调整的重点区域，属于玉米非优势产区。此外，整理各调研地区玉米生产者补贴标准发现敖汉旗玉米生产者补贴标准和其他调研地区玉米生产者补贴标准相差较大，2020年敖汉旗玉米生产者补贴标准仅为65.76元/亩，而其他调研地区玉米生产者补贴标准均在100元/亩以上，其中元宝山区最高，为113.8元/亩。敖汉旗玉米生产者补贴标准与其他调研地区玉米生产者补贴标准差别较大，难以建立统一的典型农户，且较大的补贴标准之差可能导致玉米生产者补贴政策在不同产区的政策效果存在差异，因此，本节分产区建立典型农户分析玉米生产者补贴政策对农户生产和收入的影响，并进一步考察不同产区下不同经营规模农户、不同兼业农户对玉米生产者补贴政策的反应。

(2) 耕地面积和产量数据

各调研地区种植的农作物品种差别较小,其中公主岭市和农安县农户种植的作物品种较为单一,主要种植玉米;而元宝山区和敖汉旗农户种植的作物品种相对较多,除种植玉米外,还种植大豆、谷子和绿豆。模型计算中采用的耕地面积和产量数据均由调研地区样本农户的平均数确定,结果如表5-4所示。具体来看,按照家庭种植规模分组[①],玉米优势产区大规模农户种植面积44.33亩,玉米产量为1556.84斤/亩,小规模农户种植面积9.00亩,玉米产量为1503.97斤/亩;玉米非优势产区大规模农户种植面积73.07亩,玉米产量为1504.17斤/亩,小规模农户种植面积14.87亩,玉米产量为1405.57斤/亩。按照农户兼业化程度分组[②],玉米优势产区纯农户种植面积23.76亩,玉米产量为1525.88斤/亩,兼业户种植面积9.79亩,玉米产量为1519.17斤/亩,玉米非优势产区纯农户种植面积37.65亩,玉米产量为1505.51斤/亩,兼业户种植面积13.86亩,玉米产量为1413.28元/亩。进一步比较玉米优势产区和非优势产区间玉米亩产水平可知,无论是分规模看还是分兼业化程度看,优势产区玉米亩产水平均高于非优势产区玉米亩产水平。

表5-4 不同产区不同组别农户家庭收入及种植作物的单位面积产量

产区	组别	家庭收入（元/户）	种植面积（亩/户）	玉米（斤/亩）	大豆（斤/亩）	谷子（斤/亩）	绿豆（斤/亩）
按家庭种植规模分组							
优势产区	大规模	60514.62	44.33	1556.84	250.00	383.72	200.00
	小规模	25262.07	9.00	1503.97	250.00	300.96	200.00
非优势产区	大规模	43572.50	73.07	1504.17	200.00	617.95	215.61
	小规模	18798.76	14.87	1405.57	251.67	485.13	252.94

---

① 按家庭种植规模分组中,大规模农户表示农户种植面积大于调研样本种植面积平均值的农户,反之则为小规模农户。

② 按农户兼业化程度分组中,纯农户表示种植业收入在总收入中的比重大于80%,反之则为兼业户。

续表

产区	组别	家庭收入（元/户）	种植面积（亩/户）	玉米（斤/亩）	大豆（斤/亩）	谷子（斤/亩）	绿豆（斤/亩）
按农户兼业化程度分组							
优势产区	纯农户	27874.29	23.76	1525.88	250.00	334.07	200.00
	兼业户	36444.33	9.79	1519.17		300.71	200.00
非优势产区	纯农户	20751.58	37.65	1505.51	200.00	596.55	222.28
	兼业户	23600.88	13.86	1413.28	300.00	489.18	250.00

资料来源：调研资料整理。

(3) 价格和成本数据

调研地区农户种植的玉米、大豆、谷子和绿豆等农作物均主要用于销售，销售渠道均为商贩上门收购，商贩上门收购销售方式既为农户销售农产品提供了便利的条件，又为农户节省了自行前往市场销售所产生的运费。农产品价格为农户销售农产品获得的价格，若农户分次销售农产品，则农产品价格取多次销售价格的平均值。表 5-5 列出了根据调研数据整理的各农产品的销售价格，其中绿豆平均销售价格最高，为 3.50 元/斤；大豆和谷子平均销售价格次之，分别为 2.50 元/斤和 2.20 元/斤；玉米平均销售价格最低，仅为 0.95 元/斤。

表 5-5　　　　　　　样本地区主要农产品价格　　　　　　单位：元/斤

作物品种	平均价格	最低价格	最高价格
玉米	0.95	0.80	1.13
大豆	2.50	2.20	2.60
谷子	2.20	2.00	2.63
绿豆	3.50	3.50	3.50

资料来源：调研资料整理。

生产投入方面，农户种植农作物投入的成本主要包括种子、化肥、农药等农业资料投入费用，机械播种、整地施肥、机械喷药、机械收获等机械费用及租地费用。表 5-6 整理了不同产区不同组别农户种植主要农作物的成本投入（含土地租金）情况。比较不同产区间农户玉米种植成本可以看出，玉米优势产区农户种植玉米投入的成本均明显高于非优势产区，其原因主要为玉米优势产区土地租金水平较高，进而导致优势产区农户玉米种植成本较高。具体来看，按家庭种植规模分组，玉米优势产区大规模农户玉米亩均种植成本合计为 977.08 元,其中土地租金为 408.11 元,小规模农户玉米亩均种植成本合计为 957.04 元,其中土地租金为 407.81 元;非优势产区大规模农户玉米亩均种植成本合计为 938.49 元,其中土地租金为 287.95 元,小规模农户玉米亩均种植成本合计为 773.49 元,其中土地租金为 222.40 元。按照农户兼业化程度分组,玉米优势产区纯农户玉米亩均种植成本合计为 977.71 元,其中土地租金为 408.54 元,兼业户玉米亩均种植成本合计为 950.43 元,其中土地租金为 396.62 元;非优势产区纯农户玉米亩均种植成本合计为 897.89 元,其中土地租金为 284.33 元,兼业户玉米亩均种植成本合计为 734.38 元,其中土地租金为 200.00 元。此外,通过比较不同组别农户种植各种农作物投入的成本可知,无论是玉米优势产区还是非优势产区,农户种植玉米投入的成本均最高,主要原因在于:一方面,玉米是喜肥高水作物,种植玉米除加施底肥外,部分农户还会进行一次至两次追肥;另一方面,与其他农作物不同,玉米机械收获后还需要进行脱粒,然后才能销售,多数农户在玉米销售时雇用他人脱粒,脱粒费为 0.02 元/斤。

表 5-6　不同产区不同组别农户种植主要农作物的成本投入情况

单位:元/亩

产区	组别	玉米	大豆	谷子	绿豆
按家庭种植规模分组					
优势产区	大规模	977.08	627.44	704.86	558.11
	小规模	957.04	547.81	631.14	551.81
非优势产区	大规模	938.49	521.04	812.49	549.13
	小规模	773.49	464.99	558.94	448.99
按农户兼业化程度分组					
优势产区	纯农户	977.71	624.20	666.60	553.54
	兼业户	950.43		647.94	516.62
非优势产区	纯农户	897.89	505.80	780.04	514.50
	兼业户	734.38	431.22	522.63	428.41

资料来源:调研资料整理。

(4) 玉米生产者补贴标准数据

由表 5-7 可知,不同地区玉米生产者补贴标准存在差异,同一地区不同时期玉米生产者补贴标准也存在一定差异，但总体来看，玉米优势产区（公主岭市、农安县和元宝山区）的玉米生产者补贴标准始终高于玉米非优势产区（敖汉旗）的玉米生产者补贴标准。本节对各产区玉米生产者补贴政策效果的模拟分析中采用了样本地区玉米生产者补贴标准的平均值。

表 5-7　　　　　样本地区玉米生产者补贴标准　　　　单位：元/亩

样本地区	2018 年	2019 年	2020 年
公主岭市	127.27	121.00	100.33
农安县	115.02	114.27	102.00
元宝山区	126.00	131.30	113.80
敖汉旗	75.36	95.61	65.76

资料来源：调研资料整理。

三　玉米生产者补贴政策对玉米生产和农户收入的影响评估

本节基于与临时收储政策的比较分析，探讨玉米生产者补贴政策的作用效果。多种政策同时作用于农户的生产决策时，模型设定的各种方案需涵盖这一时期政府实施的各种农业政策才能通过对比模型的参数变化比较政策实施对农户生产行为的影响，本书研究涉及的农作物中种植玉米、大豆均获得生产者补贴，且两种作物的替代性较高，因此，本节在设定模型时将两种作物的补贴政策均考虑在内。

目前，中国玉米生产者补贴政策补贴依据为玉米实际种植面积，按玉米实际种植面积补贴是与当期生产决策直接挂钩的补贴，在该补贴方式下，玉米生产者补贴项以 $\sum_i (p_i y_i + sub_i) X_i$ 方式引入模型。

1. 模型的情景设置

模型的情景设置见表 5-8。本节将以对玉米实施临时收储政策、对大豆实施目标价格补贴政策时农户的生产状况模拟值为基准情景。通过变动相关参数模拟不同补贴情景下农户玉米种植面积、产量和种植业纯收入变化情况，并与基准期比较，二者之间的差值即表现为玉米生产者补贴政策的作用效果。本部分共设置了三种模拟情景，模拟情景 I 模拟了玉米生产者补贴政策对玉米生产和农户收入的实际作用效果。比较政策自身的效果必须剔除其他各种干扰因素，因此该模拟情景将大豆补贴政策保持基准情景下不变，模拟当前补贴标准下玉米生产者补贴政策实施效果。玉米生产者补贴政策实施效果可能存在阶段性变化，为更好地分析玉米生产者补贴政策实施效果，本节进一步设置模拟情景Ⅱ和模拟情景Ⅲ，该情景在模拟情景Ⅰ的基础上，分别用2018年和2019年玉米生产者补贴标准模拟玉米生产者补贴政策对农户生产和收入的影响。

表 5-8　　　　　　　　　　PMP 模型情景设置

情景	描述	设置情景目的
基准情景	玉米实施临时收储政策、大豆实施目标价格补贴政策（2015年标准），玉米价格以临储价格为准，其他农产品价格为调研期间农户实际销售价格	设置对照基期
模拟情景Ⅰ	保持大豆补贴政策在基期不变，对玉米生产者实施生产者补贴政策（2020年标准），玉米价格为调研期间农户实际销售价格，其他参数保持基准期不变	剔除大豆补贴政策变化的影响，客观评价玉米生产者补贴的效果
模拟情景Ⅱ	保持大豆补贴政策在基期不变，对玉米生产者实施生产者补贴政策（2018年标准），玉米价格为2018年农户玉米平均销售价格，其他参数保持基准期不变	比较模拟情景Ⅰ、Ⅱ、Ⅲ的模拟结果，判断玉米生产者补贴政策实施效果是否存在阶段性变化
模拟情景Ⅲ	保持大豆补贴政策在基期不变，对玉米生产者实施生产者补贴政策（2019年标准），玉米价格为2019年农户玉米平均销售价格，其他参数保持基准期不变	

2. 不同情景下玉米生产者补贴政策对玉米种植面积的影响

（1）模拟情景Ⅰ下玉米生产者补贴政策对玉米种植面积的影响

表 5-9 报告了模型模拟的剔除大豆补贴政策变化后，玉米由临时收储政策改为生产者补贴政策对各种类型农户玉米种植面积的影响。从表中结果可以看出，在当前补贴标准下，玉米生产者补贴政策对农户玉米种植面积的影响在玉米优势产区和非优势产区存在明显差异。与临时收储政策时期相比，优势产区各种类型农户在当前补贴标准下均增加了玉米种植面积，而非优势产区各种类型农户在当前补贴标准下均减少了玉米种植面积。具体而言，从不同规模农户来看，与临时

收储政策时期相比，优势产区大规模农户、小规模农户的玉米种植面积分别增加 0.34% 和 0.44%。从增加的绝对值来看，玉米种植面积增加的绝对值与农户经营规模正相关，即农户经营规模越大，玉米种植面积增加越多。非优势产区大规模农户、小规模农户的玉米种植面积分别减少了 0.51% 和 0.30%。从变动的绝对值来看，农户经营规模越大，玉米种植面积减少得越多，在当前补贴标准下大规模农户平均每户玉米种植面积减少 0.19 亩，是小规模农户的 6.33 倍。从不同兼业程度农户来看，与临时收储政策时期相比，优势产区纯农户和兼业户玉米种植面积增加的绝对量相差不大，分别为 0.06 亩/户和 0.05 亩/户，但兼业户的基数较小，导致兼业户玉米种植面积增长幅度更大，为 0.63%，比纯农户玉米种植面积增长幅度高 0.36 个百分点。非优势产区纯农户和兼业户的玉米种植面积分别减少了 0.37% 和 0.27%。从变动的绝对值来看，纯农户平均每户玉米种植面积减少 0.08 亩，兼业户平均每户玉米种植面积减少 0.02 亩。非优势产区各种类型农户减少的玉米种植面积均主要用于增种谷子（小米），敖汉旗四季分明、昼夜温差大，是世界公认的最适宜种植谷子等杂粮杂豆的地区，因而被称为"世界小米之乡"，敖汉旗农户在调减玉米的同时主要增种了谷子作物。

表 5-9　模拟情景 I 下不同规模及兼业程度农户玉米种植面积模拟结果

分组	类型	优势产区	非优势产区
	总体	0.36% (0.06)	−0.32% (−0.06)
按家庭种植规模分组	大规模	0.34% (0.14)	−0.51% (−0.19)
	小规模	0.44% (0.04)	−0.30% (−0.03)
按农户兼业程度分组	纯农户	0.27% (0.06)	−0.37% (−0.08)
	兼业户	0.63% (0.05)	−0.27% (−0.02)

注：括号中为变化的绝对数，单位为亩/户。
资料来源：PMP 模型模拟结果。

(2) 模拟情景Ⅱ和模拟情景Ⅲ下玉米生产者补贴政策对玉米种植面积的影响

玉米生产者补贴政策对玉米种植面积的影响可能存在阶段性变化特征，为进一步客观分析玉米生产者补贴政策对玉米种植面积的影响，本节进一步模拟了2018年和2019年补贴标准水平下玉米生产者补贴政策对玉米种植面积的影响，模拟结果如表5-10所示。从表中结果可以看

表5-10 模拟情景Ⅱ和模拟情景Ⅲ下不同规模及兼业程度农户玉米种植面积模拟结果

分组	类型	补贴标准	优势产区	非优势产区
分组	总体	2018年标准	-1.49% (-0.23)	-7.51% (-1.41)
		2019年标准	-2.35% (-0.37)	-9.50% (-1.79)
按家庭种植规模分组	大规模	2018年标准	-1.46% (-0.60)	-7.38% (-2.70)
		2019年标准	-2.28% (-0.94)	-9.31% (-3.40)
	小规模	2018年标准	-1.63% (-0.13)	-6.36% (-0.69)
		2019年标准	-2.59% (-0.21)	-8.03% (0.87)
按农户兼业化程度分组	纯农户	2018年标准	-1.14% (-0.25)	-6.57% (-1.40)
		2019年标准	-1.79% (-0.40)	-8.28% (-1.77)
	兼业户	2018年标准	-2.26% (-0.19)	-7.76% (-0.72)
		2019年标准	-4.72% (-0.39)	-9.81% (-0.91)

注：括号中为变化的绝对数，单位为亩/户。
资料来源：PMP模型模拟结果。

出，在 2018 年和 2019 年补贴标准下，玉米优势产区和非优势产区农户均调减了玉米种植面积，且在 2019 年补贴标准下农户玉米种植面积调减幅度更大。其原因主要为 2019 年玉米生产者补贴标准水平较低，加上 2018 年 8 月以来国内暴发非洲猪瘟疫情，致使国内玉米消费需求低迷，玉米价格处于较低水平，导致农户玉米种植积极性进一步下降。此外，从不同规模农户来看，优势产区和非优势产区大规模农户玉米减少量均大于小规模农户。从不同兼业程度农户来看，比较优势产区和非优势产区不同兼业程度农户玉米种植面积减少绝对量，可知与兼业户相比，纯农户玉米种植面积减少量更大，其原因主要在于兼业户的家庭收入以外出务工收入为主，为方便外出务工，农户多选择种植省时省力的农作物，与种植谷子等需精细化管理的作物相比，种植玉米更方便。

比较模拟情景Ⅰ、模拟情景Ⅱ及模拟情景Ⅲ下的模拟结果可知，玉米生产者补贴政策对玉米种植面积的影响在优势产区存在阶段性变化特征。在玉米优势产区，与临时收储政策时期相比，生产者补贴政策的实施在开始相当长的一段时间内调减了玉米种植面积，但随着政策的持续实施，该政策对农户玉米种植面积的影响逐渐由负转正，究其原因主要在于临时收储政策改革初期，玉米价格大幅下降，玉米种植收益随之下降，农户虽然可以获得玉米生产者补贴，但补贴带来的收入仍不能弥补玉米价格下降导致的玉米种植收益损失，通过模型计算可知，与临时收储政策时期相比，模拟情景Ⅱ和模拟情景Ⅲ下优势产区农户每户玉米种植收益分别减少了 23.30% 和 33.00%。随着玉米生产者补贴政策的继续实施，玉米价格逐渐回升，在当前补贴水平下，玉米种植收益已逐渐回升至临时收储政策时期，这促使优势产区农户玉米种植积极性提高，玉米种植面积小幅增加。在玉米非优势产区，与临时收储政策时期相比，非优势产区玉米种植面积一直处于调减状态，但 2020 年补贴标准下玉米种植面积调减幅度有所减小，究其原因主要在于受玉米价格小幅回升影响，农户种植玉米积极性有所提高，但因玉米价格回升幅度有限，低于临时收储价格，且非优势产区玉米补贴标准较低，导致非优势产区玉米种植面积增长有限，与基期玉米种植面积相比仍表现为小幅下降，不过，随着玉米价格的不断回升，在该补贴方式下，即使保持当前补贴水平，非优势产区农户玉米种植面积也可能反弹至临时收储政策时期。

3. 不同模拟情景下玉米生产者补贴政策对玉米产量的影响

（1）模拟情景Ⅰ下玉米生产者补贴政策对玉米产量的影响

表 5-11 报告了模型模拟的剔除大豆补贴政策变化后，玉米由临时收储政策改为生产者补贴政策对各种类型农户玉米产量的影响。从表中结果可以看出，在当前补贴标准下，玉米生产者补贴政策对农户玉米产量的影响在玉米优势产区和非优势产区存在明显差异，各区农户玉米产量变化幅度基本等同于农户玉米种植面积的变化幅度。具体来看，与临时收储政策时期相比，在当前补贴方式及补贴标准下，优势产区各种类型农户玉米产量均有所增加，其中，大规模农户、小规模农户玉米产量分别增加 199.93 斤/户、49.25 斤/户，比临时收储政策时期分别增加了 0.31% 和 0.39%；纯农户、兼业户玉米产量分别增加 85.84 斤/户、75.01 斤/户，比临时收储政策时期分别增加了 0.24% 和 0.59%。非优势产区各种类型农户玉米产量均有所减少。其中，大规模农户、小规模农户玉米产量分别减少 300.78 斤/户、54.25 斤/户，比临时收储政策时期分别减少了 0.54% 和 0.34%；纯农户和兼业户玉米产量分别减少 147.73 斤/户、39.21 斤/户，比临时收储政策时期分别减少了 0.46%

表 5-11　模拟情景Ⅰ下不同规模及兼业程度农户玉米产量模拟结果

分组	类型	优势产区	非优势产区
	总体	0.34% (83.58)	-0.36% (-100.23)
按家庭种植规模分组	大规模	0.31% (199.93)	-0.54% (-300.78)
	小规模	0.39% (49.25)	-0.34% (-54.25)
按农户兼业程度分组	纯农户	0.24% (85.84)	-0.46% (-147.73)
	兼业户	0.59% (75.01)	-0.30% (-39.21)

注：括号中为变化的绝对数，单位为斤/户。
资料来源：PMP 模型模拟结果。

和 0.30%。进一步与前文玉米种植面积变化幅度相比，发现各产区农户玉米产量变化基本等同于玉米种植面积变化。其原因主要为本书将玉米单产水平设置为化肥的二次函数，目前种植玉米的化肥施用量已达到较高水平，通过增加化肥投入提高产量的作用空间已非常有限，农户玉米产量主要与玉米种植面积相关。

（2）模拟情景Ⅱ和模拟情景Ⅲ下玉米生产者补贴政策对玉米产量的影响

玉米生产者补贴政策对玉米产量的影响也可能存在阶段性变化特征，本节进一步模拟了 2018 年和 2019 年补贴标准水平下玉米生产者补贴政策对玉米产量的影响，模拟结果如表 5-12 所示。从表中结果可以看出，与

表 5-12　模拟情景Ⅱ和Ⅲ下不同规模及兼业程度农户玉米产量模拟结果

分组	类型	补贴标准	优势产区	非优势产区
分组	总体	2018 年标准	-1.57% (-388.94)	-7.56% (-2091.66)
		2019 年标准	-2.45% (-604.96)	-9.59% (-2647.50)
按家庭种植规模分组	大规模	2018 年标准	-1.56% (-1014.34)	-7.43% (-4114.45)
		2019 年标准	-2.41% (-1571.89)	-9.37% (-5192.66)
	小规模	2018 年标准	-1.78% (-224.21)	-6.34% (-1020.33)
		2019 年标准	-2.78 (-350.68)	-8.14% (-1289.98)
按农户兼业化程度分组	纯农户	2018 年标准	-1.22% (-433.54)	-6.74% (-2177.41)
		2019 年标准	-1.89% (-671.08)	-8.51% (-2749.98)
按农户兼业化程度分组	兼业户	2018 年标准	-2.36% (-299.63)	-7.80% (-1031.85)
		2019 年标准	-4.85% (-613.09)	-9.87% (-1305.95)

注：括号中为变化的绝对数，单位为斤/户。
资料来源：PMP 模型模拟结果。

临时收储政策时期相比，在2018年和2019年补贴标准水平下，玉米优势产区和非优势产区农户玉米产量均有所减少，且2019年农户玉米产量减少幅度更大。其原因主要为该年玉米种植面积减少幅度更大。此外，从不同规模农户来看，优势产区和非优势产区大规模农户玉米产量减少量均大于小规模农户。从不同兼业程度农户来看，与兼业户相比，各产区纯农户玉米产量减少量均更大。可见，不同模拟情景下，不同规模和不同兼业程度农户玉米产量变动趋势与玉米种植面积变动趋势基本相同。

进一步比较模拟情景Ⅰ、模拟情景Ⅱ及模拟情景Ⅲ下的模拟结果可知，玉米生产者补贴政策对玉米产量的影响在优势产区也存在阶段性变化特征。在政策开始实施的相当长一段时间内，生产者补贴政策的实施调减了玉米产量，随着政策的不断推进，该政策对农户玉米产量的影响逐渐由负转正。在玉米非优势产区，农户玉米产量变化趋势与玉米种植面积变化趋势一致，与2018年和2019年相比，2020年补贴标准下玉米产量有所回升，但仍低于临时收储政策时期。

4. 不同模拟情景下玉米生产者补贴政策对农户种植业纯收入的影响

（1）模拟情景Ⅰ下玉米生产者补贴政策对农户种植业纯收入的影响

表5-13报告了模型模拟的剔除大豆补贴政策变化后，玉米生产者补贴政策对各种类型农户种植业纯收入的影响。从表中结果可以看出，在当前补贴标准下，玉米生产者补贴政策对农户种植业纯收入的影响在玉米优势产区和非优势产区存在差异。与临时收储政策时期相比，在当前补贴标准下，优势产区各种类型农户种植业纯收入均增加，而非优势产区各种类型农户种植业纯收入均有所减少。具体而言，从不同规模农户来看，与临时收储政策时期相比，优势产区大规模农户、小规模农户种植业纯收入分别增加2.61%和2.87%；从增收的绝对值来看，大规模农户增收绝对量最大，为1066.82元/户，是小规模农户的4.67倍。非优势产区大规模农户、小规模农户种植业纯收入分别减少了0.58%和0.33%；从变动的绝对值来看，农户经营规模越大，农户种植业纯收入减少越多，在当前补贴标准下大规模农户平均每户收入减少362.88元，小规模农户平均每户减少83.37元。从不同兼业程度农户

来看，与临时收储政策时期相比，优势产区纯农户收入增加的绝对值大于兼业户，当前补贴标准下纯农户收入增加 583.02 元/户，是兼业户收入增加值的 2.45 倍。非优势产区纯农户和兼业户的种植业纯收入分别减少了 0.65% 和 0.11%，从变动的绝对值来看，纯农户平均每户种植业纯收入减少 211.12 元，兼业户平均每户收入减少 54.02 元。可见，在当前补贴标准下，玉米生产者补贴政策保障了玉米优势产区农户种粮收益。

表 5-13　模拟情景 I 下不同规模及兼业程度农户种植业纯收入模拟结果

分组	类型	优势产区	非优势产区
	总体	2.72% (405.26)	-0.49% (-143.11)
按家庭种植规模分组	大规模	2.61% (1066.82)	-0.58% (-362.88)
	小规模	2.87% (228.22)	-0.33% (-83.37)
按农户兼业程度分组	纯农户	2.67% (583.02)	-0.65% (-211.12)
	兼业户	2.98% (238.02)	-0.11% (-54.02)

注：括号中为变化的绝对数，单位为元/户。
资料来源：PMP 模型模拟结果。

（2）模拟情景 II 和模拟情景 III 下玉米生产者补贴政策对农户种植业纯收入的影响

玉米生产者补贴政策在保障农户种粮收益方面可能存在阶段性变化特征，本节进一步模拟了 2018 年和 2019 年补贴标准水平下玉米生产者补贴政策对农户种植业纯收入的影响，模拟结果如表 5-14 所示。从表中结果可以看出，与临时收储政策时期相比，在该补贴标准下，玉米优势产区和非优势产区农户的种植业纯收入均有所下降，且在 2019 年补贴标准水平下各产区农户种植业纯收入下降幅度更大。此外，比较不同模拟情境下，不同规模及不同兼业程度农户种植业纯收入变化情况：从不同规模农户来看,通过比较不同规模农户收入变化情况,可知优势产区和非优势产区大规模农户的种植业纯收入减少值均大于小规模农户;从不同兼业程度农户来看,与兼业户相比,各产区纯农户的收入降幅最大,收入减少值最多。

表5-14　模拟情景Ⅱ和模拟情景Ⅲ下不同规模及兼业程度农户种植业纯收入模拟结果

分组	类型	补贴标准	优势产区	非优势产区
分组	总体	2018年标准	-11.88% (-1771.44)	-8.96% (-2620.90)
		2019年标准	-18.45% (-2749.69)	-11.22% (-3282.12)
按家庭种植规模分组	大规模	2018年标准	-11.43% (-4670.69)	-8.79% (-5344.31)
		2019年标准	-17.74% (-7249.79)	-11.01% (-6695.35)
	小规模	2018年标准	-11.03% (-876.95)	-10.06% (-1513.79)
		2019年标准	-17.29% (-1374.39)	-12.62% (-1898.83)
按农户兼业化程度分组	纯农户	2018年标准	-11.71% (-2553.98)	-9.82% (-3127.89)
		2019年标准	-18.20% (-3968.44)	-12.32% (-3921.64)
	兼业户	2018年标准	-10.84% (-867.39)	-9.10% (-1238.25)
		2019年标准	-17.02% (-1361.62)	-11.40% (-1550.14)

注:括号中为变化的绝对数,单位为元/户。
资料来源:PMP模型模拟结果。

比较模拟情景Ⅰ、模拟情景Ⅱ及模拟情景Ⅲ下的模拟结果可知,玉米生产者补贴政策对农户种植业纯收入的影响存在阶段性变化特征。在玉米生产者补贴政策实施初期，玉米价格大幅下降，按照玉米种植面积补贴的生产者补贴政策在玉米优势产区和非优势产区均未能有效保障农户种粮收益，但随着政策的持续推进，在2020年价格水平和补贴标准下，玉米生产者补贴政策已能够保障优势产区农户种粮收益，并且对非优势产区农户种粮收益的保障作用也逐渐增强。农户种粮收益变化特点表明玉米生产者补贴政策实施初期，政府对农户的补贴水平不足以弥补玉米价格下跌导致的损失，进而使农户经历了种植结构调整的"阵痛"。进一步比较优势产区和非优势产区农户收入变化情况可知，与非优势产区相比，优势产区各类型农户种植业纯收入减少值均相对较小，表明玉米生产者补贴政策更有利于保障玉米优势产区农户种粮收益，符合政策预期。

第三节 本章小结

本章首先基于地市级面板数据，运用双重差分模型，从全国层面分析玉米生产者补贴政策对玉米种植面积的影响；其次基于微观调研数据，通过实证数学规划模型，将玉米、大豆补贴政策的变化纳入模型的考虑范畴，剔除玉米生产者补贴政策以外的因素，评估玉米生产者补贴政策对不同产区农户生产和收入的影响，以期对玉米生产者补贴政策作出较为客观的评价。研究结果表明：

从全国层面来看，玉米生产者补贴政策对玉米种植面积存在显著负向影响，随着政策的持续推进，该政策对玉米种植面积的负向影响整体呈先增后降的态势。

从不同产区层面来看，在玉米生产者补贴政策对农户玉米种植面积和产量的影响方面：于当前补贴标准下，优势产区各种类型农户玉米种植面积和产量均有所增加，而非优势产区各种类型农户玉米种植面积和产量均有所减少，玉米种植面积和产量变化量与农户经营规模正相关。进一步比较2018年、2019年及2020年补贴标准水平下玉米生产者补贴政策对农户玉米种植面积的影响，发现优势产区各类型农户在2018年和2019年补贴标准水平下均调减了玉米种植面积，而在2020年补贴标准水平下均增加了玉米种植面积；非优势产区各类型农户在各补贴标准下均调减了玉米种植面积，但2020年补贴标准水平下玉米种植面积调减幅度有所下降。可见，目前玉米生产者补贴政策基本取得了预期的效果，即促使非优势产区调减了玉米种植面积，同时巩固了玉米优势产区产能。此外，玉米生产者补贴政策对玉米种植面积的影响具有阶段性变化特征，在玉米生产者补贴政策开始实施的相当长的一段时间内调减了玉米种植面积，并致使玉米产量有所降低，但随着政策的持续推进，该政策对优势产区农户玉米种植面积的影响由调减转变为增加，对非优势产区农户玉米种植面积调减幅度也有所减小。在玉米生产者补贴政策对农户种植业纯收入的影响方面：于当前补贴标准下，优势产区各种类型农户种植业纯收入均增加，而非优势产区各种类型农户种植业纯收入均有所减少。进一步比较2018年、2019年及2020年补贴标准水平下该政策对农户种植业纯收入的影响，与临时收储政策时期相比，优势产区各类型农户种植业纯收入在2018年和2019年补贴标准水平下均有所减少，而在2020年补贴标准水平下各类型农户种植业纯收入均有所增加；非优势产区各类型农户种植业纯收入在各补贴标准下均处于下降态势。进一步比较优势产区和非优势产区农户种植业收入变化情况，发现与非优势产区相比，优势产区各类型农户种植业纯收入减少值均相对较小。可见，玉米生产者补贴政策更有利于保障优势产区农户种粮收益，这符合玉米生产者补贴政策实施初衷。目前，玉米生产者补贴政策基本保障了优势产区农户种粮收益，但对非优势产区农户种粮收益保障作用有限。玉米生产者补贴政策对农户种植业纯收入的影响存在阶段性变化特征，在政策开始实施的较长一段时间内，玉米生产者补贴政策致使优势产区和非优势产区各类型农户种植业纯收入均有所减少，但随着政策的不断完善，优势产区各类型农户种植业纯收入均有所增加，非优势产区各类型农户种植业纯收入降幅均缩小。玉米生产者补贴政策对农户种植业纯收入影响的阶段性变化在一定程度上表明农户在调整种植结构的过程中将经历种植业纯收入下降的"阵痛"。

第六章 玉米生产者补贴政策成本与回应性分析

本书第四章和第五章分别基于"完善玉米价格形成机制"和"保障优势产区农户种粮收益，促进种植结构调整"的视角评估了玉米生产者补贴政策实施效果，但一项政策能否持续推行，不仅取决于其政策目标能否实现，还取决于该政策的实施成本，若政策实施成本过高，则政策效率低下，这在一定意义上说明政策是不成功的。本章将从财政成本和执行成本两个方面分析玉米生产者补贴政策的政策成本，并进一步运用 WTO 和 OECD 两种国际公认的农业政策评价指标体系评估中国对玉米的政策支持水平。回应性同样是政策评估的重要标准之一，一项政策的实施效果不仅需要从国家全局出发以服从整体规划和发展思路，还要从微观层面考虑到农户这个政策的直接作用对象和受益人的评价与诉求，也即对政策的回应性。

第一节 玉米生产者补贴政策的财政成本

一 玉米生产者补贴政策实施前后补贴资金年际差异

与玉米临时收储政策时期相比，玉米生产者补贴政策的实施是否显著降低了财政成本？本节将运用公开资料测算玉米生产者补贴政策实施前后玉米补贴资金投入情况，以期更好地回答该问题。玉米临时收储政策时期，国家委托中储粮总公司作为政策执行主体按照国家临时收储玉米挂牌收购价格收购玉米，此时，玉米收储成本为各玉米收储库点按照临时收储价格收购玉米支付的总费用，其计算公式为"玉米收储成本=

玉米临时收储价格×玉米收储总量"。其中，玉米临时收储价格采用东北地区玉米临时收储价格的平均值，相关数据来自国家粮食和物资储备局网站公布的信息；玉米收储总量为东北三省和内蒙古自治区①临时收储玉米汇总量，相关数据来自中储粮总公司的公开资料。玉米生产者补贴政策时期，中央财政根据当年亩均补贴水平与基期各省（区）玉米播种面积测算各省（区）的补助额度，各省（区）根据中央财政下达的补贴资金，结合本省（区）实际情况，确定玉米生产者的补贴额度，由于鼓励玉米生产者补贴资金向优势产区转移，允许省（区）内不同县之间补贴标准存在差异，但同一县内补贴标准相同。目前，国家仅公布了2016年玉米生产者补贴总额，2017—2020年玉米生产者补贴总额均由笔者测算。测算步骤：首先测算各省（区）玉米生产者补贴额度，然后将各省（区）玉米生产者补贴额度加总。由于黑龙江省财政厅网站公布了该省各年玉米生产者补贴额度，内蒙古自治区人民政府网站公布了2020年玉米生产者补贴额度，2017—2019年只需要对内蒙古、辽宁、吉林三个省（区）玉米生产者补贴额度进行测算，2020年只需要对辽宁和吉林两省玉米生产者补贴额度进行测算。具体测算方法为，2019年内蒙古自治区人民政府网站公布了中央测算的当年玉米生产者亩均补贴水平，根据该水平与各省（区）基期玉米播种面积测算了内蒙古、吉林、辽宁三个省（区）的补贴额度；其余年份各省（区）玉米生产者补贴额度主要运用各县玉米生产者补贴标准乘玉米种植面积得到，各县玉米生产者补贴标准通过查询地方政府网站获得，对于未查到补贴标准的县，用同市其他县的补贴标准平均值代替。具体测算结果如表6-1所示。

表6-1　　　　　　　2008—2020年玉米补贴资金成本测算

时期	年度	玉米国际三等质量收储价格（元/公斤）				收储量 （万吨）	财政资金 （亿元）
		内蒙古	辽宁	吉林	黑龙江		
临时收储 政策时期	2008/2009	1.52	1.52	1.50	1.48	3574	537.89
	2009/2010	1.52	1.52	1.50	1.48	61	9.18
	2010/2011	1.82	1.82	1.80	1.78	992	179.06

---

① 玉米临时收储政策实施后逐渐变为对玉米敞开收购，临时收储量为内蒙古全区玉米收储量。

续表

时期	年度	玉米国际三等质量收储价格（元/公斤）				收储量（万吨）	财政资金（亿元）
		内蒙古	辽宁	吉林	黑龙江		
临时收储政策时期	2011/2012	2.00	2.00	1.98	1.96	60	11.91
	2012/2013	2.14	2.14	2.12	2.10	3083	655.14
	2013/2014	2.26	2.26	2.24	2.22	6919	1553.32
	2014/2015	2.26	2.26	2.24	2.22	8329	1869.86
	2015/2016	2.00	2.00	2.00	2.00	12543	2508.60
生产者补贴政策时期	2016						390.39
	2017						294.11
	2018						174.90
	2019						165.00
	2020						149.74

注：财政资金由笔者测算。

由表6-1可知，玉米生产者补贴政策实施后政府财政支出大幅减少。具体来看，临时收储政策时期，国家逐步提高了玉米临时收储价格，以吉林省为例，2008/2009年度玉米临时收储价格为1.50元/公斤，此后逐年增加，2014/2015年度玉米临时收储价格增至2.24元/公斤，较2008/2009年度增长了49.33%，2015/2016年度玉米临时收储价格首次下降，降至2.00元/公斤，但与2008/2009年度相比仍处于较高水平。玉米临时收储价格逐步提高的同时，玉米临时收储数量也整体呈现增长态势，2008/2009年度东北三省一区玉米临时收储量为3574万吨，2009—2011年因玉米市场价格一直处于较高水平，国家减少了临时收储量，2011/2012年度玉米临时收储量仅60万吨，此后，玉米临时收储量逐年增加，2015/2016年度玉米临时收储量高达12543万吨。受玉米临时收储价格上涨和玉米临时收储量增加双重因素影响，玉米临时收储成本大幅增加，2015/2016年度玉米临时收储财政支出高达2508.60亿元，较2008/2009年度的537.89亿元增长了1970.71亿元，年均增长率为24.60%。玉米临时收储政策改革后，生产者补贴政策时期，国家按照各省（区）基期玉米种植面积拨付玉米生产者补贴额度，财政支出更为可控，根据测算结果可知，2016年玉米生产者补贴资金总额为 390.39 亿元，此后，玉米生产者补贴资金总额逐年下降，2020 年降至 149.74 亿元，较 2016 年减少了 61.64%，且远低于临时收储政策实施后期的财政支出水平。

二 玉米生产者补贴政策实施前后库存成本年际差异

玉米生产者补贴政策实施后，国家不再按临时收储价格收购农户玉米，这不仅减少了玉米收储成本，还会导致玉米库存量下降，进而对玉米库存成本造成影响。玉米库存成本包括玉米收购中实际发生的收购费（检验费、整晒费、入库费等）、做囤费及贷款利息，其计算公式为"库存成本=收购费+做囤费+贷款利息"。国务院发展研究中心研究员程国强在"第十三届国际油脂油料市场论坛"上指出，玉米每年库存成本为 252 元/吨。[①] 按照上述标准计算 2008—2020 年玉米库存成本可知，随着临时收储政策的实施，玉米期末库存量大幅增加，2008 年玉米期末库存量为 0.49 亿吨，2016 年已增长至 2.59 亿吨，年均增长率为 23.17%，与此同时，玉米库存成本也由 2008 年的 123.10 亿元增长至 2016 年的 651.91 亿元，增长了 5.30 倍。临时收储政策取消后，玉米期末库存量逐年减少，2020 年玉米期末库存量下降至 1.13 亿吨，较 2016 年减少了 56.37%，与此同时，玉米库存成本随之下降，2020 年玉米库存成本下降至 284.42 亿元，较 2016 年减少了 367.49 亿元。可见，玉米生产者补贴政策的实施也在一定程度上降低了玉米库存成本。2008—2020 年玉米期末库存量如图 6-1 所示。

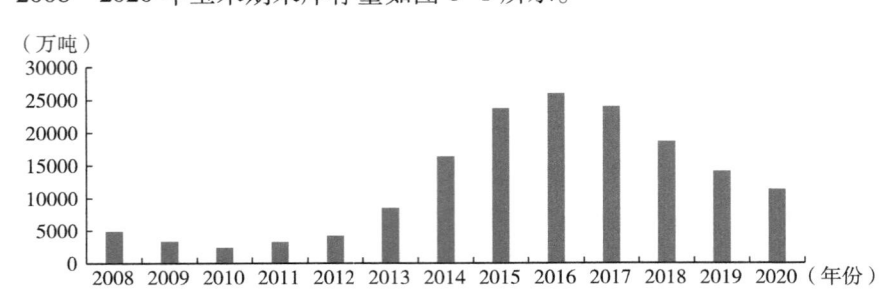

图 6-1　2008—2020 年玉米期末库存量

资料来源：Wind 数据库。

---

① https://www.toutiao.com/article/6267506057033138433/.

第二节　玉米生产者补贴政策的执行成本

政策在实施过程中会消耗一定的人力、物力和财力，本节将其统称为政策执行成本。本节将结合 X 省实际调研情况进行案例分析，由于多数地区补贴资金直接由省级财政下拨至县级财政，本节从省—县、县—乡（镇）、乡（镇）—村、村—户四个层面对政策执行成本进行度量。

一　省—县层面的执行成本

省级农业、财政部门要结合本地实际情况制定玉米生产者补贴实施方案和补贴资金管理办法，并根据中央财政下达的补贴资金测算市级、县的补贴额度。此外，省级农业部门、财政部门要审核市级、县级玉米生产者补贴政策实施方案，并监督检查政策执行情况。

X 省财政厅、农业农村厅在玉米生产者补贴政策实施过程中所做的主要工作如下。

1. 补贴资金整合与测算

玉米生产者补贴政策实施后，补贴资金下达部门及列支科目均有所变化。临时收储政策时期，补贴资金由中央财政预拨给中储粮总公司，然后由中储粮总公司将补贴资金拨付到各分公司，再由分公司按季拨付至各收储库点。收购结束并验收合格后发放，此次发放的国家临时存储玉米收购贷款使用"储备粮油—国家临储存储粮油"科目核算。临时收储政策改革后，中央财政将补贴资金下达至省级财政部门，财政部门将生产者补贴纳入粮食风险基金专户管理，执行中收入分类列"1100313 农林水"科目，预算支出功能分类列"2130999 其他目标价格补贴"科目，部门预算支出经济分类列"30310 个人农业生产补贴"科目。

中央补贴资金下达后，X 省财政部门按照基期玉米播种面积和产量各占 50% 权重测算确定对各市县的补贴额度，2016—2019 年以 2014 年统计年鉴数据为基期，2020—2022 年以 2018 年统计年鉴数据为基期。由于基期统计数据已知，省级财政部门测算对市级、县级的补贴额度时较为容易，并且该项工作为无纸化办公，执行成本甚少。

2. 交流、考察成本

玉米生产者补贴政策实施方案制定会议：为贯彻中央改革精神，稳妥推进玉米临时收储改革，省财政厅工作人员与省农业农村厅人员召开若干次会议，讨论玉米生产者补贴制度实施办法。该过程以讨论为主，执行成本约等于零。

前往其他省份考察成本：为完善玉米生产者补贴政策实施方案，委派1—2人前往其他省份考察玉米生产者补贴政策实施情况，发生的成本费用主要为差旅费。

3. 补贴资金管理检查费

为确保玉米生产者补贴资金分配结果的准确性，X省财政厅每年通过政府采购中心选聘6—9家会计师事务所参加玉米生产者补贴、大豆生产者补贴、农业支持保护补贴等资金管理检查，主要检查补贴资金管理和使用情况，参照招标信息，检查费用约为85万元。

4. 宣传成本

玉米生产者补贴政策培训会议：为帮助市县级财政部门更好地理解玉米生产者补贴政策，省财政厅召开落实玉米生产者补贴政策视频工作会，宣读《省玉米生产者补贴实施办法》，并重点讲解政策内容、工作要求及在实施过程中需要注意的问题。到场参会人员数量较少，主要为各市县财政部门负责人（1—2人），共80人左右，其余人员均通过视频参会。该过程涉及的成本主要为会议费用，包括会场费、材料费等。

印制材料费：省财政部门主要通过印制相应的材料手册宣传玉米生产者补贴政策，印刷费用约500元。

省—县级玉米生产者补贴执行成本见表6-2。

表6-2　　　　　　省—县级玉米生产者补贴执行成本

项目	成本项	费用
补贴资金整合与测算	人力	补贴标准测算费：0
交流、考察成本	人力、物力、财力	方案制定：0 外出考察（补助）：2天×120元/天=240元
补贴资金管理检查费	人力、财力	约85万元

续表

项目	成本项	费用
宣传成本	人力、物力、财力	培训会议：会议费 2000 元 材料费 150 元 宣传材料费约 500 元

汇总：省级部门在玉米生产者补贴政策实施第一年加大了对政策的宣传，其余年份宣传成本较少，除去补贴资金管理检查费，常年性费用在 500 元以内。

资料来源：调研估算。

由于临时收储政策时期中储粮总公司及其分公司负责玉米的收储和补贴资金的分配，财政部门和农业部门参与较少，与临时收储政策时期相比，省级财农部门执行成本有所增加，但总体上支出较少。

二 县—乡（镇）、乡（镇）—村，村—户层面的执行成本

1. 县级政府部门主要执行成本

（1）考察、交流成本

参加上级会议：改革初期，省玉米生产者补贴政策实施方案确定后，省财农部门会组织召开工作会议，讲解玉米生产者补贴政策实施重点及应注意的问题。参加会议的人员一般为 1—2 人，涉及的费用主要为差旅费，若住宿标准和伙食费分别按 350 元/天和 180 元/天计算，则每人参加一次会议差旅费为 700—800 元。

（2）政策宣传成本

召开培训会议：省玉米生产者补贴政策实施方案下达后，本级政府部门间召开会议制定县级玉米生产者补贴政策实施方案。玉米生产者补贴政策实施方案确定后，组织各乡（镇）财农部门参加全县工作会议，GZ 县工作会议参会人员为 20 人左右，乡（镇）参会人员主要为农业、财政部门负责人，发生的费用主要为差旅费，乡（镇）人员来县参加大会时，县级部门会给与乡镇参会人员 120 元的市内补助，并报销乡镇人员往返路费，一般为 20 元。

印制宣传材料：政策实施初期，为使农户更好地了解玉米生产者补贴政策，县级农业部门按照本地农户数印制了若干份玉米生产者补贴政策公告，印制成本 20000 元左右。

（3）补贴面积核查成本

对于基层上报数据，县农业部门组织人员进行抽查核实，在 GZ 县，该县共 24 个乡镇，每个乡（镇）选 2 个村进行核查，主要核查申报手续是否完整，申报面积是否准确等，一般安排 12 人分 3 组同时进行，按每天工作 9 小时计算，大约 3 天便可完成。在补贴面积核查过程中发生的成本主要有燃油费和差旅费，一辆车每天汽油费大约 30 元，3 辆车 3 天共需花费燃料费 270 元，差旅补助每人每天 120 元，12 人 3 天共 4320 元。

2. 乡（镇）级政府部门主要执行成本

（1）考察、交流成本

参加上级会议：每年参加一次县农业部门会同财政部门组织的工作会议，发生的费用主要为差旅费，由县级部门报销。

（2）宣传成本

业务人员培训会：县玉米生产者补贴政策实施方案下达后，乡（镇）级财农部门组织各村的书记、村委会主任、会计参加玉米生产者补贴政策实施培训会议，重点强调了审核公示制度和申报时间节点，会议时间一般半天，参会人员差旅费自付。

宣传材料：玉米生产者补贴政策宣传材料均来自县级部门。

（3）补贴面积核查成本

对于村级上报的补贴面积数据，乡（镇）农业部门会以村为单位随机抽查一部分农户进行核查。如 T 镇下辖 15 个村，每年从每个村每个屯选取 2 户进行核查，一般安排 2 人进行，5 个工作日便可完成。由于乡（镇）农业部门人手不足，每年均雇人进行核查，费用为 200 元/人·天，该过程发生的成本主要是工时费、燃油费和材料费，其中工时费 2000 元，燃油费 200 元，打印材料费 100 元左右。

印制材料费：乡（镇）政府需将村级上报数据汇总并装订成册，然后上报县级农业部门、财政部门。T 镇有农户 10100 户，造册成本约为 200 元/本，由于乡（镇）部门也需留存一份，因此造册成本约 600 元。

（4）印制公示材料成本

补助标准经县政府确定后，由乡（镇）负责对补助面积、补助标准、补助金额在所属村屯内进行公示，为此，乡（镇）财农部门将为每村印制《玉米生产者补贴发放公告表》，15 个村共花费 400 元左右。

3. 村级主要执行成本

（1）考察、交流成本

参加上级会议：每年参加一次县农业部门会同财政部门组织的工作会议，会议时间较短，且村与镇之间距离较近，发生的成本微乎其微。

（2）面积申报及核查成本

玉米生产者补贴由农户申报，在申报时每户一张表，H 村共有 505 户，至少需 505 张申报表，按每张 0.5 元计算，在不存在申报错误的情况下打印农户申报表费用为 252.5 元。农户申报后，村委会先以屯为单位对农户申报面积进行汇总、核实和公示，每个屯由屯长负责逐户核查，核查时间大约一周，屯长核查准确后上报村委会主任，然后村委会以屯为单位对核实后的补贴面积进行公示，公示结束群众无异议后村委会对全村申报面积汇总并上报县级部门。H 村共有 10 个屯，每个屯 50 户左右，逐户核查时一户一表打印成本为 252.5 元，公示表每屯一张需至少打印 10 份，上报的汇总表需至少打印两份，一份上报，一份留存本村，加上可能存在申报错误需要多次修改、公示的情况，打印公示表和汇总表至少花费 200 元。总体来看，每年面积申报与核查共需花费 1000 元左右。

（3）宣传成本

村级主要从乡（镇）领取宣传材料发放，没有宣传成本。

县、乡（镇）及村级玉米生产者补贴执行成本总结如表 6-3。

表 6-3　县、乡（镇）及村级玉米生产者补贴执行成本

级别	项目	成本类别	费用
县级	考察、交流成本	人力、财力	参加上级会议：差旅费 700 元/人
	政策宣传成本	人力、物力、财力	召开培训会议：140 元/人 印制宣传材料：20000 元
	补贴面积核查成本	人力、物力、财力	燃油费：3×30×3 = 270 元 差旅补助费：4320 元
	汇总：常年性费用约 5000 元，人力成本主要体现在补贴面积核查上			

续表

级别	项目	成本类别	费用
乡（镇）级	考察、交流成本	人力、财力	参加上级会议：0
	宣传成本	人力、物力、财力	业务人员培训会：0 宣传材料费：0
	补贴面积核查成本	人力、物力、财力	工时费：2000元 燃油费：200元 印制材料费：700元
	印制公示材料成本	人力、物力、财力	400元
	汇总：常年性费用约3300元，人力成本体现在补贴面积核查上		
村级	考察、交流成本	人力、财力	参加上级会议：0
	补贴面积申报及核查成本	人力、物力、财力	农户申报费：252.5元 逐户核查费：252.5元 打印公示表和汇总表费：200元
	宣传成本	人力、物力、财力	0
	汇总：常年性费用约705元，人力成本体现在补贴面积申报及核查上		

资料来源：调研估算。

如果考虑人工成本，农村居民外出务工工资为200元/天，村委会完成登记、核实、公示等工作一般需要10日，工作10日的劳务费约2000元/人；乡镇工作人员完成数据汇总、核实、上报等工作一般需要10日，乡镇工作人员日工资为146元，工作10日劳务费为1460元/人。

由上文可知，县和乡镇两级的玉米生产者补贴政策执行成本较高，主要花费在补贴面积核查和印制材料上。村级执行成本相对较低的原因一方面在于村委会工作人员开展面积核查工作没有差旅补助；另一方面在于并未对各村民实际种植面积进行实际测量，而是通过核对台账的方式检验农户申报面积是否准确，这大大降低了面积核查成本。随着政策的持续推进，工作人员对玉米生产者补贴政策工作流程越来越熟悉，汇总、复核将更有效率，执行成本也将降低。目前国家层面玉米生产者补贴政策没有配套工作经费，但根据调研可知，部分县会给予乡镇部门3万—5万元的工作经费，由县财政支出。总体来看，各级玉米生产者补贴执行成本均在 5000 元以下，执行成本相对较低，尤其与临时收储政策时期较高的库存成本（252 元/吨）相比，玉米生产者补贴政策执行成本并不高。

第三节　玉米生产者补贴政策支持水平评价

随着全球化的深入，中国粮食支持政策的实施越来越受到国际规则的约束和影响。一方面，中国农业支持政策受 WTO 规则的约束。2011 年中国加入 WTO 时承诺按照 WTO 规则实施农业支持政策，对特定农产品的黄箱支持不超过该特定产品产值的 8.5%。另一方面，中国农业支持政策也受国际公认的 OECD 农业政策评价指标体系的影响。由 OECD 构建的农业生产者支持估计（PSE）是国际公认的农业支持量化指标，被广泛应用于国家农业政策评估及国际比较等。此外，OECD 农业评价指标也常被用作 WTO 贸易谈判的参考指标，对 WTO 评定粮食国内支持贸易争端有重要影响。因此，本节将基于国际公认的两种政策评估指标体系评价中国对玉米这一特定农产品的支持水平。

一　WTO 规则下玉米生产者补贴政策合规性分析

1. 玉米补贴政策归箱及测算方法

（1）政策归箱

WTO 的《农业协议》以是否对贸易产生扭曲为标准，将农业国内支持政策划分为绿箱、蓝箱和黄箱政策三类。其中，绿箱政策几乎不会对农业生产和贸易产生扭曲作用，可免于削减承诺。蓝箱政策是限产条件下的直接支付，包括按照固定面积、产量提供的补贴或按照享受补贴的产品数量不超过基期生产水平的 85% 提供的补贴，其支出水平不计入综合支持量（AMS），也可免于削减承诺。黄箱政策对农业生产和贸易的扭曲作用明显，是必须进行削减的政策，其支持水平要受到限制。中国加入 WTO 时承诺，对于特定农产品的黄箱支持不超过该特定产品产值的 8.5%。

对玉米这一特定农产品而言，中国先后对其实施了良种补贴政策、玉米临时收储政策、玉米生产者补贴政策。在中国向 WTO 提交的通报中,良种补贴政策属于黄箱特定产品支持措施中的不可免除直接补贴,该政策在 2016 年后与种粮直补政策、农资综合补贴政策合并为农业支持保护政策,不再作为对特定农产品的支持;玉米临时收储政策在 2008—2011 年时被归为绿箱支持中的"以粮食安全为目的的公共储备",这种归类失之偏颇,因为玉米临时收储政策的实施极大调动了农户玉米种植积极性,影响了农户种植行为,同时该政策的实施也导致国内外价格倒挂严重,扭曲了玉米市场,因此,该政策应属于市场价格支持措施,为黄箱政策。2012—2016 年在提交的通报中将玉米临时收储政策的箱体属性调整为黄箱特定支持措施中的市场价格支持;玉米生产者补贴政策被归为蓝箱政策,但这种归类有待商榷。从玉米生产者补贴政策执行方式来看,虽然中央按照基期(2014 年)玉米种植面积和产量测算补贴额,但具体到农户层面,主要按照农户实际玉米种植面积发放补贴,政策仍具有黄箱支持性质,并且不少学者也认为玉米生产者补贴政策具有黄箱政策属性(耿仲钟、肖海峰,2018),因此,本节进一步考察若将玉米生产者补贴政策归为黄箱政策,对玉米的支持水平是否合规。

(2) 测算方法与数据说明

目前,中国向 WTO 提交的通报数据更新至 2016 年,且在最新通报中将玉米生产者补贴政策归为蓝箱政策,为更客观地评价玉米生产者补贴政策,本章将进一步根据相关数据近似测算将玉米生产者补贴政策归为黄箱政策时 2016—2020 年中国对玉米这一特定农产品的黄箱支持水平。黄箱支持水平一般用综合支持量衡量,特定农产品综合支持量(AMS)等于特定农产品市场价格支持(MPS)和特定农产品不可免除直接补贴(NDP)之和。特定农产品市场价格支持(MPS)的表达式为

$$MPS = (P_{sg} - P_{ck}) \times Q_{sg} \tag{6-1}$$

式中:P_{sg} 为适用的管理价格,是政府对玉米实施政策性收购采用的临时收储价格,选取东北地区玉米临时收储价格的平均值表示,相关数据主要来自国家粮食和物资储备局网站公布的官方文件;P_{ck} 为固定的外部参考价格,根据 WTO《农业协议》条款,当农产品为净进口时,采用农产品基期平均到岸价格作为固定外部参考价格,当农产品为净出口

时，采用农产品基期平均出口离岸价格作为固定外部参考价格；Q_{sg}为有资格接受适用的管理价格的产量，以国家按照临时收储价格实际收购的玉米量表示。数据来自中储粮总公司的公开资料。

不可免除直接补贴主要涉及玉米良种补贴和生产者补贴。其中，玉米良种补贴参考朱满德等（2015）的计算方法，根据玉米良种补贴标准和实际种植面积估算，玉米良种补贴标准为10元/亩，种植面积数据主要来自《中国统计年鉴》。玉米生产者补贴方面，国家仅公布了2016年玉米生产者补贴额，2017—2020年玉米生产者补贴额主要按照各地区玉米补贴标准和玉米种植面积测算，补贴标准数据来自财政部、农业农村部、国家发改委、地方各级政府部门公布的政策文件，玉米种植面积数据来自东北三省和内蒙古自治区的统计年鉴和各市县统计年鉴。玉米生产者补贴额已在本章第一部分进行测算。计算玉米总产值所用的价格数据、产量数据来自EPS数据库。

2. 玉米黄箱支持水平估计

根据WTO规定的方法和相关数据，对玉米这一特定产品的黄箱支持水平进行测算，结果如表6-4所示。

表6-4　2008—2020年中国玉米黄箱支持水平估计

年份	产值（亿元）	微量允许水平（亿元）	MPS（亿元）	不可免除直接补贴（亿元）	AMS（亿元）	占产值的比例（%）
2008	2495.02	212.08	39.68	22.00	61.68	2.47
2009	2841.72	241.55	82.72	59.89	142.61	5.02
2010	3571.80	303.60	60.12	59.94	120.06	3.36
2011	4483.04	381.06	5.02	68.22	73.24	1.63
2012	5102.26	433.69	26.11	64.98	91.09	1.79
2013	5407.00	459.60	452.25	67.45	519.70	9.61
2014	5587.13	474.91	676.66	74.11	750.77	13.44
2015	4994.25	424.51	1004.10	72.91	1077.01	21.56
2016	4059.00	345.02	571.61	390.44	962.05	23.70
2017	4257.18	361.86		294.11	294.11	6.91
2018	4515.94	383.85		174.90	174.90	3.87

续表

年份	产值（亿元）	微量允许水平（亿元）	MPS（亿元）	不可免除直接补贴（亿元）	AMS（亿元）	占产值的比例（%）
2019	4674.92	397.37		165.00	165.00	3.53
2020	6024.73	512.10		149.74	149.74	2.49

注：2016年玉米临时收储政策取消，但2015年国家临时存储玉米收购期限为2015年11月1日至2016年4月30日，所以2016年市场价格支持实际为2015年的收储计划额。

资料来源：2008—2016年数据来源于中国向WTO的通报文件（G/AG/N/CHN/21、G/AG/N/CHN/28、G/AG/N/CHN/42-G/AG/N/CHN/47）。2016年通报中将玉米生产者补贴政策归为不受削减约束的蓝箱政策，但从具体执行情况来看，玉米生产者补贴仍具有黄箱属性，鉴于此，本节测算了2016—2020年玉米黄箱支持水平。

由表6-4结果可知，玉米黄箱支持水平呈先增后降态势。具体来看，2008—2012年玉米黄箱支持水平一直低于微量允许水平，且玉米黄箱支持水平的构成结构以不可免除直接补贴（NDP）为主，2013年玉米黄箱支持水平大幅提高，黄箱支持量高达519.70亿元，占当年玉米产值的9.61%，首次突破8.5%的微量允许上限，此后，随着玉米临时收储价格和临时收储量的不断提高，玉米黄箱支持水平稳步提升，2014年玉米黄箱支持水平高达750.77亿元，占当年玉米产值的13.44%，2015年玉米临时收储价格下调，但2015年玉米临时收储量仍然巨大，高达12535.6万吨，较2014年增长了93.78%，2015年玉米黄箱支持水平进一步增加，为1077.01亿元，占当年玉米产值的比例为21.56%，从支持结构来看，2013—2015年黄箱支持水平的变化主要由市场价格支持决定，该阶段玉米市场价格支持占黄箱支持水平的比例稳定在85%以上。2016年国家取消玉米临时收储政策，开始实施玉米生产者补贴政策，由于2015年玉米临时收储政策的余量收储工作在2016年4月30日结束，2016年仍有571.61亿元市场价格支持，加上390.44亿元的生产者补贴后，2016年玉米黄箱支持水平仍继续高于微量允许上限，达962.05亿元，占当年玉米产值的23.70%，2017年开始，玉米补贴主要转变为生产者补贴，在该补贴下，玉米黄箱支持量逐年下降，2017—2020年玉米黄箱支持量占当年玉米产值的比例均低于8.5%，可见，即使将玉米生产者补贴政策归为黄箱政策，玉米生产者补贴政策的实施仍然扭转了玉米补贴多年突破 WTO 规则的困境。

二 OECD 口径下玉米补贴政策支持水平评价

再从 OECD 口径看中国玉米补贴政策的支持水平与结构，并与世界其他玉米主产国比较，进一步分析中国对玉米的政策支持水平。

美国、欧盟、巴西和中国是世界玉米主要生产国家和地区，据 FAO 数据，2017 年这四个国家和地区的玉米总产量为 7.93 亿吨，占世界玉米总产量的 69.85%。美国、欧盟、巴西和中国等玉米主产国家和地区均在不同时期对玉米实施了不同的补贴政策，那么，各玉米主产国家和地区玉米补贴政策支持水平和结构在不同时期如何变化？本部分将借助 OECD 政策评估系统中单项产品生产者转移（Producer Single Commodity Transfers，PSCT）和单项产品生产者转移百分比（%PSCT）对各国的玉米补贴政策支持水平与结构进行分析。本章采用的数据均来自 OECD 数据库，因 OECD 从 1995 年才开始系统统计巴西和中国农业支持数据，为保证数据的完整性和准确性，本章仅采用了 1995—2018 年的统计数据进行分析。

1. 中国和世界玉米主产国家和地区玉米补贴政策支持水平变动分析

PSCT 衡量了对某一种农产品支持的生产者收入转移水平。%PSCT 是某一种农产品获得的 PSCT 占该产品经营收入的比率，反映了某一种农产品经营收入中源自农业支持政策的作用。PSCT、%PSCT 值越大，表明对某一种产品支持程度越高，该产品经营收入中源自农业支持政策的比例越高。表 6-5 系统统计了 1995—2018 年美国、欧盟、巴西和中国 4 个国家和地区对玉米的补贴政策支持水平。

表 6-5　　　　　1995—2018 年世界玉米主产国家和地区
玉米补贴政策支持指标估计

年份	美国 PSCT/USD（百万美元）	%PSCT	欧盟 PSCT/USD（百万美元）	%PSCT	巴西 PSCT/USD（百万美元）	%PSCT	中国 PSCT/USD（百万美元）	%PSCT
1995	294.08	1.21	3460.02	45.43	311.96	6.36	3383.65	25.61

续表

年份	美国 PSCT/USD（百万美元）	%PSCT	欧盟 PSCT/USD（百万美元）	%PSCT	巴西 PSCT/USD（百万美元）	%PSCT	中国 PSCT/USD（百万美元）	%PSCT
1996	17.46	0.07	2415.22	27.75	492.54	9.58	-6459.74	-47.61
1997	47.88	0.21	2336.90	31.57	423.82	10.25	23.03	0.21
1998	1775.10	8.57	2546.66	39.12	1112.95	27.03	1320.16	10.09
1999	2641.95	13.34	2677.91	40.85	307.27	9.23	290.35	2.68
2000	2750.46	13.04	1771.47	30.64	962.46	25.48	2107.63	20.54
2001	1464.01	7.25	1483.39	25.15	145.83	6.12	1871.70	16.96
2002	907.60	4.18	1495.05	24.49	181.51	4.61	3062.43	24.98
2003	308.81	1.25	2414.54	35.93	280.18	7.10	3833.00	29.02
2004	2964.43	10.86	698.48	8.83	210.18	4.04	1399.87	8.96
2005	4456.93	16.70	863.35	12.84	1039.96	20.52	3919.98	22.46
2006	138.43	0.43	613.47	8.65	257.17	5.88	5467.33	26.22
2007	-245.85	-0.45	2908.10	22.97	240.15	3.18	9908.06	32.50
2008	2147.27	4.21	1.81	0.01	679.67	5.94	-4069.87	-11.34
2009	2166.64	4.46	2.07	0.02	194.21	2.20	9953.92	23.93
2010	1771.45	2.68	1.49	0.01	176.30	1.88	11010.01	20.87
2011	2894.40	3.64	1.94	0.01	338.94	1.77	1715.49	2.47
2012	2845.67	3.70	0.58	0	188.13	1.01	9549.21	11.81
2013	2997.93	4.64	0.05	0	401.30	2.43	20968.96	23.84
2014	2202.57	4.02	0.47	0	359.67	2.39	25376.65	27.98
2015	2257.61	4.40	0	0	158.99	1.34	21250.77	26.74
2016	2213.92	4.17	0.20	0	1266.35	10.22	14259.87	22.05
2017	2161.85	4.22	0.11	0	216.70	1.63	13641.74	20.60
2018	2097.52	3.88	0.12	0	24.26	0.19	19058.62	25.74

资料来源：OECD 数据库。

从对玉米的 PSCT 来看，1995—2018 年，欧盟、巴西对玉米的 PSCT 总体呈波动下降的趋势，而美国和中国对玉米的 PSCT 总体呈波动上升的趋势。具体来看，欧盟对玉米的补贴额最低，自 1995 年以来，随着共同农业政策的不断改革，欧盟对农业的补贴方式逐渐由价格支持转变为与生产不挂钩的直接补贴，对玉米等农产品的特定补贴额不断减少，2018 年欧盟对玉米的补贴额仅为 12 万美元，比 1995 年减少 34.60 亿美元，年平均下降率为 36.01%。巴西农业支持政策多为非特定产品支持政策，以价格支持政策为主的特定产品支持政策较少，故巴西对玉米的补贴水平一直以来相对较低，且近年来不断下降，2018 年为 0.24 亿美元，比 1995 年减少 92.22%。美国对玉米的补贴水平可分为两个阶段，1995—2007 年，美国对玉米的补贴额相对较低，且波动幅度较大，该阶段玉米年平均补贴额为 13.48 亿美元；2008 年以来，美国对玉米的补贴额普遍提高且趋于稳定，该阶段玉米年平均补贴额提高至 23.42 亿美元，比上一阶段增长 73.73%。1995—2007 年中国对玉米的补贴额主要来自边境贸易保护措施，该阶段补贴水平相对较低，年平均补贴额为 23.17 亿美元；2008 年玉米临时收储政策开始实施，但受当年国际市场玉米价格上涨较快的影响，中国对玉米的补贴额并未显著提高；之后，随着国家对临储玉米收购价格的不断调整，对玉米的补贴额逐渐波动上升，2015 年上升至 212.51 亿美元；2016 年以来，受玉米临储政策改革影响，中国对玉米的补贴额又开始波动下降；2018 年下降至 190.59 亿美元，比 2015 年减少 10.32%，但仍高于同期其他国家（地区）对玉米的补贴额。

从对玉米的 %PSCT 来看，1995—2018 年，美国、欧盟、巴西、中国四个国家和地区玉米补贴率的变化趋势与其玉米补贴额的变化趋势基本一致。具体来看，1995—2008 年，该阶段欧盟对玉米的补贴率相对较高，年平均补贴率为 27.25%，远高于同期美国（5.90%）、巴西（10.72%）和中国（13.28%）对玉米的年平均补贴率；2008 年以来，随着中国玉米临储政策的实施，中国对玉米的补贴率普遍提高，自 2013 年以来已连续六年玉米补贴率超过 20%，而欧盟对玉米的补贴率不断降低，且近年来趋近于 0，美国和巴西玉米补贴率近年来高于欧盟但远低于中国，美国玉米补贴率基本稳定在 4.00% 左右，巴西玉米补贴率则稳定在 2.00% 左右。

综上可知，与欧盟、美国、巴西相比，无论从对玉米的 PSCT 还是 %PSCT 来看，中国对玉米的政策支持水平均相对较高，这表明，与其他玉米主产国家相比，中国实施的玉米补贴政策给政府造成了巨大的财政压力，并且高补贴易对农户传递错误的种植激励，使许多农户通过开荒等方式盲目扩大玉米种植面积，导致生态破坏；另外，较高的玉米补贴也易超过 WTO 规定的对特定农产品的微量允许水平，引起其他国家的不满。

2. 中国和世界玉米主产国家和地区玉米补贴政策支持结构变动分析

各国和地区对单项产品的农业生产者补贴主要通过市场价格支持（MPS）、基于产量的支持（PO）、基于投入品使用的支持（PI）、与产量挂钩的基于现期耕种面积/所得收益/收入总额的支持（PC）和与产量挂钩的基于非现期耕种面积/所得收益/收入总额的支持（PHR）五种支持措施实现。由于国情不同，各国和地区使用政策的侧重点也有所不同。本章选取 1995—1997 年、2006—2008 年、2016—2018 年三个时间段，比较分析各国和地区玉米补贴政策支持结构及其变动。

由图 6-2 可知，除巴西外，美国、欧盟和中国对玉米的政策支持均向 PC 转移。具体来看，美国对玉米的政策支持逐渐由以 PO 为主转变为以 PC 为主。1995—1997 年美国对玉米的政策支持中 PO、PC 所占比重分别为 58.61%、41.39%，2016—2018 年美国玉米政策支持结构变动明显，其中 PO 所占比重大幅下降至 2.41%，而与产量挂钩的 PC 所占比重提高至 95.61%，这表明近年来与现期耕种面积相挂钩的农作物保险补贴逐渐成为美国对玉米补贴的主要措施，而与交售量（抵押量）相关的营销援助贷款补贴的作用日益减弱，其原因可能在于，营销援助贷款往往只能保障农户因玉米市场价格下跌导致的收入损失，与营销援助贷款相比，农作物保险补贴属于收入支持政策，能够同时保障农户因玉米市场价格下跌及玉米产量减少导致的收入损失，因此，农作物保险补贴越来越受农户青睐。欧盟玉米补贴政策支持结构多变，PC 日益占据主导地位。1995—1997 年，欧盟对玉米的政策支持以 MPS 和 PC 为主，所占比重分别为 48.21% 和 51.56%，之后，因国际粮食价格长期处于低位，欧盟边境贸易保护措施的实施使 MPS 在玉米政策支持中作用凸显，2006—2008年欧盟对玉米的政策支持中MPS所占比重高达99.95%，近年来，随着国际粮食价格回升，为减轻欧盟财政负担，欧盟农业补贴政策进一步优化，对市场扭曲程度较高的MPS逐渐取消，PC成为欧盟对玉米的唯一支持方式，该支持方式涉及的补贴政策主要为减少硝酸盐使用的补贴，与MPS相比，该补贴政策既能减轻财政负担，又能调动农户参与环保的积极性。

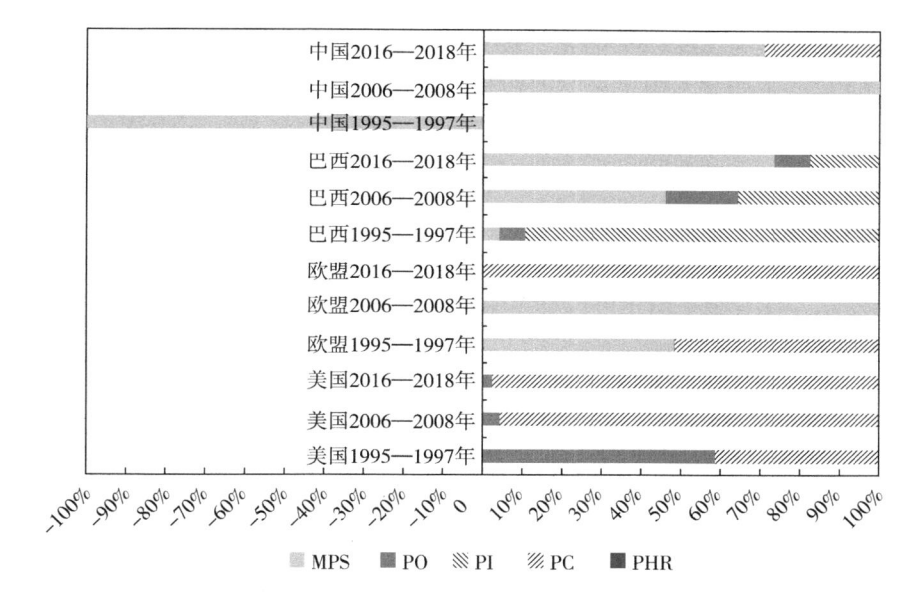

图6-2　1995—2018年世界玉米主产国家和地区玉米补贴政策支持结构

资料来源：OECD数据库。

巴西对玉米的政策支持主要包括MPS、PO和PI三种，MPS和PI在玉米政策支持中所占比重变化明显，其中，MPS所占比重从1995—1997年的4.16%增长至2016—2018年的73.46%，而PI所占比重由1995—1997年的89.33%下跌至17.49%，可见，MPS逐渐成为巴西玉米补贴的主要方式，究其原因可能在于巴西是农业生产大国，玉米是其主要的出口产品，为更好地调动农户玉米种植积极性，促进玉米生产，巴西政府坚持实行更能保障农户收入的价格支持保护政策，不过，巴西对玉米的价格支持政策并不连续，每年会根据国内外玉米价格决定政策是否实施。中国对玉米的政策支持虽仍以 MPS 为主，但 PC 增长明显。2016 年以前，中国对玉米的政策支持均为 MPS，1995—1997 年中国对玉米的 MPS 平均值为负，其原因主要为该阶段虽然中国对玉米实行保护价制度，但由于国际市场玉米价格上扬，使国内玉米保护价低于国际玉米价格，进而使该阶段玉米的 MPS 为负；之后，受国际市场玉米价格下跌及临时收储政策实施影响，中国对玉米的 MPS 由负转正，且 MPS 水平随着玉米临时收储价格的提高而增加，2013—2015 年玉米的 MPS 平均值为 1395.89 亿元，较 2006—2008 年的 302.25 亿元增长了 4.62 倍。近年来，因玉米临时收储政策实施产生的库存积压、财政负担加重等负面效应超过正面效应，2016 年中国开始对玉米实施生产者补贴政策，随着玉米生产者补贴政策的实施，PC 占玉米总支持的比重日益增加，2018 年为 36.08%，相比 2016 年的 25.05% 提高了 11.03 个百分点，表明中国当前实施的玉米补贴政策对玉米价格的扭曲作用正不断减小，这有利于缩小国内外玉米价格差距，进而增强国产玉米国际竞争力。

第四节　政策的回应性分析：农户对政策的认知、评价与期望

一　农户对玉米生产者补贴政策的了解

由表 6-6 可知，绝大部分农户知道玉米生产者补贴政策，但各试点地区农户对玉米生产者补贴政策的了解程度存在差异。具体来看，样本农户中 84.03% 的农户知道玉米生产者补贴政策，其中公主岭市调查的农户中知道玉米生产者补贴政策的比例最高，农安县和元宝山区次之，敖汉旗调查的农户中知道玉米生产者补贴政策的比例最低，其原因可能为公主岭市、农安县和元宝山区均为玉米优势产区，当地政府重视玉米生产者补贴政策的宣传，当地农户也普遍关注与玉米相关的补贴，当地农户对玉米生产者补贴政策的了解程度相对较高；而敖汉旗为小米主产区，种植玉米产量较低，因此，当地农户对玉米生产者补贴政策的了解程度相对较低。进一步考察农户对玉米生产者补贴政策具体内容的了解程度，当问及是否清楚玉米生产者补贴标准和补贴依据时，

68.07%的农户回答知道玉米生产者补贴标准，73.95%的农户回答知道玉米生产者补贴依据，可见，一些农户仅限于知道玉米生产者补贴政策，但对政策主要内容一无所知。

表6-6　样本农户对玉米生产者补贴政策的了解程度和渠道　　单位：%

项目	内蒙古自治区 敖汉旗	内蒙古自治区 元宝山区	内蒙古自治区 总计	吉林省 公主岭市	吉林省 农安县	吉林省 总计	两省（区）合计
\multicolumn{8}{c}{1. 是否知道玉米生产者补贴政策}
知道	76.92	80.65	78.57	100	81.82	91.84	84.03
不知道	23.08	19.35	21.43	0	18.18	8.16	15.97
\multicolumn{8}{c}{2. 是否清楚玉米生产者补贴标准}
清楚	64.10	70.97	67.14	70.37	68.18	69.39	68.07
不清楚	35.90	29.03	32.86	29.63	31.82	30.61	31.93
\multicolumn{8}{c}{3. 是否清楚玉米生产者补贴依据}
清楚	64.10	77.42	70.00	85.19	72.73	79.59	73.95
不清楚	35.90	22.58	30.00	14.81	27.27	20.41	26.05
\multicolumn{8}{c}{4. 生产者补贴政策信息来源渠道（多选）}
村干部	51.28	54.84	52.86	81.48	72.73	77.55	63.03
广播、电视及网络等媒介	5.13	0	2.86	33.33	22.73	28.57	13.45
亲邻好友	46.15	41.94	44.29	25.93	22.73	24.49	36.13
其他	0	3.23	1.43	18.52	4.55	12.24	5.88

资料来源：农户调研数据。

在考察农户对玉米生产者补贴政策的了解渠道时，问卷设计了"村干部""广播、电视及网络等媒介""亲邻好友""其他"四个选项，调研结果显示，村干部和亲邻好友是农户了解玉米生产者补贴政策的主要渠道，样本农户中平均63.03%的农户通过村干部了解到玉米生产者补贴政策，平均36.13%的农户从亲邻好友获得该补贴政策的相关信息，平均13.45%的农户通过广播、电视及网络等媒介了解到玉米生产者补贴政策。

二 样本农户对玉米生产者补贴政策的评价

表6-7和表6-8反映了不同地区和不同类型农户对玉米生产者补贴政策的评价情况。由表中结果可知，整体上看，农户对玉米生产者补贴政策的评价较高，除普遍认为玉米生产者补贴标准一般外，农户对玉米生产者补贴发放时间、发放程序和补贴依据的评价均较高。89.08%的农户认为玉米生产者补贴发放及时，84.87%的农户认为玉米生产者补贴发放程序非常简便或简便，84.03%的农户对玉米生产者补贴依据非常满意或满意。

表6-7　不同地区农户对玉米生产者补贴政策的评价　　单位：%

项目	内蒙古自治区			吉林省			两省（区）平均值
	敖汉旗	元宝山区	平均值	公主岭市	农安县	平均值	
1. 对玉米生产者补贴标准的评价						
较高	9.68	23.08	17.14	62.96	18.18	42.86	27.73
一般	41.94	43.59	42.86	29.63	54.55	40.82	42.02
较低	48.38	33.33	40.00	7.41	27.27	16.32	30.25
2. 对玉米生产者补贴发放时间的评价						
发放及时	94.87	83.87	90.00	96.30	72.72	87.76	89.08
发放较晚，导致备耕资金不足	2.56	0	1.43	3.70	18.18	8.16	4.20
发放较晚，但备耕资金充足	2.57	16.13	8.57	0	9.10	4.08	6.72
3. 对玉米生产者补贴发放程序的评价						
非常简便或简便	100.00	90.32	95.71	70.37	68.18	69.39	84.87
一般	0	9.68	4.29	18.52	27.27	22.45	11.76
不简便或非常不简便	0	0	0	11.11	4.55	8.16	3.37
4. 对玉米生产者补贴依据的评价						
非常满意或满意	97.44	70.97	85.71	96.30	63.64	81.63	84.03
一般	2.56	19.35	10.00	3.70	31.82	16.33	12.61
不满意或非常不满意	0	9.68	4.29	0	4.54	2.04	3.36

资料来源：农户调研数据。

表 6-8　　不同类型农户对玉米生产者补贴政策的评价　　单位：%

项目	不同耕地规模			不同兼业户	
	15亩以下	15—50亩	50亩以上	纯农户	非纯农户
1. 对玉米生产者补贴标准的评价					
较高	17.46	39.58	40.00	33.82	22.45
一般	49.21	35.42	50.00	41.18	51.02
较低	33.33	25.00	10.00	25.00	26.53
2. 对玉米生产者补贴发放时间的评价					
发放及时	82.54	95.83	90.00	94.12	83.67
发放较晚，导致备耕资金不足	11.11	0.00	10.00	4.41	6.12
发放较晚，但备耕资金充足	6.35	4.17	0.00	1.47	10.20
3. 对玉米生产者补贴发放程序的评价					
非常简便或简便	85.71	85.42	100.00	89.71	81.63
一般	14.29	6.25	0.00	7.35	14.29
不简便或非常不简便	0.00	8.33	0.00	2.94	4.08
4. 对玉米生产者补贴依据的评价					
非常满意或满意	73.02	100.00	100.00	92.65	77.55
一般	20.63	0.00	0.00	2.94	20.41
不满意或非常不满意	6.35	0.00	0.00	4.41	2.04

资料来源：农户调研数据。

分地区来看，各地区对玉米生产者补贴政策的评价具有一定差异。在对玉米生产者补贴标准的评价中，敖汉旗调研样本中 48.38% 的农户认为较低，41.94% 的农户认为一般，仅 9.68% 的农户认为较高；而公主岭市调研样本中 62.96% 的农户认为较高，29.63% 的农户认为一般，仅 7.41% 的农户认为较低；其他调研地区多数农户认为一般。对玉米生产者补贴标准的评价存在差异的原因可能为敖汉旗为玉米种植非优势产区，由于国家鼓励将补贴资金向优势产区分配，该地区玉米生产者补贴标准较低，不足以保障农户种粮水平；而公主岭市及其他调研地区均为玉米优势产区，补贴水平相对较高，因此，当地农户对补贴标准较为满意。在对玉米生产者补贴发放时间、发放程序和补贴依据的评价中，各地区农户普遍认为玉米生产者补贴发放时间及时、发放程序简便、补贴依据合理。

分不同规模农户看，农地经营规模越大的农户对玉米生产者补贴政策的评价越高，在农地经营规模为 50 亩以上的样本户中，90%的农户认为玉米生产者补贴标准较高或一般，90%的农户认为玉米生产者补贴发放及时，100%的农户认为玉米生产者补贴发放程序非常简便或简便，100%的农户对玉米生产者补贴依据非常满意或满意。这四个比例比农地经营规模在 15 亩以下的样本农户中的比例分别高 23.33 个百分点、7.46 个百分点、14.29 个百分点、26.98 个百分点。农地经营规模越大农户对玉米生产者补贴政策评价越高的原因可能为玉米生产者补贴按实际种植面积补贴，在补贴标准确定的情况下，农户耕地面积越多，农户得到的补贴额越多，进而使耕地规模大的农户对玉米生产者补贴政策的满意度高。

分纯农户和非纯农户看，纯农户对玉米生产者补贴政策的评价高于非纯农户，在纯农户的样本农户中，33.82%的农户认为玉米生产者补贴标准较高，94.12%的农户认为玉米生产者补贴发放及时，89.71%的农户认为玉米生产者补贴发放程序非常简便或简便，92.65%的农户对玉米生产者补贴依据的评价为非常满意或满意。这四个比例在非纯农户中分别为 22.45%、83.67%、81.63% 和 77.55%，导致这种差异的原因可能是非纯农户种植面积一般较小，按实际种植面积补贴时，其获得的补贴额较小，进而非纯农户对玉米生产者补贴政策的评价相对较低。

三 对农户政策认知及评价情况的思考

上述统计分析可以发现，大部分农户知道玉米生产者补贴政策，但对玉米生产者补贴政策的主要内容即补贴标准、补贴依据的了解程度有限。在玉米生产者补贴政策评价方面，农户对玉米生产者补贴发放时间、发放程序和补贴依据的满意度较高，但对补贴标准的满意度较低，超过30%的农户认为玉米生产者补贴标准较低，在调研中，也有许多农户提出疑问"怎么种玉米给的钱一年比一年低，钱去哪里了？"农户对玉米生产者补贴标准越来越低的认知可能是由农户对补贴标准确定方式的不理解造成的。根据调研结果知，73.95%的农户不知道玉米生产者补贴标准确定方式。回顾玉米生产者补贴标准计算方法：首先，中央综合考虑粮食供求关系、农户种粮基本收益、促进种植结构调整、中央财政承受能力等因素确定亩均补贴水平，并根据当年亩均补贴水平与基期各省（区）玉米播种面积测算中央财政对各省（区）的补助额度；其次，省（区）按照玉米基期播种面积和产量各占一定比例确定对市县的补贴额度；最后，各市县按照省（区）下达资金及玉米种植面积计算本市县玉米生产者补贴标准。国家在确定亩均补贴水平时考虑农户种粮基本收益，这意味着玉米价格将在考虑之内，近年来随着玉米价格的回升，中央确定的亩均补贴水平将有所下降，进而使中央下拨至各省（区）的补贴额度减少，并最终导致玉米生产者补贴标准下降；省财政按玉米种植面积和产量确定对市县的补贴额度，这意味着各地区玉米生产者补贴标准将存在差异。可见，玉米生产者补贴标准确定方式较复杂，若农户对此不了解，就不可避免地产生"为什么我们这的补贴标准比别处低？""为什么玉米生产者补贴水平一年比一年低？"的疑问，影响农户对玉米生产者补贴政策的认知水平，进而影响补贴政策对农户种植行为的引导作用。

四 农户对补贴依据的期望及种植动机

表6-9统计分析了农户对玉米生产者补贴依据的期望及种植玉米时考虑的主要因素。在总样本中，84.87%的农户倾向于按玉米实际种植面积补贴，11.76%的农户倾向于按玉米销售量补贴，2.52%的农户倾向于按一定比例的玉米种植面积和产量补贴。这一结果表明多数农户认可当前按照玉米实际种植面积进行补贴的方式，与前文分析结果一致。

表 6-9 农户对玉米生产者补贴依据的期望及种植玉米时考虑的主要因素

项目	占比（%）
1. 更倾向的生产者补贴依据（单选）	
按玉米实际种植面积补贴	84.87
按玉米销售量补贴	11.76
按一定比例的玉米种植面积和产量补贴	2.52
按玉米承包种植面积补贴	0.85
2. 种植玉米时考虑的主要因素（多选）	
种植习惯	49.58
相比其他农作物，玉米种植利润高	21.01
玉米种植省时省力	15.13
耕地条件	12.61
玉米生产者补贴政策扶持力度	9.24
其他	1.68

资料来源：调研数据。

对农户种植玉米原因进行分析，49.58%的农户选择"种植习惯"，公主岭市和农安县等调研地区为传统的玉米主产区，农户祖辈都在种植玉米，种植玉米已成为习惯。21.01%的农户选择"相比其他农作物，玉米种植利润高"，与其他等作物相比，玉米产量高且相对稳定，在价格差距不大时，农户种植玉米可能收益更高。15.13%和12.61%的农户分别选择"玉米种植省时省力""耕地条件"，随着劳动力价格的提高，越来越多的农户倾向外出务工，这致使农户更愿意种植相对省工省时的农作物，与谷子这种需精细化种植的农作物相比，种植玉米相对省工省力。选择"玉米生产者补贴政策支持力度"的农户占9.24%，占比较小的原因可能为玉米生产者补贴标准较低，对农户激励作用有限，因此多数农户不将其考虑在内。还有1.68%的农户选择"其他"一项，主要出于对增加农作物品种以降低风险的考虑。

第五节 本章小结

本章的主要任务是在利用宏观数据和微观调研数据测算玉米生产者补贴政策的政策成本的基础上，运用 WTO 和 OECD 两种国际公认的农业政策评价指标体系评价中国对玉米这一特定农产品的支持水平，并进一步根据农户微观调研数据了解玉米生产者的政策反响。

利用宏微观数据分析玉米生产者补贴的政策成本得出如下结论。第一，从玉米生产者补贴政策的财政成本来看，玉米生产者补贴政策实施后玉米补贴资金总额大幅下降，同时，生产者补贴政策要求农户随行就市销售玉米，库存积压情况不复存在，进而导致玉米生产者补贴政策实施后玉米库存成本大幅下降。第二，从玉米生产者补贴政策执行成本来看，县、乡（镇）两级的玉米生产者补贴政策执行成本较高，主要花费在补贴面积核查和印制材料上。比较玉米生产者补贴政策时期与原先的临时收储政策时期政府各部门执行成本，临时收储政策时期国家委托中储粮总公司负责粮食收购工作，农财部门几乎没有成本支出，生产者补贴政策实施在一定程度上增加了各级政府部门的执行成本，但执行成本并不高，且随着对补贴工作的熟悉，政策的执行成本可能进一步降低。第三，从整个政策成本来看，玉米生产者补贴政策的政策成本要远低于玉米临时收储政策的政策成本，并且玉米临时收储政策实施后期逐渐变为对玉米敞开收购，导致政府财政支出不确定性增加，而玉米生产者补贴政策按一定的补贴标准和农户玉米种植面积进行补贴，其财政支出更可控。

利用国际公认的两种政策评估指标体系评价中国对玉米这一特定农产品的支持水平得出如下结论。第一，从 WTO 口径下玉米补贴政策支持水平来看，玉米生产者补贴政策的实施扭转了玉米补贴多年突破 WTO 规则的困境。玉米临时收储政策实施初期玉米"黄箱"支持水平一直低于微量允许水平，但随着临时收储价格的不断提高，自 2013 年开始玉米"黄箱"支持水平逐渐突破微量允许上限并持续走高，直至玉米生产者补贴政策实施后，玉米"黄箱"支持量才逐渐下降至微量允许水平之下。第二，从 OECD 口径下玉米补贴政策支持水平来看，虽然玉米临时收储政策改革后中国对玉米的政策支持水平有所下降，但与美国、欧盟、巴西等玉米主产国家和地区相比，中国对玉米的政策支持水平仍较高，并且受玉米关税配额管理等边境贸易保护措施影响，中国玉米补贴政策支持结构仍以 MPS 为主，而当前美国、欧盟对玉米的政策支持以 PC 为主，过多的市场价格支持背后折射出的是中国玉米综合生产能力和竞争力的差距。

从对样本地区农户政策认知及满意度的分析看，大部分农户知道玉米生产者补贴政策，但对玉米生产者补贴政策的主要内容即补贴标准、补贴依据的了解程度有限。农户对玉米生产者补贴发放时间、发放程序和补贴依据的满意度较高，但对补贴标准的满意度较低。此外，通过对农户种植动机的分析发现，农户作出种植决策并非完全取决于可观测的成本与收益，换言之，农户进行不同作物的生产决策时，除账面收益外，还有一些无法统计的考量。由此，也证实了本书采用 PMP 模型分析农户种植及生产行为的合理性：PMP 模型对收益较高的农产品进行标定约束的做法，其基本假设就在于认为农产品生产过程中伴随着不可观测的成本。

第七章 玉米生产者补贴政策的优化

在前文分析了玉米生产者补贴政策的政策效果后,本书的研究最终落脚到如何优化玉米生产者补贴政策。本章的内容主要分为两部分:首先,以美国和欧盟为例归纳国外玉米补贴政策变化给予的启示,分析中国玉米生产者补贴政策未来的可能走向;其次,运用 PMP 模型模拟分析不同补贴方式及标准下玉米生产者补贴政策对农户生产和收入的影响,旨在通过比较模拟结果得出哪种补贴方式能够在提升优势产区产能的同时更好地维护种植结构调整成果,以期为中国玉米生产者补贴政策的进一步完善提供参考。

第一节 国外玉米补贴政策演变及启示

美国和欧盟是世界玉米主要生产国家和地区,根据 FAO 的统计数据,2020 年美国和欧盟玉米产量合计为 4.28 亿吨,占世界玉米总产量的 36.83%。美国和欧盟农业补贴政策实施时间较早,经历了多次改革,农业政策支持体系较完善,因此,本章重点分析了美国和欧盟玉米补贴政策的演变,以期为中国玉米生产者补贴政策的完善提供参考。

一 美国玉米补贴政策变动分析

美国是世界上最大的玉米生产国和出口国,其玉米产业的发展不仅依赖优越的自然环境、先进的科学技术,还得益于成熟的农业支持体系。美国从 1933 年起就对玉米实施无追索权贷款补贴,之后,随着国内外农业环境的变化,美国不断调整其玉米补贴政策,表 7-1 总结了美国在不同时期实施的主要玉米补贴政策。

表 7-1　　　　　　　　　美国玉米补贴政策演变

政策名称	实施阶段
无追索贷款补贴	1933—1991 年
农作物保险补贴	1945 年至今
营销援助贷款	1991 年至今
贷款差额补贴	1991 年至今
生产灵活性合同支付	1996—2002 年
固定直接补贴	2002—2013 年
反周期支付	2002—2013 年
价格损失保障补贴	2014 年至今

第一，无追索贷款补贴。20 世纪 30 年代受美国资本主义经济危机影响，国际农产品市场需求萎缩，美国出现农产品生产过剩问题，为解决农产品过剩供给问题，美国出台了《农业调整法》，该法案指出对玉米等主要农作物实施无追索贷款政策。玉米无追索贷款补贴是美国政府为稳定玉米价格而授权农产品信贷公司向参与农业生产计划的农场主[①]提供的一笔为期 9—10 个月的短期抵押贷款。该贷款由政府按照一定原则预先确定单位玉米可获得的贷款金额（贷款率），农场主按公布的贷款率和申请贷款的玉米抵押数量向农产品信贷公司申请贷款，当玉米收获后，如果市场价格在贷款率加利息之上，则农场主可以按市场价格出售玉米，并以现金形式向农产品信贷公司还本付息；如果贷款期限内市场价格一直低于贷款率，则农场主可直接把收获的玉米交给农产品信贷公司，并获得贷款，农产品信贷公司无权追索实物价值低于贷款本息部分的还款责任。

第二，营销援助贷款和贷款差额补贴。营销援助贷款和贷款差额补贴是同一个政策的两种不同支持方式。20 世纪 80 年代，受日益增长的农产品补贴支出的影响，美国财政不堪重负，美国政府决定对国内农业

---

① 参与停耕、休耕等计划，按配额计划生产、销售的农场主。

补贴政策进行调整，废除政府收购玉米等农产品的价格支持机制，逐渐把无追索贷款转变为营销援助贷款。与无追索贷款相比，玉米营销援助贷款的不同之处在于：当玉米市场价格一直低于贷款率时，农场主无权用抵押的玉米偿还贷款，而必须随行就市，然后用现金按照国内玉米市场价格和最低还款率两者中的较低者偿还贷款，还款额低于贷款率加利息的部分即营销援助贷款收益。玉米贷款差额补贴则是指当玉米市场价格低于贷款率时，如果有资格申请营销援助贷款的农场主放弃申请该贷款并选择随行就市，政府将按照法定还款率和法定贷款率的差额部分给予补贴。

第三，生产灵活性合同支付、固定直接支付和反周期支付。生产灵活性合同支付按照基期既定的支付面积、支付单产和直接支付率确定，与当年的实际生产情况和价格无关。2002年以来，美国政府连续12年对玉米等农作物实施固定直接支付补贴政策和反周期支付补贴政策，这些补贴政策的实施在保护农民收益、增强农产品国际竞争力等方面发挥了重要作用。玉米固定直接支付是指政府预先把对玉米的支付率在法案中明确规定下来，然后按照农场核定的玉米种植基础面积的85%乘以历史单产得到的固定产量进行发放，具体计算公式为"补贴额＝支付率×历史单产×基础面积×85%"，其中，2002—2013年美国玉米的直接支付率均为0.28美元/蒲式耳，基础面积为1998—2001年玉米种植面积平均值，历史单产为1995年的玉米单产水平。玉米反周期支付是以玉米基期固定产量为基础，以目标价格与有效价格的价差为支付率对农户进行的补贴，其具体计算公式为"补贴额＝（目标价格－有效价格）×基础面积×85%×历史单产"，其中，玉米的目标价格在2002年和2008年法案中明确规定，2002—2003年玉米的目标价格为2.6美元/蒲式耳，2004—2013年玉米的目标价格为2.63美元/蒲式耳；有效价格是全国平均市场价格和贷款率中较高者与直接支付之和，基础面积和历史单产的确定与直接支付相同。

第四，价格损失保障补贴和农作物保险补贴。2014年美国新法案取消了直接支付、反周期支付，对玉米等作物开始实施价格损失保障补贴，该项补贴是对反周期支付补贴政策的调整，是以基期产量和现行价格为基础进行的补贴，其补贴额为补贴率、补贴单产、基础面积和面积补贴系数（85%）的乘积，具体计算公式为"补贴额=补贴率×补贴单产×85%×基础面积"，其中，补贴率为参考价格与年度全国平均市场价格的差额，参考价格在美国农业法案中明确规定，2014年法案规定的2014—2018年的玉米参考价格为3.7美元/蒲式耳，补贴单产按照2008—2012年玉米单产的90%作为标准，基础面积为2009—2012年玉米种植面积的平均值。美国联邦农作物保险始于1938年，小麦是最先被承保的作物品种，后随着农业保险法的不断完善，1945年玉米开始被纳入保险品种，玉米的保险产品主要是产量保险产品和收入保险产品，产量保险是当玉米因自然灾害原因导致产量损失时给予的保险，其赔偿额的计算公式为"赔偿额=预测价格×（保障单产-实际单产）"，其中，玉米预测价格由美国农业部所属的风险管理署根据期货市场的平均价格确定，保障单产为实际历史产量与保障水平的乘积，实际历史单产为最近5年玉米产量的移动平均值，保障水平则为50%—85%；收入保险是在产量保险的基础上考虑了价格因素，购买收入保险的农场主可以获得因玉米市场价格下降得到的保险，其具体计算公式为"赔偿额=保障收入-实际收入"，其中，保障收入为保障产量与预测价格和收获价格中的较高者的乘积。

二 欧盟玉米补贴政策变动分析

玉米是欧盟重要的粮食作物和出口作物，一直以来，欧盟都重视对玉米的补贴。从1962年开始，欧盟先后对玉米主要实施了价格支持政策、直接补贴政策。

第一，价格支持政策。20世纪60年代，欧盟许多成员国粮食短缺，为保障粮食安全，实现粮食自给，欧盟对玉米等主要农作物实施了目标价格、干预价格和门槛价格等价格支持政策。其中，玉米目标价格是由欧盟部长理事会每年年初根据玉米在共同体市场上的最高价格确定的，是玉米价格的上限，当玉米的市场价格高于目标价格时，政府将通过抛售玉米来平抑价格，使其价格稳定在目标价格之下。玉米干预价格是玉米价格的下限，当市场上玉米供过于求，玉米价格下降到干预价格以下时，欧盟农产品干预中心将以该价格收购过剩玉米，以使玉米市场价格稳定在干预价格水平，保障农民的最低收入。玉米门槛价格是针对进口玉米制定的最低价格,是以目标价格与进口该农产品的运输费用和储藏费用的差额为依据制定的,当玉米进口价格低于该价格时,欧盟将按差额对进口玉米征收关税,以使进口玉米价格稳定在目标价格水平,有效避免了玉米进口对欧盟玉米产业的冲击。

第二,直接补贴政策。欧盟多年的补贴政策造成农产品的过剩供给,并引起了财政负担过重等问题,为从根本上解决农产品过剩问题,增强农业竞争力,1992年欧盟对共同农业政策进行全面调整,指出欧盟将分阶段降低玉米等农产品的价格支持水平,实施与面积挂钩的直接补贴政策。玉米直接补贴是以不同生产区玉米平均单产水平为基础给予的补贴,其计算公式为"玉米每公顷面积支付金额=生产区玉米平均单产水平×玉米每吨补贴额",其中:玉米平均单产是以欧盟1989—1991年的单产数据为基础计算的;生产区玉米平均单产水平是由各成员国在保持国家平均单产水平的基础上,根据本国具体情况划分不同的生产区域后确定的各国生产区的单产水平;每吨补贴额由欧盟确定,确定的基本思路为保证欧盟各种作物每公顷面积支付额基本相等。受不同生产区玉米单产水平不同的影响,玉米每公顷面积支付额也将不同。但2003年欧盟再次进行共同农业改革,取消了直接补贴方式,开始实行与生产完全脱钩的"单一补贴"与"单一区域补贴",单一补贴主要在欧盟15个老成员国中实施,而"单一区域补贴"主要在欧盟12个新成员国中实施,"单一补贴"和"单一区域补贴"均为基于每个农户所拥有的合格土地数量(合格土地数量是指保持良好农业及环境条件的土地数量)及单位面积支付额而给予农户的补贴,两者的不同之处在于新成员国实施"单一区域补贴"无须全部满足交叉遵守原则,农户满足良好农业及环境条件即可获得补贴。至此,欧盟农业补贴开始正式由挂钩直接支付转变为脱钩直接补贴。

三 国外玉米补贴政策演变的启示

1. 政策工具逐渐由价格支持转向生产者直接支持,直接支持由与生产挂钩走向脱钩

早期各国和地区的玉米补贴政策均以价格支持措施为主。乌拉圭回合谈判之后,农业政策强调发挥市场机制的作用,美国和欧盟开始逐渐

降低对价格支持政策的依赖程度,更多转向对生产者的直接补贴。美国和欧盟在由价格支持政策转变为直接补贴的过程中,一般先将价格支持转变为与农户实际种植面积挂钩的直接补贴,再进一步将挂钩直接补贴转向脱钩直接补贴,逐步实现由"黄箱"向"绿箱"的转变。比如,欧盟先将价格支持转变为与产量挂钩的基于现期种植面积的支持,再进一步转变为与农户所拥有的合格土地数量挂钩,但与农户生产行为无关的"绿箱"补贴方式;美国目前实施的价格损失保障补贴实质上仍为差价补贴,但因其补贴依据为基期种植面积的85%乘基期单产,所以为"半脱钩化"的补贴方式。

2. 玉米补贴政策实施以市场化为导向

1992年之前,欧盟共同农业政策以价格支持为主,但设置的政策价格过高,导致农产品过剩问题一度严重,财政负担重,迫于财政预算压力,欧盟对农业政策进行调整,调整后直接支付政策逐渐取代价格支持政策,在保障农户收入方面发挥重要作用。美国在20世纪80年代开始将农业补贴政策向市场化方向调整。1985年美国《食品保障法》颁布,该法案规定减少补贴对市场的干预,按照基期面积对玉米等农作物进行补贴。1996年美国颁布《联邦农业促进和改革法案》,开始对农产品实施与当期生产及价格不相关的直接补贴政策。此后,美国农业补贴政策经历了一系列改革,但农业政策的操作方式仍以与当期面积、单产无关但与当期价格相关的半挂钩补贴和与当期面积、单产、价格均无关的完全脱钩补贴为主。

第二节 玉米生产者补贴政策进一步优化——基于不同补贴方式及标准下的比较分析

玉米生产者补贴政策实施初期,国内玉米产量、进口量和库存量"三量齐增",在此背景下,玉米生产者补贴政策的主要目标是促进种植结构调整,调减玉米种植面积,经过多年的试点实践,玉米生产者补贴政策基本实现了调减玉米种植面积的目标。近年来,国内外玉米市场环境发生了新的变化,玉米种植面积的减少导致玉米产量下降,而国内饲料需求稳步增加,下游深加工企业产能也继续增加,国内玉米市场开始呈现供需偏紧状态，玉米价格大幅提高，多数下游加工企业无法接受高企的玉米价格，导致近年来玉米进口量大幅增加。由图7-1可知，2020年中国玉米进口量高达1129.42万吨，较2016年的299.18万吨增长了2.78倍，年均增长率为39.39%。为改变玉米供需偏紧状态，保障玉米等重要农产品有效供给数量，《农业农村部关于落实党中央、国务院2020年农业农村重点工作部署的实施意见》强调，既要巩固结构调整成果又要提升优势产区玉米产能；2021年，《农业农村部关于落实好党中央、国务院2021年农业农村重点工作部署的实施意见》更是明确指出2021年东北和黄淮海等地区增加玉米面积1000万亩以上。在此背景下，2021年各地区玉米生产者补贴标准均有所提高，补贴标准的提高有利于优势产区玉米种植面积的提高，但由本书第五章的模拟结果可知，在当前与玉米实际种植面积挂钩的补贴方式下，补贴标准少量的提高可能导致非优势产区玉米种植面积回升至种植结构调整之前，这不利于巩固结构调整成果，因此，有必要调整非优势产区玉米补贴发放方式，使在保障农户收益的同时能够更好地巩固种植结构调整成果。

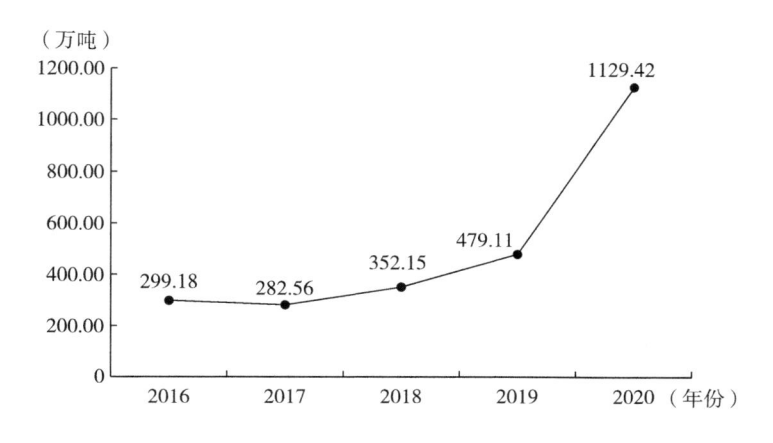

图7-1 2016—2020年中国玉米进口量

资料来源：中国海关数据库。

由前文对国外玉米补贴政策演变的梳理可知，国外尤其欧盟补贴政策经历了由价格支持转变为以实际种植面积为补贴依据的直接支持，再转变为以基期固定面积为补贴依据的直接支持，补贴与农户生产行为实现脱钩。中国玉米补贴已实现了由市场价格支持到以实际种植面积为补贴依据的直接支持的转变，若进一步转变为与基期面积挂钩的补贴是否能在提升优势产区玉米产能的同时巩固结构调整成果，本章接下来将对其进行分析。此外，部分学者认为，按照销售量发放生产者补贴的方式更有利于调整种植结构、提高土地产出率，并且在信息技术的支持下，以销售量为依据的补贴方式是可行的（宫斌斌等，2021）。鉴于此，本书另外选取按基期种植面积补贴和按商品粮数量补贴两种补贴方式，模拟分析不同补贴方式及不同补贴标准下玉米生产者补贴政策对农户生产和收入的影响，并与按实际种植面积补贴时相比，以了解各补贴方式的优劣，为玉米生产者补贴政策的进一步完善提供优化建议。

本部分继续运用 PMP 模型进行分析，该模型在第五章已进行详细介绍，不过，由于补贴形式不同，模型设定的表达式也有所不同：前文中补贴与实际种植面积挂钩，补贴项以 $\sum_{i}(p_i y_i + sub_i) X_i$ 方式引入方程；本章中补贴与基期种植面积挂钩时，补贴项以 $\sum_{i} p_i y_i X_i + sub_i$ 方式引入方程；补贴与农户出售的商品粮数量挂钩，补贴项将以 $\sum_{i}(p_i + sub_i) y_i X_i$ 方式引入方程。

一 模型的情景设置

模型的情景设置见表 7-2。本书将以对玉米实施临时收储政策、对大豆实施目标价格补贴政策时农户的生产状况模拟值作为基准情景。通过变动相关参数模拟不同补贴情景下农户玉米种植面积、玉米产量和种植业纯收入情况，并与基期值比较，两者的差值即表现为玉米生产者补贴政策对农户玉米种植面积、玉米产量和种植业纯收入的影响。本书共设置了三种模拟情景，模拟情景Ⅰ模拟了玉米生产者补贴政策的实际作用效果。模拟情景Ⅱ模拟不同补贴方式下玉米生产者补贴政策的作用效果。该模拟情景在模拟情景Ⅰ的基础上将玉米生产者补贴政策分别与基期种植面积和商品粮数量挂钩，模拟玉米生产者补贴政策实施效果在不同补贴方式下的差异。模拟情景Ⅲ模拟短期内玉米生产者补贴标准提高对农户生产和收入的影响。根据短期内玉米生产者补贴标准适当提高的假设，将生产者补贴标准按 25%、50%、100% 的增长幅度设置了三个档次。

表 7-2　　　　　　　　　　　PMP 模型的情景设置

情景	描述	设置情景目的
基准情景	玉米、大豆分别实施临时收储政策、目标价格补贴政策（2015 年标准），玉米价格以临储价格为准，其他农产品价格为调研期间农户实际销售价格	设置对照基期
模拟情景 I	保持大豆补贴政策在基期不变，对玉米实施生产者补贴政策（2020 年标准），玉米价格为调研期间农户实际销售价格，其他参数保持基期不变	剔除大豆补贴政策变化的影响，客观评价玉米生产者补贴的效果
模拟情景 II	在模拟情景 I 的基础上，将玉米生产者补贴分别与基期种植面积和商品粮数量挂钩，其他保持不变	模拟玉米生产者补贴政策不同补贴方式的差异
模拟情景 III	在模拟情景 I 和模拟情景 II 的基础上，将玉米生产者补贴标准分别提高 25%、50% 和 100%，其他保持不变	模拟不同补贴方式及标准下玉米生产者补贴政策的效果

二　不同补贴方式及标准下玉米生产者补贴政策对玉米种植面积的影响

表 7-3 报告了不同补贴方式及标准下玉米生产者补贴政策对不同规模农户玉米种植面积的影响。由表中结果可知，第一，如果玉米生产者补贴以基期种植面积为补贴依据，那么在当前补贴标准下，这种补贴方式对农户玉米种植面积的影响不同于按实际种植面积为补贴依据的补贴方式。按照实际种植面积补贴时，优势产区各种类型农户均增加玉米种植面积，非优势产区各种类型农户均减少玉米种植面积；而按照基期种植面积补贴时，优势产区和非优势产区各种类型农户均将减少玉米种植面积，进一步比较可知，按基期种植面积补贴更能促进非优势产区农户调减玉米种植面积。其原因主要为按基期种植面积补贴为脱钩补贴，不对农户生产决策行为造成影响，而按实际种植面积补贴为挂钩补贴，该补贴方式将引导农户生产行为，在一定程度上刺激农户扩大玉米种植面积，进而导致按基期种植面积补贴时农户调减玉米种植面积幅度更大。第二，如果玉米生产者补贴以商品粮数量为补贴依据，那么在当前补贴标准下，这种补贴方式对各产区玉米种植面积的影响与按实际种植面积为补贴依据的影响基本相同，在优势产区促使各规模农户增加玉米

种植面积，而在非优势产区调减农户玉米种植面积，不过，该补贴方式下优势产区玉米种植面积增长幅度大于按实际种植面积补贴时的幅度，非优势产区玉米种植面积调减幅度小于按实际种植面积补贴时的幅度。其原因主要在于按玉米实际种植面积补贴时，农户耕地面积有限，导致可获得的补贴相对稳定，对农户激励作用有限，而按销售量补贴时，该补贴方式综合考虑了种植面积和单产两个因素，在对面积和产量补贴的双重作用下农户扩大玉米种植面积的意愿更强。

表 7-3　　不同补贴方式及标准下玉米生产者补贴政策对不同规模农户玉米种植面积影响的模拟结果　　单位：亩/户

补贴标准	农户规模	实际种植面积（与生产挂钩）优势产区	实际种植面积（与生产挂钩）非优势产区	基期种植面积（与生产脱钩）优势产区	基期种植面积（与生产脱钩）非优势产区	商品粮数量（与生产挂钩）优势产区	商品粮数量（与生产挂钩）非优势产区
当前标准	大	0.34%（0.14）	-0.51%（-0.19）	-1.02%（-0.42）	-3.68%（-1.35）	0.35%（0.14）	-0.49%（-0.18）
当前标准	小	0.44%（0.04）	-0.30%（-0.03）	-1.18%（-0.10）	-3.24%（-0.35）	0.49%（0.04）	-0.25%（-0.03）
标准提高25%	大	0.67%（0.27）	0.28%（0.10）	-1.02%（-0.42）	-3.68%（-1.35）	0.69%（0.29）	0.30%（0.11）
标准提高25%	小	0.82%（0.07）	0.35%（0.04）	-1.18%（-0.10）	-3.24%（-0.35）	0.91%（0.07）	0.49%（0.05）
标准提高50%	大	1.02%（0.42）	1.07%（0.39）	-1.02%（-0.42）	-3.68%（-1.35）	1.04%（0.43）	1.09%（0.40）
标准提高50%	小	1.25%（0.10）	1.15%（0.12）	-1.18%（-0.10）	-3.24%（-0.35）	1.33%（0.11）	1.19%（0.13）
标准提高100%	大	1.67%（0.69）	2.66%（0.97）	-1.02%（-0.42）	-3.68%（-1.35）	1.72%（0.71）	2.67%（0.98）
标准提高100%	小	2.01%（0.16）	2.60%（0.28）	-1.18%（-0.10）	-3.24%（-0.35）	2.16%（0.18）	2.70%（0.29）

注：括号中为变化的绝对数。

资料来源：PMP 模型模拟结果。

如果提高补贴标准，整体上看，因按基期种植面积补贴为脱钩补贴，导致该补贴方式，无论补贴标准如何变化都不会影响玉米种植面积，其他补贴方式下农户玉米种植面积均有所增加。在玉米优势产区，按照实际种植面积补贴方式，当补贴标准分别提高 25%、50% 和 100% 时，大规模农户玉米种植面积较当前补贴标准下的玉米种植面积分别增加 0.13 亩、0.28 亩、0.55 亩，增幅分别为 0.33%、0.68%、1.33%；小规模农户玉米种植面积较当前补贴标准下的玉米种植面积分别增加 0.03 亩、0.06 亩、0.12 亩，增幅分别为 0.38%、0.81% 和 1.57%。按照商品粮数量补贴方式，补贴标准分别提高 25%、50% 和 100% 时，大规模农户玉米种植面积较当前补贴标准下的玉米种植面积分别增加 0.15 亩、0.29 亩、0.57 亩，增幅分别为 0.34%、0.69%、1.37%；小规模农户玉米种植面积较当前补贴标准下的玉米种植面积分别增加 0.03 亩、0.07 亩、0.14 亩，增幅分别为 0.42%、0.84%、1.67%。可见，在玉米优势产区，补贴标准的提高促使农户扩大玉米种植面积，且农户经营规模越大，玉米种植面积增加越多。不过，受面积基数不同影响，小规模农户对补贴标准变化的反应更敏感。此外，比较两种补贴方式下玉米种植面积变化情况，发现按商品粮数量补贴时大规模农户和小规模农户对补贴标准变化的反应均更敏感，究其原因主要在于与仅按照实际种植面积补贴相比，对玉米和产量的双重补贴更能刺激农户增产意愿，进而导致同补贴标准下按商品粮数量补贴时农户对补贴标准的反应更敏感。

在玉米种植非优势产区，按照实际种植面积补贴方式，当补贴标准分别提高 25%、50% 和 100% 时，大规模农户玉米种植面积较当前补贴标准下玉米种植面积分别增加 0.29 亩、0.58 亩、1.16 亩，增幅分别为 0.79%、1.58%、3.17%；小规模农户玉米种植面积较当前补贴标准下玉米种植面积分别提高 0.07 亩、0.15 亩、0.31 亩，增幅分别为 0.65%、1.45%、2.90%。按照商品粮数量为补贴依据的补贴方式，当补贴标准分别提高 25%、50%、100% 时，大规模农户玉米种植面积较当前补贴标准下玉米种植面积分别提高 0.29 亩、0.58 亩、1.16 亩，增幅分别为 0.79%、1.58% 和 3.16%；小规模农户玉米种植相应分别提高 0.08 亩、0.16 亩、0.32 亩，增幅分别为 0.74%、1.44%、2.95%。可见，在玉米种植非优势产区，两种补贴方式下，大规模农户对补贴标准的变化均更敏感。从变化的绝对值来看，大规模农户玉米种植面积增加量远大于小规模农户。进一步比较两种补贴方式下玉米种植面积变化情况，发现按实际种植面积补贴时大规模农户对补贴标准变化的反应更敏感；按商品粮数量补贴时小规模农户对补贴标准变化的反应更敏感，其原因主要为与大规模农户相比，小规模农户耕地面积有限，仅通过增加玉米种植面积获得的补贴额非常有限，若按照商品粮数量补贴，小规模农户有足够的精力实现精耕细作，从而通过提高产量获得更多补贴，因此，小规模农户更倾向按商品粮数量补贴的方式。

三 不同补贴方式及标准下玉米生产者补贴政策对玉米产量的影响

表7-4报告了不同补贴方式及标准下玉米生产者补贴政策对不同规模农户玉米产量的影响。由表中结果可知：第一，如果玉米生产者补贴以基期种植面积为补贴依据，那么在当前补贴标准下，这种补贴方式对玉米产量的影响不同于当前以按实际种植面积为补贴依据的补贴方式。按照实际种植面积补贴时，优势产区各种类型农户玉米产量均有所增加，非优势产区各种类型农户玉米产量均减少；而按照基期种植面积补贴时，优势产区和非优势产区各种类型农户玉米产量均有所降低。可见，与按基期种植面积为补贴依据的补贴方式相比，按实际种植面积为补贴依据的方式进行补贴时农户的玉米增产效果更好。其原因主要在于按基期种植面积补贴为脱钩补贴，该补贴方式不对农户生产行为产生影响，而按照实际种植面积的补贴为典型的"黄箱补贴"，会对农户生产行为产生引导作用。第二，如果玉米生产者补贴以商品粮数量为补贴依据，在优势产区，在当前补贴标准下，与临时收储政策时期相比，优势产区大规模农户、小规模农户玉米产量分别增加0.36%和0.51%，比按照实际种植面积补贴时分别高0.05个百分点和0.12个百分点，非优势产区大规模农户、小规模农户玉米产量降幅分别为0.49%和0.25%，低于按实际种植面积补贴时0.54%和0.34%的降幅。可见，在当前补贴标准下，与按实际种植面积补贴的方式相比，按商品粮数量补贴的方式在增产方面作用效果更好。究其原因主要在于按照实际种植面积补贴时，农户主要通过扩大玉米种植面积获得更多补贴，而按商品粮数量补贴时，农户获得的补贴额直接与玉米产量挂钩，多产多得，致使农户在

增加玉米种植面积的同时重视化肥、农药等农用物资的投入以获得更高的玉米产出，进而获得更多补贴，因此，按商品粮数量补贴更有利于刺激农户增产。

表7-4　不同补贴方式及标准下玉米生产者补贴政策对不同规模农户玉米产量影响的模拟结果　　单位：斤/户

补贴标准	农户规模	实际种植面积（与生产挂钩） 优势产区	实际种植面积（与生产挂钩） 非优势产区	基期种植面积（与生产脱钩） 优势产区	基期种植面积（与生产脱钩） 非优势产区	商品粮数量（与生产挂钩） 优势产区	商品粮数量（与生产挂钩） 非优势产区
当前标准	大	0.31%（199.93）	−0.54%（−300.78）	−1.04%（−680.17）	−3.69%（−2045.19）	0.36%（233.58）	−0.49%（−271.83）
当前标准	小	0.39%（49.25）	−0.34%（−54.25）	−1.22%（−153.57）	−1.96%（−310.63）	0.51%（64.10）	−0.25%（−39.45）
标准提高25%	大	0.63%（410.75）	0.25%（136.29）	−1.04%（−680.17）	−3.69%（−2045.19）	0.71%（462.27）	0.30%（166.57）
标准提高25%	小	0.76%（96.29）	0.30%（47.82）	−1.22%（−153.57）	−1.96%（−310.63）	0.94%（118.32）	0.49%（78.02）
标准提高50%	大	0.98%（639.47）	1.04%（573.50）	−1.04%（−680.17）	−3.69%（−2045.19）	1.06%（690.07）	1.09%（605.56）
标准提高50%	小	1.19%（150.46）	1.09%（172.83）	−1.22%（−153.57）	−1.96%（−310.63）	1.37%（172.44）	1.20%（190.57）
标准提高100%	大	1.63%（1060.25）	2.61%（1447.74）	−1.04%（−680.17）	−3.69%（−2045.19）	1.76%（1145.05）	2.67%（1481.57）
标准提高100%	小	1.94%（244.47）	2.53%（400.25）	−1.22%（−153.57）	−1.96%（−310.63）	2.22%（279.76）	2.71%（429.90）

注：括号中为变化的绝对数。
资料来源：PMP模型模拟结果。

如果提高补贴标准，除按基期种植面积为补贴依据的补贴方式外，其他补贴方式下农户玉米产量均有所增加。在玉米优势产区，按照实际种植面积补贴方式，当补贴标准分别提高25%、50%和100%时，大规模农户玉米产量较当前补贴标准下的玉米产量分别增加210.82斤、

439.54斤、860.32斤，增幅分别为0.32%、0.67%、1.32%；小规模农户玉米产量较当前补贴标准下的玉米产量分别增加47.04斤、101.21斤、195.22斤，增幅分别为0.37%、0.80%和1.55%。按照商品粮数量补贴方式，当补贴标准分别提高25%、50%和100%时，大规模农户玉米产量较当前补贴标准下的玉米产量分别增加228.69斤、456.49斤、911.47斤，增幅分别为0.35%、0.70%、1.40%；小规模农户玉米产量较当前补贴标准下的玉米产量分别增加54.22斤、108.34斤、215.66斤，增幅分别为0.43%、0.86%、1.71%。可见，在玉米优势产区，补贴标准的提高带动农户玉米产量的增加，且农户经营规模越大，玉米产量增加越多。不过，受产量基数不同的影响，小规模农户对补贴标准变化的反应更敏感。此外，比较两种补贴方式下玉米产量变化情况，发现按商品粮数量补贴时农户对补贴标准变化的反应均更敏感。

在玉米种植非优势产区，按照实际种植面积补贴方式，当补贴标准分别提高25%、50%和100%时，大规模农户玉米产量较当前补贴标准下玉米产量分别增加437.07斤、874.28斤、1748.52斤，增幅分别为0.79%、1.58%、3.17%；小规模农户玉米产量较当前补贴标准下玉米产量分别提高102.07斤、227.08斤、454.5斤，增幅分别为0.64%、1.43%、2.87%。按照商品粮数量为补贴依据的补贴方式，当补贴标准分别提高25%、50%、100%时，大规模农户玉米产量较当前补贴标准下玉米产量分别提高438.40斤、877.39斤、1753.4斤，增幅分别为0.79%、1.58%和3.16%；小规模农户玉米产量相应分别提高117.47斤、230.02斤、469.35斤，增幅分别为0.74%、1.45%、2.96%。可见，在玉米非优势产区，两种补贴方式下，大规模农户对补贴标准的变化均更敏感。从变化的绝对值来看，同等补贴水平下大规模农户玉米产量增加量远大于小规模农户。其原因主要为玉米非优势产区，玉米单产水平相对较低且不稳定，玉米产量的增加主要取决于玉米种植面积的增加，补贴标准提高时，大规模农户更愿增加玉米种植面积，而小规模农户因耕地面积较小，即使提高标准获得的补贴资金也非常有限，导致小规模农户调增玉米种植面积的意愿较低，进而导致大规模农户对补贴标准的变化均更敏感。

四 不同补贴方式及标准下玉米生产者补贴政策对农户种植业纯收入的影响

表7-5报告了不同补贴方式及标准下玉米生产者补贴政策对不同规模农户种植业纯收入的影响。由表中结果可知：第一，如果玉米生产者补贴以基期种植面积为补贴依据，在当前补贴标准下，这种补贴方式对农户种植业纯收入的影响基本等同于当前按实际种植面积为补贴依据的补贴方式。按照实际种植面积补贴时，优势产区各种类型农户的种植业纯收入均有所增加，非优势产区各种类型农户种植业纯收入均有所减少；按照基期种植面积补贴时，优势产区大规模农户和小规模农户的种植业纯收入均增加，且收入增长幅度高于按实际种植面积补贴的方式；非优势产区大规模农户和小规模农户的种植业纯收入均减少，但减少幅度低于按实际种植面积补贴的方式。第二，按照商品粮数量补贴时，优势产区大规模农户和小规模农户的种植业纯收入均有所增加，且该补贴方式下各规模农户的种植业纯收入增长幅度均高于按实际种植面积补贴的方式和按基期种植面积补贴的方式；非优势产区大规模农户和小规模农户种植业纯收入均有所减少，其中，大规模农户种植业纯收入下降的幅度大于按基期种植面积补贴的方式，小规模农户种植业纯收入下降的幅度基本等同于按玉米基期种植面积补贴的方式。可见，于当前补贴标准下，在优势产区，按商品粮数量补贴的方式更能保障农户的种粮收益；在非优势产区，按基期种植面积补贴的方式更能保障各规模农户种粮收益。其原因主要为，在玉米优势产区，与其他补贴方式相比，按照商品粮数量补贴的方式能够在刺激农户增加玉米种植面积的同时提高玉米单产水平，从而使玉米产量进一步提高，这使农户既能获得更多的补贴收入，又能获得更多种植收入；在非优势产区，因当前玉米价格低于临储时期价格，且玉米补贴标准较低不足以弥补价格下降带来的损失，导致农户玉米种植面积有所下降，低于基期玉米种植面积，若按照基期种植面积补贴则意味着非优势产区农户能够获得更多补贴。此外，按实际种植面积补贴为典型的"黄箱补贴"，该政策的实施可能会误导农户种植行为，进而影响非优势产区农户收益。

表 7-5　不同补贴方式及标准下玉米生产者补贴政策对不同规模农户种植业纯收入影响的模拟结果　　单位：元/户

补贴标准	农户规模	实际种植面积（与生产挂钩）优势产区	实际种植面积（与生产挂钩）非优势产区	基期种植面积（与生产脱钩）优势产区	基期种植面积（与生产脱钩）非优势产区	商品粮数量（与生产挂钩）优势产区	商品粮数量（与生产挂钩）非优势产区
当前标准	大	2.61%（1066.82）	-0.60%（-362.88）	2.65%（1081.46）	-0.51%（-312.58）	2.76%（1127.15）	-0.60%（-366.62）
当前标准	小	2.87%（228.22）	-0.55%（-83.37）	2.91%（231.40）	-0.47%（-70.73）	3.33%（264.60）	-0.42%（-63.92）
标准提高25%	大	5.27%（2153.30）	0.39%（237.41）	5.29%（2162.50）	0.47%（288.43）	5.45%（2229.22）	0.38%（233.28）
标准提高25%	小	5.59%（444.08）	0.62%（93.81）	5.61%（445.90）	0.71%（106.40）	6.16%（489.81）	0.79%（118.36）
标准提高50%	大	7.94%（3243.62）	1.39%（842.49）	7.94%（3243.54）	1.46%（889.43）	8.16%（3335.12）	1.38%（837.93）
标准提高50%	小	8.31%（660.87）	1.81%（272.40）	8.31%（660.41）	1.88%（283.54）	9.01%（715.99）	2.01%（301.93）
标准提高100%	大	13.30%（5434.75）	3.40%（2066.98）	13.23%（5404.63）	3.44%（2091.44）	13.60%（5558.41）	3.39%（2061.48）
标准提高100%	小	13.79%（1096.88）	4.21%（633.30）	13.70%（1089.43）	4.24%（637.26）	14.73%（1171.20）	4.47%（673.26）

注：括号中为变化的绝对数。

资料来源：PMP 模型模拟结果。

如果提高补贴标准，各补贴方式下农户种植业纯收入均有所增加。在玉米优势产区，与按照实际种植面积和按照基期种植面积补贴方式相比，按照商品粮数量补贴对农户种植业纯收入的影响最大。以优势产区大规模农户为例，当补贴标准提高25%时，在按商品粮数量、实际种植面积和基期种植面积补贴的方式下，大规模农户种植业纯收入较当前补贴标准下农户种植业纯收入分别增加2.69%、2.66%、2.64%；当补贴标准进一步提高至50%时，按商品粮数量补贴的方式对农户种植业纯收入的提升作用较其他两种方式更明显，三种补贴方式下农户种植业纯收入较当前补贴标准下分别提高5.40%、5.33%、5.29%；当补贴标准提高至100%时，农户种植业纯收入较当前补贴标准下分别增加10.84%、10.69%、10.58%。可见，按照商品粮数量补贴的方式，农户对补贴标准变化的反应更敏感，而按照实际种植面积补贴的方式次之，按基期种植面积补贴的方式下农户对补贴标准变化的反应则最不敏感。

在玉米种植非优势产区，按照实际种植面积补贴方式，当补贴标准分别提高25%、50%和100%时，大规模农户种植业纯收入较当前补贴标准下分别增加0.99%、1.99%、4.00%，小规模农户种植业纯收入较当前补贴标准下分别增加1.17%、2.36%、4.76%；按照基期种植面积补贴方式，当补贴标准分别提高25%、50%和100%时，大规模农户种植业纯收入较当前补贴标准下分别增加0.98%、1.97%、3.95%，小规模农户种植业纯收入较当前补贴标准下分别增加1.18%、2.35%、4.71%；按照商品粮数量为补贴依据的补贴方式，当补贴标准分别提高25%、50%、100%时，大规模农户种植业纯收入较当前补贴标准下种植业纯收入分别提高0.98%、1.98%和3.99%，小规模农户种植业纯收入相应分别提高1.21%、2.43%、4.89%。可见，在玉米非优势产区，对于小规模农户，按商品粮数量补贴的方式下其对补贴标准变化的反应最敏感；对于大规模农户，补贴标准较低时，在按基期种植面积补贴的方式下大规模农户对补贴标准变化的反应更加灵敏。但随着补贴标准的提高，按实际种植面积补贴和按商品粮数量补贴的方式下大规模农户对补贴标准变化的反应更灵敏。这意味着在非优势产区，按商品粮数量补贴的方式更能保障小规模农户种粮收益，对于大规模农户，在补贴标准较低时，按照基期玉米种植面积补贴更能保障农户种粮收益，但补贴标准提高至一定水平后，按玉米实际种植面积补贴和按商品粮数量补贴的方式更能保障大规模农户种粮收益。其原因主要在于：对小规模农户而言，玉米种植面积增长空间有限，其更愿意通过精耕细作提高粮食产量以增加收入，因此，与仅按实际种植面积补贴的方式相比，按商品粮数量补贴方式下补贴标准提高对小规模农户生产刺激作用更大，进而更有利于农户种粮收入提高；对大规模农户而言，补贴标准较低时，补贴收入不足以弥补玉米价格下跌损失，导致农户玉米种植面积低于基期面积，故而，此时按照基期种植面积补贴更能保障农户种粮收入。随着补贴标准提高，农户玉米种植面积进一步提高，此时按照实际种植面积补贴和商品粮数量补贴的方式更能保障农户种粮收入，并且，由于大规模农户农业生产方式较为粗放，若要提高单产，需投入更多人力、物力，投入成本过高，导致农户通过提高单产水平增产意愿并不高，粮食产量变化基本等同种植面积变化，进而导致两种补贴方式作用大小基本相同。

第三节　本章小结

本章首先对美国和欧盟实施的玉米补贴政策进行梳理，并对其变化特征进行总结；其次选取基期玉米种植面积和玉米销售量为补贴依据，运用PMP模型分析了不同补贴方式及标准下玉米生产者补贴政策对农户生产和收入的影响。研究结果表明：

从国外玉米补贴政策演变来看，政策工具逐渐由价格支持转向生产者直接支持，直接支持由与生产挂钩走向脱钩；玉米补贴政策实施以市场化为导向。

从玉米生产者补贴政策对农户玉米种植面积的影响方面：第一，比较不同补贴方式下玉米生产者补贴政策对农户玉米种植面积的影响，可知在当前补贴标准下，按照商品粮数量补贴的方式能够更好地调动优势产区农户玉米种植积极性，按照基期种植面积补贴的方式更能促进非优势产区农户进行种植结构调整。第二，提高补贴标准，按基期种植面积补贴时，优势产区和非优势产区各种类型农户玉米种植面积均不随补贴标准变化而变化，除该补贴方式外，其他补贴方式下农户玉米种植面积均有所增加。在玉米优势产区，与按实际种植面积补贴、基期种植面积补贴的方式相比，按照商品粮数量补贴的方式，各规模农户对补贴标准变化的反应均更敏感；在玉米非优势产区，按实际种植面积补贴时大规模农户对补贴标准变化的反应更敏感，按商品粮数量补贴时小规模农户对补贴标准变化的反应更敏感。

从玉米生产者补贴政策对农户玉米产量的影响方面：第一，在当前补贴标准下，与按实际种植面积补贴、基期种植面积补贴相比，按商品粮数量补贴的方式对农户的增产效果更好。第二，补贴标准提高时，在玉米优势产区，除按照基期种植面积补贴方式外，其他补贴方式的补贴标准提高均能刺激各农户增加玉米产量，其中，按商品粮数量补贴的方式增产效果最好，按实际种植面积补贴的方式次之。在玉米非优势产区，按商品粮数量补贴的方式下增产效果最好。

从玉米生产者补贴政策对农户种植业纯收入的影响方面：第一，于当前补贴标准下，在玉米优势产区，按商品粮数量补贴的方式更能保障各规模农户种粮收益；在非优势产区，按基期种植面积补贴的方式更能保障大规模农户种粮收益，而按照商品粮数量补贴方式更能保障小规模农户种粮收益。第二，提高补贴标准时，在玉米优势产区，按照商品粮数量补贴时增收效果最好，其次为按实际种植面积补贴的方式。在非优势产区，对于小规模农户，按照商品粮数量补贴的方式，小规模农户对补贴标准变化的反应最敏感；对于大规模农户，当补贴标准较低时，按照基期种植面积补贴的方式，大规模农户对补贴标准变化的反应更灵敏；但当补贴标准提高至一定水平时，无论是按照实际种植面积补贴还是按照商品粮数量补贴的方式，大规模农户对补贴标准变化的反应均变得更灵敏。

综上所述，本书认为为更好提升优势产区玉米产能，并巩固结构调整成果，应增强政策实施的灵活性，各产区应结合自身发展要求，选择合适的补贴方式。在玉米优势产区，按照商品粮数量补贴的方式，农户增产增收效果均更好，但因当前中国还未建立一个完善的粮食流通数据汇集平台，按商品粮补贴操作难度较大，故可继续采取现行的按照实际种植面积补贴的方式进行补贴，该方式能够有效调动农户种粮积极性且操作更具可行性。不过，中国应在当前信息技术的支持下，尽快建立一个粮食流通的数据汇集平台，这不仅有利于支持按玉米销售量补贴的方案，使补贴更公平，还有利于更直观地掌握国家粮食数量，保障国家粮食安全。在玉米非优势产区，按照基期种植面积补贴的方式能够在调减玉米种植面积的同时更好地保障农户种粮收益，并且，按照基期种植面积补贴为"绿箱补贴"政策，符合WTO规则，且执行成本会更低。

第八章 结论与政策建议

本书在对玉米生产者补贴政策实施历程梳理的基础上，利用宏微观数据资料，对中国玉米生产者补贴政策的实施情况及实施效果进行了较为深入的分析。本章对主要研究结论进行了归纳和总结，并在此基础上提出优化中国玉米生产者补贴政策的政策建议，且对有待进一步研究的问题进行了说明。

第一节 主要结论

一 玉米生产者补贴政策方案及执行过程中存在不足

政策方案及政策执行过程的合理性、可行性影响政策实施效果，玉米生产者补贴政策总体开展较为顺利，但在政策方案及执行过程中仍存在一些问题，主要表现在以下几个方面。第一，玉米生产者补贴政策目标在玉米非优势产区存在内在矛盾，即主要表现为促进种植结构调整和保障农户种粮收益之间存在矛盾，虽然国家鼓励补贴资金向优势产区集中以保障优势产区农户种粮收益基本稳定，但对玉米非优势产区玉米生产者，国家也允许给予少量补贴以保障其玉米种植收益，这在客观上形成了"既要调减玉米，又要补玉米"的矛盾，致使农户生产处于盲目状态。第二，玉米生产者补贴政策实施方案存在以下问题：玉米生产者补贴政策实施方案中政策内容总体较为完备，但部分内容缺乏细节说明；玉米生产者补贴政策实施方案中补贴依据选择较为粗放，未兼顾差异；玉米生产者补贴政策实施方案中补贴范围的界定简单易衡量，但对部分农户有失公允；玉米生产者补贴政策实施方案中明确了部门职责，但部门间仍未建立有效协作机制；玉米生产者补贴政策下达时间较晚，对农户生产的引导作用有限。第三，玉米生产者补贴政策在执行过程中存在以下问题：在政策宣传和培训环节，试点地区每年有序推进政策宣传，但农户对该政策具体内容的了解程度并不高；在补贴面积申报与核实环节，补贴面积核实工作存在简化问题，并且补贴面积核实工作存在人员不足的问题，尤其对于村和乡（镇）核实工作而言；在补贴标准测算环节，当玉米合法实际种植面积超过基期面积时，补贴面积测算方法简单易操作但对部分农户有失公允。

二 玉米生产者补贴政策在一定程度上完善了玉米价格形成机制

首先，根据玉米生产者补贴政策实施前后国内外玉米价格变化特征和下游企业经营状况初步判断玉米生产者补贴政策对玉米价格形成机制的影响；其次，运用多元回归分析、VAR-BEKK-GARCH模型等方法实证分析玉米生产者补贴政策对玉米价格形成机制的影响。研究发现：第一，玉米生产者补贴政策实施后国内外玉米价差显著降低，国内玉米价格逐渐等于甚至低于进口玉米到岸完税价格，进口玉米价格优势不复存在，国内玉米竞争力有所提高。此外，玉米生产者补贴政策实施后玉米下游产业经营状况改善，下游企业开工率逐渐提高。第二，以国内玉米市场价格为被解释变量建立回归分析，考察不同政策时期玉米价格形成影响机制，发现临时收储政策实施之前国内玉米价格受国内玉米供需影响，临时收储政策时期，供需因素不再显著，而玉米临时收储政策取消后，供需因素又重新成为国内玉米价格的显著影响因素。第三，选取国内外玉米期现货市场间价格传递和国内玉米产业链上下游市场间价格传递两条传递路径进行实证分析，发现从国内外玉米期现货市场间价格传递关系来看，临时收储政策改革后国内玉米期货市场对国内玉米现货市场的引导作用有所增强，同时，国内和国际市场间波动的溢出效应显著性增加，国内和国际市场间的关联性有所提高；从玉米产业链上下游市场间关系来看，玉米生产者补贴政策实施后各玉米产业链上下游市场间的整合程度均显著提高，上下游产业逐渐趋于协同发展。

三 从全国层面看，玉米生产者补贴政策调减了玉米种植面积；从不同产区层面看，当前补贴标准下玉米生产者补贴政策保障了优势产区农户种粮收益，促进了非优势产区种植结构调整

从全国层面看，玉米生产者补贴政策对玉米种植面积存在显著负向影响，随着政策的持续推进，玉米生产者补贴政策对玉米种植面积的负向影响呈现先增强后减弱的趋势。

从不同产区层面看，第一，在玉米生产者补贴政策对农户玉米种植面积和产量的影响方面：于当前补贴标准下，玉米生产者补贴政策基本取得了预期的效果，既促使非优势产区调减了玉米种植面积，同时巩固了玉米优势产区产能。玉米生产者补贴政策对玉米种植面积的影响具有阶段性变化特征，在玉米生产者补贴政策开始实施的相当长的一段时间内调减了玉米种植面积，并导致玉米产量降低，但随着政策的持续推进，该政策对优势产区农户玉米种植面积的影响由调减转变为增加，非优势产区农户玉米种植面积调减幅度减小。第二，在玉米生产者补贴政策对农户种植业纯收入的影响方面：于当前补贴标准下，优势产区各种类型农户种植业纯收入均有所增加，而非优势产区各种类型农户种植业纯收入均有所减少。玉米生产者补贴政策对农户种植业纯收入的影响也存在阶段性变化特征，在政策开始实施的较长一段时间内，玉米生产者补贴政策使优势产区和非优势产区各类型农户种植业纯收入均减少，但随着政策的不断完善，优势产区各类型农户种植业纯收入均有所增加，非优势产区各类型农户种植业纯收入降幅均缩小。玉米生产者补贴政策对农户种植业纯收入影响的阶段性变化在一定程度上表明农户在调整种植结构的过程中将经历种植业纯收入下降的"阵痛"。

四 与临时收储政策相比，玉米生产者补贴政策的政策成本相对较低且更可控

利用宏微观数据分析玉米生产者补贴的政策成本发现，第一，从政策的财政成本来看，生产者补贴政策实施后玉米补贴资金总额大幅下降，同时，生产者补贴政策要求农户随行就市销售玉米，玉米库存积压情况不复存在，进而导致玉米生产者补贴政策实施后玉米库存成本大幅

下降。第二，从政策执行成本来看，玉米生产者补贴政策执行成本较高的为县和乡（镇）两级，主要花费在补贴面积核查和印制材料上。比较玉米生产者补贴政策时期与原先的临时收储政策时期政府各部门执行成本，临时收储政策时期国家委托中储粮负责粮食收购工作，农财部门几乎没有成本支出，生产者补贴政策实施在一定程度上增加了各级政府部门的执行成本，但执行成本并不高，且随着对补贴工作的熟悉，政策的执行成本可能进一步降低。第三，从整个政策成本来看，玉米生产者补贴政策的政策成本要远低于临时收储政策的政策成本，由于玉米临时收储政策实施后期逐渐变为对玉米敞开收购，政府财政支出不确定性增加，而玉米生产者补贴政策按一定的补贴标准和农户玉米种植面积进行补贴，其财政支出更可控。

五 玉米生产者补贴政策的实施扭转了玉米补贴多年突破 WTO 规则的困境，但与其他玉米主产国家或地区相比，中国对玉米的政策支持水平仍相对较高

从 WTO 口径下玉米补贴政策支持水平来看，玉米生产者补贴政策的实施扭转了玉米补贴多年突破 WTO 规则的困境。玉米临时收储政策实施初期玉米黄箱支持水平一直低于微量允许水平，但随着临时收储价格的不断提高，自 2013 年开始玉米黄箱支持水平渐突破微量允许上限并持续走高，直至玉米生产者补贴政策实施后，玉米黄箱支持量才逐渐下降至微量允许水平之下。从 OECD 口径下玉米补贴政策支持水平来看，虽然玉米临时收储政策改革后中国对玉米的政策支持水平有所下降，但与美国、欧盟、巴西等玉米主产国家和地区相比，中国对玉米的政策支持水平仍然较高，并且受玉米关税配额管理等边境贸易保护措施影响，中国玉米补贴政策支持结构仍以 MPS 为主，而当前美国、欧盟对玉米的政策支持主要以 PC 为主，过多的市场价格支持背后折射出的是中国玉米综合生产能力和竞争力的差距。

六 受补农户对玉米生产者补贴政策的回应性一般

受补农户对玉米生产者补贴政策的回应性一般。主要表现为，大部分农户知道玉米生产者补贴政策，但对玉米生产者补贴政策的主要内容

即补贴标准、补贴依据的了解程度有限。农户对玉米生产者补贴发放时间、发放程序和补贴依据的满意度较高，但对补贴标准的满意度较低，并且在作出种植决策时多数农户不会考虑玉米生产者补贴。

七 当前补贴方式下非优势产区玉米种植面积存在大幅反弹风险，在非优势产区按照基期种植面积补贴的方式能够在巩固种植结构调整成果的同时更好地保障农户种粮收益

本书选取玉米实际种植面积、基期种植面积和商品粮数量分别作为补贴依据，运用 PMP 模型分析了不同补贴方式及标准下玉米生产者补贴政策对农户生产和收入的影响。研究结果表明：在当前按照实际种植面积补贴的方式下，玉米补贴标准的小幅提高即可导致非优势产区玉米种植面积出现反弹。为更好地提升优势产区玉米产能的同时巩固种植结构调整成果，中国应增强政策实施的灵活性，各产区应结合自身发展要求，选择更合适的补贴方式。在玉米优势产区，按照商品粮数量补贴的方式，农户增产增收效果均更好，但因中国尚未建立完善的粮食流通数据汇集平台，按商品粮补贴操作难度较大，故而可继续采取现行的按照玉米实际种植面积补贴的方式进行补贴，该方式能够有效调动农户种粮积极性且操作更具可行性。在玉米非优势产区，按照基期种植面积补贴的方式能够在调减玉米种植面积的同时更好地保障农户种粮收益，并且，按照基期种植面积补贴为"绿箱补贴"政策，符合 WTO 规则，且执行成本会更低。

第二节 政策建议

一 继续坚持市场化改革取向，完善玉米价格预警机制

玉米临时收储政策实施经验表明以托市收购为主的价格支持政策易导致农产品供求结构失衡、政府财政负担过重等问题。在供给侧结构性改革的背景下，"市场化收购+补贴"的价补分离政策的实施有效促进了种植结构调整，使玉米供需形势得以好转；并且与种植面积挂钩的补贴的实施，使政府财政支持更可控，降低了财政负担。因此，中国应继续坚持玉米市场化改革取向，实施价补分离的生产者补贴政策。玉米价

格由市场决定后，玉米价格波动增加，农户面临的市场风险随之增加，为在实施市场化导向的补贴政策的同时更好地保障农户种粮收益，应完善玉米价格预警机制。首先，国家应依托现代数字化技术，建立覆盖全国各地区的粮食数据共享体系，为玉米乃至整个粮食市场供需决策提供信息依据。其次，国家应密切关注国内外市场玉米供需变化、价格变动情况，及时发布相关信息，动态反映各地玉米价格变化，并充分发挥媒体舆论监督作用，大力宣传玉米供需现状及价格走势，科学引导玉米生产者合理种植玉米。最后，推动玉米产销一体化组织建立，积极搭建农户与市场的桥梁，降低玉米交易成本，同时，加强对玉米加工企业的社会责任建立，发挥玉米加工企业的带头作用，使玉米产业健康持续发展。

二 进一步完善玉米生产者补贴政策实施方案，重视信息发布的时效性和权威性

目前，玉米生产者补贴政策实施方案中存在部分内容缺乏必要的细节说明、补贴范围界定有失公允等问题，这影响政策实施效果和效率。此外，当前玉米生产者补贴政策下达时间较晚，多在5月之后下达，此时，春耕已结束，对农户生产的引导作用有限。因此，政府应进一步完善玉米生产者补贴政策实施方案，并重视政策信息发布的时效性。首先，政府部门在制定实施方案时应条理清晰，注重细节说明，避免出现不同部门对同一问题的理解存在偏差的情况。具体而言，玉米生产者补贴政策实施方案一方面应明确补贴基期年份等重要时间节点，以便基层工作人员顺利开展玉米补贴工作，提高工作效率；另一方面应明确当玉米实际种植面积超过基期种植面积时，农户受补面积具体确定方法，真正落实"超出不补"。其次，应完善补贴信息档案，对因早期测量误差等原因造成的合法种植面积低于实际种植面积的农户，应对其受补范围进行修订，以更好地保障实际玉米种植者的收益。最后，政府应尽量在春耕之前明确玉米生产者补贴标准，并通过电视、广播等途径及时发布补贴相关信息，以便农户根据补贴信息、市场信息及自身资源禀赋情况作出生产决策，政策信息的及时发布有利于引导农户科学进行生产决策，避免农户盲目调整种植结构。

三 在玉米优势产区和非优势产区采取不同的补贴方式

目前，玉米优势产区和非优势产区实施的玉米生产者补贴政策，补贴依据均为玉米实际种植面积，该补贴方式下的玉米生产者补贴为典型的"黄箱补贴"，对农户生产决策行为产生影响。玉米生产者补贴政策目标在优势产区和非优势产区并不完全相同，对于优势产区，政府鼓励地方将补贴资金向优势产区集中，确保优势产区种植收益基本稳定，提高优势产区产能，当前实施的按玉米实际种植面积补贴的方式在一定程度上能够调动农户玉米种植积极性，但通过前文分析可知，与按玉米实际种植面积补贴的方式相比，按商品粮数量补贴的方式增产增收效果更好，并且按商品粮数量补贴更能体现公平性。因此，为尽快落实以销售量为依据的补贴方式，应在信息技术的支持下，加快构建粮食流通的数据汇集平台，由于中国农户生产仍以小规模分散经营为主，构建粮食流通数据汇集平台的难度更大，但若选取了合适的结算方法，如与银行合作、支持线上付款等方式，构建该平台在一定程度上是可行的，进而能够支持按销量补贴的方案。对于非优势产区，玉米生产者补贴政策目标主要在于促进种植结构调整，但当前实施的与玉米实际种植面积挂钩的补贴政策容易误导该产区农户，削弱该区域农户减少玉米种植的决心，因此，在非优势产区应尽量采取脱钩的补贴方式，以减少补贴对农户生产的引导作用，第七章的模拟分析结果也表明按基期种植面积补贴的方式更有利于在调减玉米种植面积的同时保障农户种粮收益。因此，各产区应结合各自的发展方向选取合适的补贴方式，在优势产区应尽量采取按商品粮补贴或按实际种植面积补贴等与生产挂钩的补贴方式，而在非优势产区采取按基期种植面积补贴等与生产脱钩的补贴方式。

四 加强玉米生产者补贴政策的宣传和执行监督

当前，农户对玉米生产者补贴政策主要内容的认知水平仍不高，并且政策执行人员在政策执行过程中存在简化补贴面积核实步骤等问题，因此，有必要进一步加强玉米生产者补贴政策相关内容的宣传和执行监督。首先，采取多种渠道宣传玉米生产者补贴政策。一方面，通过广播、宣传单或在村宣传栏张贴大字报的方式吸引玉米生产者关注玉米生产者补贴政策；另一方面，应通过召开村民代表大会的方式向农户介绍、宣传玉米生产者补贴政策，一些农户仅通过宣传单或大字报无法准确理解玉米生产者补贴政策的内涵，进而导致其对政策主要内容的认知水平较低，因而有必要通过召开村民大会的方式向农户讲解玉米生产者补贴政策，通过互动使农户正确领会政策精神，提高对政策的认知水平，进而助力政策的推行。其次，完善玉米生产者补贴政策的监督机制。在政策执行过程中，引入第三方监管力量，目前各级部门在核实补贴面积时均存在简化核实程序的问题，导致受补面积的准确性降低，可能存在农户虚报问题，引入第三方监管力量对补贴面积核实人员进行监督，能够有效避免"懒政"行为的发生，规范执行人员工作流程。最后，工作人员数量不足，补贴面积核实工作繁重，可能是导致政策执行人员简化补贴面积核实步骤的原因，应健全基层人才引进机制，加快制定出台人才优惠政策，实现对基层工作人员的补充。

五　强化基础数据建设，为提高科学决策水平提供数据支撑

基础数据是国家以及各行为主体进行分析的基础，对制定各种可行的经济政策和生产决策具有重要的支撑作用。为此，应强化基础数据建设。首先，加强基层统计队伍建设。基层统计数据的质量直接决定了整体数据质量的高低，因此，应加强对基层统计人员的教育培训，使其依据一定程序实事求是地开展统计工作，同时，应确保统计人员的稳定性，进而使统计工作得以连续、高质量完成。其次，提高统计规范化建设。在当前信息技术时代，统计数据信息化成为当前统计工作的发展方向，因此，各统计部门应及时更新相关技术设备，提高数据统计效率，确保数据安全，并及时构建联网直报平台，为数据收集和处理提供便利。最后，加强各部门农业数据的对接。受统计制度、统计人员等差别的影响，农业部门和统计部门数据常存在不一致的情况，应加快涉农部门间数据的对接与整合，以提高数据的质量和权威性。

第三节　下一步研究方向

一是政策的社会福利研究。根据局部均衡分析可知，玉米生产者补贴政策的实施影响消费者剩余和生产者剩余，进而影响社会总福利，因此，对玉米生产者补贴政策的研究不仅应基于政策目标分析政策对农户生产和收入的影响，还应运用福利经济学方法开展玉米生产者补贴政策的社会福利分析。

二是进一步多角度地分析玉米生产者补贴政策对农户生产和收入的影响。虽然各试点省份均按照玉米实际种植面积进行补贴，但补贴标准的测算方法存在差异，如黑龙江省政府按照全省补贴面积测算全省统一补贴标准，而其他省份均先按照玉米种植面积和产量各占一定比例测算下达各县的补贴资金，各县再根据自身情况测算各自的补贴标准，这致使各县补贴标准不一，补贴标准测算方式不同可能导致政策实施效果不同，因此，在后续研究中有必要完善调研资料，进一步分析不同补贴标准测算方式下的玉米生产者补贴政策实施效果。

三是各补贴政策之间的协调性研究。本书虽然考虑了玉米生产者补贴政策以外的农业补贴政策，但在模拟分析时主要将其保持基期不变，以客观评价玉米生产者补贴政策实施效果。在后续研究中，应将各补贴纳入统一分析框架，对各补贴政策之间的协调性开展进一步研究。

参考文献

中文文献

［英］庇古（1920）：《福利经济学》，金镝译，华夏出版社 2007 年版。

蔡海龙、马英辉：《大豆目标价格政策缘何在中国走不通？——基于 EDM 的福利效应分析》，《南京农业大学学报》（社会科学版）2018 年第 6 期。

蔡海龙、马英辉、关佳晨：《价补分离后东北地区玉米市场形势及对策》，《经济纵横》2017 年第 6 期。

曹帅、林海、曹慧：《中国农业补贴政策变动趋势及其影响分析》，《公共管理学报》2012 年第 4 期。

陈何南：《公共政策评估标准的应用路径分析》，《商业时代》2014 年第 6 期。

程国强：《我国粮价政策改革的逻辑与思路》，《农业经济问题》2016 年第 2 期。

程国强：《中国农业补贴：制度设计与政策选择》，中国发展出版社 2011 年版。

邓荣荣、詹晶：《低碳试点促进了试点城市的碳减排绩效吗——基于双重差分方法的实证》，《系统工程》2017 年第 11 期。

丁声俊：《玉米收储制度改革的进展及深化改革的措施》，《价格理论与实践》2017 年第 3 期。

丁永潮、施海波、吕开宇：《玉米收储制度改革的农户政策响应研究——基于规模异质性的视角》，《干旱区资源与环境》2022 年第

3 期。

樊琦、祁迪、李霜：《玉米临时收储制度的改革与转型研究》，《农业经济问题》2016 年第 8 期。

高峰、罗毅丹：《我国农业补贴政策调整研究》，《甘肃社会科学》2006 年第 2 期。

高璐：《玉米收储政策改革对吉林省农户影响研究》，硕士学位论文，吉林农业大学，2018 年。

高鸣、习银生：《东北地区粮食政策联动机制构建》，《华南农业大学学报》（社会科学版）2018 年第 4 期。

耿仲钟、肖海峰：《我国农业支持保护补贴效果与问题——基于浙江、山东两省调研》，《地方财政研究》2018 年第 4 期。

宫斌斌、杨宁、刘帅：《玉米生产者补贴政策实施效果及其完善》，《农业经济问题》2021 年第 10 期。

宫炳含、曾智、米锋：《价补分离政策对农民种粮收入的影响研究》，《玉米科学》2021 年第 5 期。

顾莉丽、郭庆海：《玉米收储政策改革及其效应分析》，《农业经济问题》2017 年第 7 期。

顾莉丽、郭庆海、高璐：《我国玉米收储制度改革的效应及优化研究——对吉林省的个案调查》，《经济纵横》2018 年第 4 期。

郭庆宾、骆康、虞婧婕：《农业补贴对农户的福利效应研究——以江汉平原为例》，《农业经济与管理》2018 年第 1 期。

郭庆海：《中国玉米主产区的演变与发展》，《玉米科学》2010 年第 1 期。

韩冰：《基于信息管理的我国棉花目标价格政策及其效果研究》，博士学位论文，中国农业科学院，2017 年。

韩喜平、蔄荔：《我国粮食直补政策的经济学分析》，《农业技术经济》2007 年第 3 期。

韩昕儒、张宁宁：《补贴政策是否阻碍了粮食种植规模的扩大》，《农业技术经济》2020 年第 8 期。

郝明睿、胡慧姣、杨晶晶：《我国价补分离政策对玉米价格的影响研究——基于东北地区的实证分析》，《当代经济》2020 年第 12 期。

何树全:《中国农业支持政策效应分析》,《统计研究》2012年第1期。

何忠伟、蒋和平:《我国农业补贴政策的演变与走向》,《中国软科学》2003年第10期。

贺超飞、于冷:《临时收储政策改为目标价格制度促进大豆扩种了么?——基于双重差分方法的分析》,《中国农村经济》2018年第9期。

侯明利、傅贤治:《国内粮食直接补贴政策研究综述》,《经济问题》2008年第3期。

胡豹:《农业结构调整中农户决策行为研究——基于浙江、江苏两省的实证》,博士学位论文,浙江大学,2004年。

胡迪、杨向阳、王舒娟:《大豆目标价格补贴政策对农户生产行为的影响》,《农业技术经济》2019年第3期。

胡元聪:《农业正外部性解决的经济法分析》,《调研世界》2009年第5期。

黄季焜、王晓兵、智华勇、黄珠容、Scott Rozelle:《粮食直补和农资综合补贴对农业生产的影响》,《农业技术经济》2011年第1期。

黄少安、郭冬梅、吴江:《种粮直接补贴政策效应评估》,《中国农村经济》2019年第1期。

霍增辉、吴海涛、丁士军:《中部地区粮食补贴政策效应及其机制研究——来自湖北农户面板数据的经验证据》,《农业经济问题》2015年第6期。

[澳]基姆·安德林、[日]速水佑次郎:《农业保护的政治经济学》,蔡昉、杜志雄等译,天津人民出版社1996年版。

江喜林:《基于农户模型的粮食补贴作用机理及效应分析——兼论"直补"模式的弊端》,《西北农林科技大学学报》(社会科学版)2013年第1期。

蒋和平、吴桢培:《湖南省汨罗市实施粮食补贴政策的效果评价——基于农户调查资料分析》,《农业经济问题》2009年第11期。

乐姣、曲春红、李辉尚:《国内外玉米价格传导关系影响研究——基于收购政策市场化改革背景》,《中国农业资源与区划》2021年第3期。

黎家远：《粮食直接补贴政策的实效研究及对策建议》，《农村经济》2012 年第 8 期。

李光泗、郑毓盛：《粮食价格调控、制度成本与社会福利变化——基于两种价格政策的分析》，《农业经济问题》2014 年第 8 期。

李金珊、徐越：《从农民增收视角探究农业补贴政策的效率损失》，《统计研究》2015 年第 7 期。

李娟娟、沈淘淘：《玉米市场化改革下农户种植决策影响因素研究——基于吉林省农户对优化种植结构选择行为的分析》，《价格理论与实践》2018 年第 3 期。

李俊生：《财政效率论》，东北财经大学出版社 1994 年版。

李明文、王振华、张广胜：《农业政策变化对粮食高质量产出影响的再讨论——基于 Nerlove 动态分析模型》，《农业经济与管理》2019 年第 6 期。

李鹏、谭向勇：《粮食直接补贴政策对农民种粮净收益的影响分析——以安徽省为例》，《农业技术经济》2006 年第 1 期。

李韬：《粮食补贴政策增强了农户种粮意愿吗？——基于农户的视角》，《中央财经大学学报》2014 年第 5 期。

李长健、朱梓萁：《我国农业补贴制度研究》，《重庆社会科学》2006 年第 10 期。

廖进球、黄青青：《改革开放以来粮食收购价格政策演进轨迹》，《现代经济探讨》2018 年第 8 期。

林光华、陈佳鑫：《国内外玉米价格传导效应研究——基于玉米临储政策改革背景下的分析》，《价格理论与实践》2018 年第 3 期。

凌正华、孔令一：《玉米产业链期货价格传导效应研究》，《价格理论与实践》2018 年第 9 期。

刘慧、秦富、赵一夫、周向阳：《玉米收储制度改革进展、成效与推进建议》，《经济纵横》2018 年第 4 期。

刘慧、薛凤蕊、周向阳、刘福江、赵一夫：《玉米收储制度改革对东北主产区农户种植结构调整意愿的影响——基于吉林省 359 个农户的调查数据》，《中国农业大学学报》2018 年第 11 期。

刘克春：《粮食生产补贴政策对农户粮食种植决策行为的影响与作用机

理分析——以江西省为例》,《中国农村经济》2010年第2期。

刘孟山、冀运兴、王志平、孙英辉:《粮食综合直接补贴政策研究》,《管理现代化》2006年第4期。

刘瑞明、赵仁杰:《国家高新区推动了地区经济发展吗？——基于双重差分方法的验证》,《管理世界》2015年第8期。

刘婷、王凌:《价格支持政策如何影响国内粮食市场期现价格关系——基于玉米和大豆市场的检验》,《农业经济问题》2020年第12期。

刘小春、翁贞林、朱红根:《江西种粮农户的粮食补贴政策认知特征与生产经营行为的调研分析》,《商业研究》2008年第11期。

马国贤、任晓辉编著:《公共政策分析与评估》,复旦大学出版社2012年版。

马文杰、冯中朝:《国外粮食直接补贴政策及启示》,《经济纵横》2007年第21期。

马彦丽、杨云:《粮食直补政策对农户种粮意愿、农民收入和生产投入的影响——一个基于河北案例的实证研究》,《农业技术经济》2005年第2期。

苗珊珊、陆迁:《粮农生产决策行为的影响因素:价格抑或收益》,《改革》2013年第9期。

穆月英、小池淳司:《我国农业补贴政策的SCGE模型构建及模拟分析》,《数量经济技术经济研究》2009年第1期。

倪学志、张布花:《"价补分离"政策对内蒙古玉米种植影响的效果分析》,《内蒙古财经大学学报》2020年第4期。

彭小辉:《农业政策变化与农户行为研究——以中国六省为例》,博士学位论文,上海交通大学,2014年。

任保平:《工业反哺农业:我国工业化中期阶段的发展战略转型及其政策取向》,《西北大学学报》(哲学社会科学版)2005年第4期。

阮荣平、刘爽、郑风田:《新一轮收储制度改革导致玉米减产了吗:基于DID模型的分析》,《中国农村经济》2020年第1期。

尚强民:《改革的紧迫性与改革的选择》,《中国粮食经济》2016年第3期。

沈淑霞、佟大新:《吉林省粮食直接补贴政策的效应分析》,《农业经济问题》2008 年第 8 期。

沈宇丹、王国峰、王雅鹏：《国内外玉米现货市场价格冲击效应研究》，《价格理论与实践》2018 年第 11 期。

［日］速水佑次郎、［日］神门善久：《农业经济论（新版）》，沈金虎等译，中国农业出版社 2003 年版。

隋丽莉、郭庆海：《"价补分离"政策对玉米种植结构调整效应研究——基于吉林省调研数据的分析》，《价格理论与实践》2018 年第 12 期。

孙开、高玉强：《粮食直接补贴：问题考察与政策优化》，《财经问题研究》2010 年第 8 期。

孙钎：《农业补贴政策收入分配效应的实证分析——以黑龙江省为例》，《学习与实践》2014 年第 10 期。

陶建平、陈新建：《粮食直补对稻农参与非农劳动的影响分析——基于湖北 309 户农户入户调查的分析》，《经济问题》2008 年第 9 期。

田聪颖：《我国大豆目标价格补贴政策评估研究》，博士学位论文，中国农业大学，2018 年。

田聪颖、肖海峰：《目标价格补贴与生产者补贴的比较：对我国大豆直补方式选择的思考》，《农业经济问题》2018 年第 12 期。

田聪颖、肖海峰：《生产者补贴政策与农户种植结构调整——基于"镰刀弯"地区农户的模拟分析》，《哈尔滨工业大学学报》（社会科学版）2018 年第 3 期。

田叹：《玉米价补分离政策对农户收入的影响——基于 DID 模型的分析》，《粮食经济研究》2021 年第 1 期。

王达梅、张文礼编著：《公共政策分析的理论与方法》，南开大学出版社 2009 年版。

王姣：《农民直接补贴政策的国际比较及我国的完善对策》，《农业现代化研究》2005 年第 4 期。

王姣、肖海峰：《中国粮食直接补贴政策效果评价》，《中国农村经济》2006 年第 12 期。

王欧、杨进：《农业补贴对中国农户粮食生产的影响》，《中国农村经济》2014 年第 5 期。

王瑞祥：《政策评估的理论、模型与方法》，《预测》2003年第3期。

王文涛、王富刚：《贸易摩擦背景下玉米生产者补贴制度的经济效应及政策优化》，《湘潭大学学报》（哲学社会科学版）2018年第6期。

王新刚、司伟：《大豆补贴政策改革实现大豆扩种了吗？——基于大豆主产区124个地级市的实证》，《中国农村经济》2021年第12期。

王秀东、刘斌、费文俊、高忠敏：《改革进程中我国粮食补贴政策及实施效果研究》，经济科学出版社2017年版。

王玉霞、葛继红：《我国粮食补贴政策低效率的经济学分析》，《贵州社会科学》2009年第3期。

王裕雄、肖海峰：《实证数学规划模型在农业政策分析中的应用——兼与计量经济学模型的比较》，《农业技术经济》2012年第7期。

韦苇、杨卫军：《农业的外部性及补偿研究》，《西北大学学报》（哲学社会科学版）2004年第1期。

魏君英、何蒲明：《粮食直接补贴政策对粮食播种面积影响的实证研究》，《农业经济》2013年第3期。

吴连翠、蔡红辉：《粮食补贴政策对农户种植决策行为影响的实证分析——基于安徽省17个地市421户农户的调查数据》，《经济与管理》2010年第7期。

吴连翠、陆文聪：《粮食补贴政策的增产增收效应——基于农户模型的模拟研究》，《江西农业大学学报》（社会科学版）2011年第1期。

席桂萍：《中国养蜂业国内支持政策研究》，博士学位论文，中国农业科学院，2014年。

夏益国、刘艳华、傅佳：《美国联邦农作物保险产品：体系、运行机制及启示》，《农业经济问题》2014年第4期。

肖国安：《粮食直接补贴政策的经济学解析》，《中国农村经济》2005年第3期。

肖海峰、李瑞峰、王姣：《农民对粮食直接补贴政策的评价与期望——基于河南、辽宁农户问卷调查的分析》，《中国农村经济》2005年第3期。

谢明：《公共政策分析概论》，中国人民大学出版社2004年版。

兴庆：《论新一轮粮改》，《管理世界》1998年第6期。

徐更生：《美国新农业法：取消价格和收入补贴》，《改革》1996年第5期。

许鹤、顾莉丽、刘帅、郎敏、隋丽莉：《价补分离政策下农户的玉米种植行为研究——基于吉林省宏观与微观数据分析》，《中国农业资源与区划》2021年第8期。

徐志刚、习银生、张世煌：《2008/2009年度国家玉米临时收储政策实施状况分析》，《农业经济问题》2010年第3期。

颜佳俊、叶春阳、王历：《我国粮食直接补贴方式的效果评价》，《贵州农业科学》2013年第3期。

杨秀琴：《粮食直补政策缺陷与改革思路》，《农村经济》2007年第1期。

杨芷晴、孔东民：《我国农业补贴政策变迁、效应评估与制度优化》，《改革》2020年第10期。

叶慧、黄宗煌、王雅鹏：《开放条件下粮食政策实施的福利经济分析》，《当代经济科学》2008年第4期。

易丹辉主编：《数据分析与EViews应用》，中国人民大学出版社2008年版。

易小兰、颜琰、张婷：《农业支持保护补贴对粮食生产的影响——基于6省326份农户样本的分析》，《山西农业大学学报》（社会科学版）2020年第3期。

于建霞、胥凤红、徐静：《山东省粮食补贴政策绩效分析——基于山东省17个地市2004—2012年面板数据》，《经济与管理评论》2014年第5期。

贠杰、杨诚虎：《公共政策评估：理论与方法》，中国社会科学出版社2006年版。

袁宁：《粮食补贴政策对农户种粮积极性的影响研究——基于农户问卷调查的实证研究》，《上海财经大学学报》2013年第2期。

袁宁：《农户对粮食直接补贴政策的评价研究——基于豫东平原地区的农户调查资料》，《经济问题》2013年第4期。

苑韶峰、武菁华、董佳萍、郑波：《关于直接补贴对农民收入影响的探讨》，《价格理论与实践》2008年第5期。

曾智、何蒲明：《价补分离政策对农民收入增长影响的统计检验》，《统计与决策》2020 年第 22 期。

占金刚：《我国粮食补贴政策绩效评价及体系构建》，博士学位论文，湖南农业大学，2012 年。

张崇尚、陈菲菲、李登旺、仇焕广：《我国农产品价格支持政策改革的效果与建议》，《经济社会体制比较》2017 年第 1 期。

张红玉、赵俊兰：《我国粮食补贴政策的增产路径及其优化》，《学术交流》2008 年第 7 期。

张虎：《发达国家农业支持政策的经验及启示——以美国、日本、欧盟为例》，《技术经济与管理研究》2015 年第 12 期。

张慧琴、韩晓燕、吕杰：《粮食生产支持补贴政策的宏观作用效果分析——基于动态面板数据模型》，《经济问题》2016 年第 6 期。

张荐华、刘培生：《我国财政对粮食直接补贴的政策绩效评价》，《学术探索》2015 年第 4 期。

张杰、杜珉：《新疆棉花目标价格补贴实施效果调查研究》，《农业经济问题》2016 年第 2 期。

张磊、李冬艳：《玉米收储政策改革带来的新问题及其应对——以吉林省为例》，《中州学刊》2017 年第 7 期。

张乃丽、欧家瑜：《日本工业反哺农业的经济学分析》，《现代日本经济》2018 年第 1 期。

张瑞红：《我国粮食直补政策的绩效、问题与对策研究》，《河南农业科学》2011 年第 1 期。

张永占、郭雅欣：《价补分离政策下黑龙江省农户玉米种植意愿研究》，《经贸实践》2018 年第 14 期。

赵丹丹、齐骥、郑继媛：《农业风险、预期收益与粮农种植决策行为分析——以水稻生产户为例》，《粮食经济研究》2018 年第 1 期。

赵海东：《农业补贴方式的创新与"三农"问题的破解——兼评当前对农民直接补贴的效应》，《江海学刊》2006 年第 2 期。

郑适：《玉米"三量齐增"与供给侧结构性改革政策研究》，《价格理论与实践》2016 年第 8 期。

郑适、崔梦醒：《玉米"市场化收购"加"补贴"新机制的改革成效研究》,《价格理论与实践》2017年第5期。

钟春平、陈三攀、徐长生:《结构变迁、要素相对价格及农户行为——农业补贴的理论模型与微观经验证据》,《金融研究》2013年第5期。

钟甫宁、顾和军、纪月清:《农民角色分化与农业补贴政策的收入分配效应——江苏省农业税减免、粮食直补收入分配效应的实证研究》,《管理世界》2008年第5期。

钟甫宁、陆五一、徐志刚:《农村劳动力外出务工不利于粮食生产吗?——对农户要素替代与种植结构调整行为及约束条件的解析》,《中国农村经济》2016年第7期。

仲大军:《廉价劳动力与中国工业化的问题》,《开放导报》2004年第4期。

周朝波、覃云:《碳排放交易试点政策促进了中国低碳经济转型吗?——基于双重差分模型的实证研究》,《软科学》2020年第10期。

周黎安、陈烨:《中国农村税费改革的政策效果:基于双重差分模型的估计》,《经济研究》2005年第8期。

周清明:《农户种粮意愿的影响因素分析》,《农业技术经济》2009年第5期。

周圣钧、田佳琦、王路加:《我国玉米价格补贴政策改革实施效果研究》,《价格理论与实践》2017年第7期。

周应恒、赵文、张晓敏:《近期中国主要农业国内支持政策评估》,《农业经济问题》2009年第5期。

朱金鹤、傅晨:《粮食直补政策:效应、问题及完善》,《新疆农垦经济》2006年第7期。

朱满德、程国强:《中国农业的黄箱政策支持水平评估:源于WTO规则一致性》,《改革》2015年第5期。

朱青、卢成:《财政支农政策与农民收入的实证研究——基于农业补贴的视角》,《暨南学报》(哲学社会科学版)2020年第3期。

朱正贵、花爱岩、李霁:《粮食直接补贴政策的效应研究》,《经济视角》2009年第11期。

左宁:《2004 年我国农业直接补贴改革的思考——与欧美农业直接补贴的比较》,《生产力研究》2005 年第 8 期。

外文文献

Abbott P. C., "Alternative Agricultural Programs Discussion", *American Journal of Agricultural Economics*, Vol. 69, No. 5, 1987, pp. 988-989.

Adams G., P. Westhoff, B. Willott et al., "Do 'Decoupled' Payments Affect U. S. CROP AREA. Preliminary Evidence from 1997 to 2000", *American Journal of Agricultural Economics*, Vol. 835, 2001, pp. 1190-1195.

Ahearn M. C., H. El-Osta and J. Dewbre, "The Impact of Coupled and Decoupled Government Subsidies on Off-Farm Labor Participation of US Farm Operators", *American Journal of Agricultural Economics*, Vol. 88, No. 2, 2006, pp. 393-408.

Alston and Julian M., *The Economic Impact of Public Support to Apiculture*, New York: Springer, 2010, pp. 81-105.

Alston J. M. and D. A. Sumner, "Perspectives on Farm Policy Reform", *Journal of Agricultural and Resource Economics*, Vol. 32, No. 1, 2007, pp. 1-19.

Anderson Kym and Yujiro Hayami, *The Political Economy of Agricultural Protection: East Asia in International Perspective*, London: Allen and Unwin, 1986.

Anderson K. and R. Tyers, "Agricultural Policies of Industrial-Countries and Their Effects on Traditional Food Exporters", *Economic Record*, Vol. 62, No. 179, 1986, pp. 385-399.

Anton Jesus, Chantal Le Mouel, "Do Counter-Cyclical Payments in the 2002 US Farm Act Create Incentives to Produce?", *Agicultural Economics*, Vol. 31, 2004, pp. 277-284.

Barrett Kirwan, "The Incidence of U. S. Agricultural Subsidies on Farmland Rental Rates", *Journal of Political Economy*, Vol. 117, No. 1, 2009, pp. 138-164.

Brander J. A. and Spencer B. J., "Export Subsidies and International Market

Share Rivalry" *Journal of International Economics*, Vol. 18, No. 1, 1985, pp. 83-100.

Breen J. P., T. C. Hennessy and F. S. Thorne, "The Effect of Decoupling on the Decision to Produce: An Irish Case Study", *Food Policy*, Vol. 30, No. 2, 2005, pp. 129-144.

Burfisher M. E. and Hei J. H., "Decoupled Payments: Household Transfers in Contemporary U. S.", *Agriculture. Agricultural Economics Reports*, Vol. 3, No. 822, 2005, pp. 25-35.

Burfisher M. E., Robinson S. and Thierfelder, K., "North American Farm Programs and the WTO." *American Journal of Agricultural Economics*, Vol. 82, No. 3, 2000, pp. 768-774.

Chetty, R., Looney, A., Kroft, K., "Salience and Taxation: Theory and Evidence", *American Economic Review*, No. 4, 2009, pp. 1145-1177.

Christopher R. Mcintosh, Jason F. Shogren and Erik Kohlinan, "Supply Response to Counter Cyclical Payments and Base Acre Updating Under Uncertainty", *American Journal of Agricultural Economics*, Vol. 89, No. 4, 2007, pp. 1046-1057.

Daniel A. Sumner, "American Farms Keep Growing: Size, Productivity, and Policy", *Journal of Economic Perspectives*, Vol. 28, No. 1, 2014, pp. 147-166.

De Gorter H. and Just D. R., "The Welfare Economics of a Biofuel Tax Credit and the Interaction Effects with Price Contingent Farm Subsidies", *American Journal of Agricultural Economics*, Vol. 92, No. 2, 2009, pp. 477-488.

Dewbre J. and C. Short, "Alternative Policy Instruments for Agriculture Support: Consequences for Trade, Farm Income and Competitiveness", *Canadian Journal of Agricultural Economics-Revue Canadienne D Agroeconomie*, Vol. 50, No. 4, 2002, pp. 443-464.

Diamaran, Hertel and Keeney, "OECD Domestic Support and the Developing Countries", *GTAP Working Paper*, No. 19, 2003, pp. 1-35.

Duquenne M. N. , M. Tsiapa, V. Tsiakos, "Contribution of the Common Agricultural Policy to Agricultural Productivity of EU Regions Durng 2004-2012 Period", Review of Agricultiural, Food and Environmental Studies, Vol. 100, No. 10, 2019, pp. 47-68.

Elinder L. S. , "Obesity, Hunger and Agriculture: the Damaging Role of Subsidies" BMJ, Vol. 331, No. 7528, 2005, pp. 1333-1336.

Engle R. F. and Kenneth F. Kroner, "Multivariate Simultaneous Generalized arch", Economic Theory, Vol. 11, No. 1, 1995, pp. 122-150.

Engle R. F. , "Dynamic Conditional Correlation—A Simple Class of Multivariate GARCH Models", Ssrn Electronic Journal, Vol. 20, No. 3, 2000, pp. 339-350.

Femenia F. , A. Gohin and A. Carpentier, "The Decoupling of Farm Programs: Revisitive the wealth effect", American Journal of Agricultural Economics, Vol. 92, No. 3, 2010, pp. 836-848.

Gardner B. , "Efficient Redistribution Through Commodity Market", American Journal of Agricultural Economics, Vol. 65, No. 2, 1983, pp. 225-234.

Godo Yoshihisa. , "Evaluation of Japanese Agricultural Policy Reforms Under the WTO Agreement on Agriculture", Paper Presented at the 2012 Conference, 18-24, Foz do Iguacu, Brazil.

Goodwin B. K. and A. K. Mishra, "Another Look at Decoupling: Additional Evidence on the Production Effects of Direct Payments", American Journal of Agricultural Economics, Vol. 87, No. 5, 2005, pp. 1200-1210.

Goodwin B. K. and A. K. Mishra, "Are 'Decoupled' Farm Program Payments Really Decoupled? An Empirical Evaluation", American Journal of Agricultural Economics, Vol. 88, No. 1, 2006, pp. 73-89.

Goodwin B. K. and T. C. Schroeder, "Cointegration Tests and Spatial Price Linkages in Regional Cattle Markets", American Journal of Agricultural Economics, Vol. 73, No. 2, 1991, pp. 452-464.

Handbook of Marketing Assistance Loans and Loan Deficiency, FSA, USDA, http://www.Fsa.usda.gov/Internet/FSA_File/8-lp_r02_a11.

Happe K. and A. Balmann, "Structural, Efficiency and Income Effects of

Direct Payments – an Agent – Based Analysis of Alternative Payment Schemes for the German Region of Hohenlohe", 2003 Annual Meeting, Durban, South Africa, 2003.

Heckelei, T., W. Hritz, "Models Based on Positive Mathematical Programming: State of the Art and Further Extensions Seminar", *European Association of Agricultural Economists*, Parma, Italy, 2005.

Heman D. L. and M. Fateh, "Spatial Price Linkages in Regional Onion Markets of Pakistan", *Journal of Agriculture & Social Sciences*, Vol. 1, No. 4, 2005, pp. 318-321.

Hennessy D. A., "The Production Effects of Agricultural Income Support Policies under Uncertainty", *American Journal of Agricultural Economics*, Vol. 80, No. 1, 1998, pp. 46-57.

Howitt R. E., "Positive Mathematical–Programming", *American Journal of Agricultural Economics*, Vol. 77, No. 2, 1995, pp. 329-342.

Key N. and M. Roberts, "Nonpecuniary Benefits to Farming: Implications for Supply Response to Decoupled Payments", *American Journal of Agricultural Economics*, No. 1, 2009, pp. 1-18.

Kirwan, B. E., "The Incidence of US Agricultural Subsidies on Farmland Rental Rates", Massachusetts Institute of Technology, Cornell University, Working Papers No. WF 08-08, 2004.

Kropp J. D. and Whitaker J. B., "The Impact of Decoupled Payments on the Cost of Operating Capital", 2009 Annual Meeting, Milwaukee, Wisconsin. Agricultural and Applied Economics Association, 2009.

Kym Anderson, "Agriculture's Multifunctionality and the WTO", *The Australian Journal of Agricultural and Resource Econonucs*, Vol. 44, No. 3, 2002, pp. 475-494.

Labys W. C., "International Commodity Markets and Trade – Dicussion" *American Journal of Agricultural Economics*, Vol. 61, No. 1, 1979, pp. 141-142

Lankoski J. and M. Ollikainen, "Agri – Environmental Externalities: A Framework for Designing Targeted Policies", *European Review of Agri-*

cultural Economics, Vol. 30, No. 1, 2003, pp. 51-75.

Lim S. S. , "Decoupled Payments and Agricultural Policy Reform in Korea", the American Agricultural Economics Association Annual Meeting, Portland, 2007.

Mary S. , "To Which Extent are Counter Cyclical Payments More Distorting than Single Farm Payments? Evidence from a Farm Household Model", *European Review of Agricultural Economics*, No. 4, 2013, pp. 685-706.

Merel P. and R. Howitt, "Theory and Application of Positive Mathematical Programming in Agriculture and the Environment, in Annual Review of Resource Economics", *Annual Review of Resource Economics*, Vol. 6, No. 4, 2014, pp. 140.

OECD, "Environmental Indicators for Agriculture, 3: Methods and Results", Organisation for Economic Co-Operation and Development, 2001.

Olson M. , "The Exploitation and Subsidization of Agriculture in the Developing and Developed Countries", paper presented to the 19th Conference of International Association of Agricultural Economists, Malaga, Spain, 1985.

Paris Q. and F. A. Arfini, "Positive Mathematical Programming Model for the Analysis of Regional Agricultural Policies", the 40th seminar of the European Association of Agricultural Economists, Ancona, Italy, 1995.

Schultz T. W. , *Agriculture in an Unstable Economy*, USA: McGraw-Hill Book Company, 1945.

Sekokai P. and D. Moro, "Modeling the Reforms of the Common Agricultural Policy for Arable Crops under Uncertainty", *American Journal of Agricultural Economics*, Vol. 88, No. 1, 2006, pp. 43-56.

Serra T. et al. , "Replacement of Agricultural Price Supports by Area Payments in the European Union and the Effects on Pesticide Use", *American Journal of Agricultural Economics*, Vol. 87, No. 4, 2005, pp. 870-884.

Tranter R. B. et al. , "Implications for Food Production, Land Use and

Rural Development of the European Union's Single Farm Payment: Indications from a Survey of Farmers'Intentions in Germany, Portugal and the UK", *Food Policy*, No. 12, 2007, pp. 656-671.

Weber J. G. and N. Key, "How Much Do Decoupled Payments Affect Production? An Instrumental Variable Approach with Panel Data", *American Journal of Agricultural Economics*, No. 1, 2012, pp. 52-66.

Westcott P. C. and L. A. Hoffman, "Price Determination for Corn and Wheat: The Role of Market Factors and Government Programs", *Technical Bulletins*, No. 1878, 1999.

Westcott P., C. Young and J. Price, "The 2002 Farm Act: Provisions and Implications for Commodity Markets", *ERS Agric. Information Bull*, No. AIB778, 2002.

Wu Sheng yu and Hans G. Jensen, "China's Agricultural Policy Transition: Impacts of Recent Reforms and Future Scenarios" *Journal of Agricultural Economics*, Vol. 61, No. 2, 2010, pp. 343-368.

Yi F., D. Sun and Y. Zhou, "Grain Subsidy, Liquidity Constraints and Food Security-Impact of the Grain Subsidy program on the Grain-Sown Areas in China", *Food Policy*, Vol. 50, 2015, pp. 114-124.

Yi F., W. Lu and Y. Zhou, "Cash Transfers and Multiplier Effect: Lessons from the Grain Subsidy Program in China", *China Agrucultural Economic Review*, Vol. 8, No. 1, 2016, pp. 81-99.

Young C. E. and P. C. Wescott, "How Decoupled Is U. S. Agricultural Support for Major Crops", *American Journal of Agricultural Economics*, Vol. 82, No. 3, 2000, pp. 762-767.

Young E. and P. Westcott, Hoffman L. "Economic Analysis of Base Acre and Payment Yield Designations Under the 2002 U. S. Farm Act", *USDA-ERS Economic Research Report*, No. 12, 2005.

附　　录

附录一：省级访谈问卷

玉米生产者补贴政策实施效果研究省访谈提纲

____省（自治区、直辖市）　　访谈对象：____　　联系方式：_____

1. 贵部门是否制定了关于玉米生产者补贴政策的工作方案？具体内容有哪些（如果有，请提供文字资料）？

2. 在本省玉米生产者补贴政策实施过程中，贵部门主要负责哪些工作？您认为各部门之间的协调配合情况如何？是否存在问题？

3. 玉米生产者补贴政策实施以来（近5年），省（自治区、直辖市）玉米产业总体发展形势如何变化（种植玉米的农户数量、玉米总产量、播种面积、单产水平、户均玉米种植面积等）？变化原因是什么？

4. 在玉米生产者补贴政策的一个执行周期中，省级政府主要负责哪些环节的工作（如政策宣传和培训，核查玉米种植面积，编制玉米种植户花名册或汇总表，核算玉米生产者补贴标准，补贴资金兑付，赴外地考察、调研、交流等）？

5. 玉米生产者补贴政策的执行成本如何（如补贴系统维护费，补贴标准测算成本，调研、考察和交流成本，宣传成本，培训成本等）？与临储政策时期相比，有何变化？

6. 您认为目前玉米生产者补贴政策的实施是否保障了优势产区农户玉米种植收益的基本稳定，调动了农户玉米种植积极性？与其他主要竞争作物（大豆、水稻等）相比，玉米种植收益如何？

7. 您认为取消临储政策，实施玉米生产者补贴政策是否完善了玉米价格形成机制？玉米生产者补贴政策对本省（自治区、直辖市）的玉米流通方式产生怎样影响？取消临储政策之后，市场交易状况如何？是否低迷？是否发生了"惜售"现象？原因是什么？收购主体是否发生变化？原有的玉米国储点是否退出玉米收购？是否存在"卖量难"的问题？

8. 您认为玉米生产者补贴政策是否促进了种植结构调整？调整方向如何（分玉米优势产区、玉米非优势产区）？当前种植结构调整是否基本完成？

9. 您认为与临储时期相比，玉米加工企业数量有何变化？加工企业开工率如何？采购本地玉米的积极性是否提高？

10. 您认为目前玉米生产者补贴政策的发放依据是否合理？如果不合理，原因是什么？您更倾向哪种补贴依据？（玉米销售量、玉米播种面积、玉米产量、其他：_____）

11. 您认为玉米生产者补贴政策在执行过程中存在哪些问题？应该如何改进？

附录二：县级访谈问卷

玉米生产者补贴政策实施效果研究县访谈提纲

_____省（自治区、直辖市）_____县（市、区、旗）

访谈对象：_____　　联系方式：_____

一　玉米产业发展情况

（一）种植情况

1. 当地气候条件是否适宜种植玉米（是否为玉米优势产区）？近年来本县（市、区、旗）玉米产业总体发展形势如何（种植玉米的农户数量、玉米总产量、播种面积、单产水平、户均玉米种植面积等）？规模化种植发展如何？农户种植玉米的积极性有何变化？变化的主要原因有哪些？玉米的主要替代作物有哪些，近年来播种面积变化情况？变化原因有哪些？

2. 本县（市、区、旗）玉米种植的机械化程度如何，主要在哪些环节实现了机械化？玉米主要替代作物在机械化方面发展如何？

3. 与主要替代作物相比，近几年本县（市、区、旗）玉米的种植效益如何（如有相关成本核算资料，请提供）？

（二）流通加工情况

1. 近年来本县（市、区、旗）玉米销售量如何？玉米商品率平均为多少？玉米销售主要集中在哪些月份？本县（市、区、旗）玉米流通方式主要有哪些（商贩收购、企业收购、农户在集市自行销售等），各占比例？本县（市、区、旗）玉米主要销往何处，各占比例？

2. 近年来本县（市、区、旗）玉米销售价格有何变化？变化的原因主要有哪些？

3. 本县（市、区、旗）玉米加工产业发展现状（企业数量、加工能力、主要制成品等）？

二 玉米生产者补贴政策执行情况及操作方式

1. 本县（市、区、旗）是否制定了县级的玉米生产者补贴政策实施细则？具体内容有哪些（如有，请提供文字资料）？

2. 近3年拨付至县级的玉米生产者补贴总额有多少？补贴下发至县的时间？兑付到户的时间？全县（市、区、旗）各乡镇的补贴标准是否相同？兑付到户的补贴标准是多少？如果今年补贴标准较上年有所调整，调整的原因是什么？

3. 近3年补贴玉米种植者多少户？占全县（市、区、旗）玉米种植户的比例？补贴资金如何确保下发至"实际种植者"？补贴对象是拥有承包权的种粮农户，如果农户土地经营权发生流转的，如何发放补贴？是否出现农户间因土地经营权属不清发生的纠纷事件？

4. 在玉米生产者补贴政策的一个执行周期中，县级政府主要负责哪些环节的工作（如政策宣传和培训、核查玉米种植面积、编制玉米种植户花名册或汇总表、补贴面积及补贴款公示、补贴资金兑付、赴外地考察、调研、交流等）？各项工作的开展时间、参与人数、耗费工时、所需的设备、材料及耗费资金等为多少？与临储政策时期相比，生产者补贴政策执行成本如何变化？

5. 政策宣传和培训主要通过哪些途径开展？每年几次？培训的内容主要是什么？农户的参与积极性如何？

6. 玉米种植户如何上报玉米种植面积？玉米种植户花名册主要包括哪些内容（种植者姓名、身份证号、土地承包凭证、实际种植面积等）？

7. 玉米种植面积核查是如何开展的？上年及今年的核查面积数分别为多少？与实际种植面积是否一致？若不一致，原因是什么？是否有农户多报或谎报的玉米种植面积？有何惩罚措施？

8. 该项补贴在实施过程中是否有专门的工作经费？如果有，经费来源是什么？是否为上级财政拨款？以什么方式进行发放（补助/工资/绩效等）？

三 对玉米生产者补贴政策的效果评价

1. 本县（市、区、旗）玉米种植户对生产者补贴政策是否满意？与临储政策时期相比，生产者补贴政策的实施对玉米种植面积和产量产生怎样影响？

2. 您认为目前的玉米生产者补贴水平是否保障了农户玉米种植收益的基本稳定？若没有，您认为应将补贴水平提高至每亩多少元才能保障农户玉米种植收益的基本稳定？

3. 您认为目前的玉米生产者补贴政策是否促进了农户种植结构的调整？种植结构调整的方向是什么？目前种植结构调整是否基本完成？

4. 您认为目前玉米生产者补贴政策的发放依据（按照实际申报面积）是否合理？如果不合理，原因是什么？您更倾向哪种补贴依据？（玉米销售量、玉米播种面积、玉米产量、其他：＿＿＿＿）

5. 您认为取消临时收储政策，实施玉米生产者补贴政策对玉米市场价格产生怎样影响？是否完善了玉米价格形成机制，促进玉米上下游产业的协同发展？

6. 您认为玉米生产者补贴政策对本省（自治区、直辖市）的玉米流通方式产生怎样影响？取消临储政策之后，市场交易状况如何？是否低迷？是否发生了"惜售"现象？原因是什么？收购主体是否发生变化？原有的玉米国储点是否退出玉米收购？是否存在"卖量难"的问题？

7. 玉米生产者补贴政策是否改善了本县（市、区、旗）玉米加工企业生产经营状况？与临储政策时期相比，玉米加工企业数量如何变化？加工企业开工率如何？采购本地玉米的积极性是否提高？

8. 您认为玉米生产者补贴政策在执行过程中存在哪些问题？应该如何改进？

9. 您对生产者补贴政策有何看法和建议？与临时收储政策相比，主要的利弊有哪些？

四 主要农作物生产及补贴情况

1. 2016—2020 年各项补贴的发放情况：

补贴项目	补贴标准					发放时间
	2016 年	2017 年	2018 年	2019 年	2020 年	
玉米生产者补贴						
大豆生产者补贴	—					
水稻生产者补贴	—	—				
农业支持保护补贴						
农机具购置补贴						
其他补贴 1：_____						
其他补贴 2：_____						

2. 当地主要作物的单产及种植月历，标出种植（S）、施肥（H）、灌溉（I）、除草（W）、收获（H）：

作物种类	平均亩产	1	2	3	4	5	6	7	8	9	10	11	12
玉米													
大豆													
小麦													
水稻													
其他：_____													

3. 当地主要作物的化肥施用品种及施用量（斤/亩）：

作物	施肥量
玉米	

续表

作物	施肥量
大豆	
小麦	
水稻	
其他：_____	

附录三：乡（镇）访谈问卷

玉米生产者补贴政策实施效果研究乡（镇）访谈提纲

___省（自治区、直辖市）___县（市、区、旗）___乡（镇、苏木）

访谈对象：_____ 联系方式：_____

1. 本乡（镇）是否制定了乡（镇）级的玉米生产者补贴政策实施细则？具体内容有哪些（如果有，请提供文字资料）？

2. 在玉米生产者补贴政策的一个执行周期中，乡（镇）级政府主要负责哪些环节的工作？

3. 本乡（镇）是否对该项补贴政策进行了宣传和培训？如果有，是通过什么方式？每年几次？宣传和培训的内容主要是什么？每年的宣传和培训成本包括哪些（人力成本、印制宣传材料费、会议费等）？

4. 本乡（镇）该项补贴资金的审核和发放程序如何？是否进行公示？公示的内容有哪些？因公示发生的材料费为多少？

5. 玉米种植户如何上报玉米种植面积？几月开始上报？乡（镇）级玉米种植户汇总表主要包括哪些内容（种植者姓名、身份证号、土地承包凭证、实际种植面积等）？编制汇总表等上报材料的成本为多少？

6. 玉米种植面积核查是如何开展的？几月开始核查？上年及今年的核查面积数分别为多少？与实际种植面积是否一致？若不一致，原因是什么？玉米种植面积核查成本如何（人力成本、测量工具费、交通燃料费等）？

7. 与该政策相关的调研、考察、交流费用如何（如参加上级会议、参加本级会议、外地考察等产生的人力成本、交通成本等）？

8. 该项补贴在实施过程中是否有专门的工作经费？如果有，经费来源是什么？是否为上级财政拨款？以什么方式进行发放（补助/工资/绩效等）？

9. 您认为玉米生产者补贴政策在执行过程中存在哪些问题？应该如何改进？

附录四：村访谈问卷

玉米生产者补贴政策实施效果研究村级访谈提纲

_____省（自治区、直辖市）_____县（市、区、旗）_____乡（镇、苏木）_____村（嘎查）

访谈对象：_____ 联系方式：_____

1. 本村共有_____户，每户大约_____人，其中种植玉米的有_____户，本村全年人均纯收入为_____元。

2. 本村耕地面积共_____亩，每人_____亩，有效灌溉面积_____亩。

3. 本村农作物播种面积为多少亩？种植的农作物包括哪些（如玉米、大豆、水稻、小麦等）？各农作物播种面积为多少？与临储政策时期相比，玉米、大豆等作物种植面积如何变化？变化的原因是什么？

4. 本村种植户是否多为兼业农户？占比为多少？在玉米种植期间，每户外出打工人数为多少？外出打工时间一般为多少天？日工资一般为多少？

5. 在玉米生产者补贴政策的一个执行周期中，村级政府主要负责哪些环节的工作（如政策宣传和培训，核查玉米种植面积，编制玉米种植户花名册或汇总表，补贴面积及补贴款公示，赴外地考察、调研、交流等）？

6. 若本村对该项补贴政策进行了宣传和培训，是通过什么方式进行的？每年几次？宣传和培训的内容主要是什么？每年的宣传和培训成本包括哪些（人力成本、印制宣传材料费、会议费等）？

7. 本村玉米种植户如何申报玉米种植面积？村级玉米种植户汇总表主要包括哪些内容（种植者姓名、身份证号、土地承包凭证、土地属性、实际种植面积等)？本村编制汇总表等上报材料的成本为多少？

8. 若本村对农户申报的玉米种植面积进行核查，那么去年及今年的核查面积数分别为多少？与实际种植面积是否一致？若不一致，原因是什么？玉米种植面积核查成本如何（人力成本、测量工具费、交通燃料费等）？若对核算后的面积进行公示，公示所需的材料费为多少？

9. 与该政策相关的调研、考察、交流费用如何（如参加上级会议、参加本级会议、外地考察等产生的人力成本、交通成本等）？

10. 本村该项补贴资金的发放程序如何？是否进行公示？公示的内容有哪些？公示所需的材料费为多少？

11. 该项补贴在实施过程中是否有专门的工作经费？如果有，经费来源是什么？是否为上级财政拨款？以什么方式进行发放（补助、工资、绩效等）？

12. 您认为玉米生产者补贴政策在执行过程中存在哪些问题？应该如何改进？

13. 您对生产者补贴政策有何看法和建议？与临时收储政策相比，主要的利弊有哪些？

附录五：农户调研问卷

_____省（自治区、直辖市）_____市（盟）
_____县（市、区、旗）_____镇（乡、苏木）
_____村（嘎查）
被调查人姓名：_____联系方式：_____
调研员：_____问卷编号：_____

第一部分　家庭基本情况

Q1　您家家庭主要决策者个人特征：

性别	年龄	受教育程度	是否为党员或村干部
[1] 男 [2] 女	——岁	[1] 未受过教育；[2] 小学；[3] 初中； [4] 高中/中专/职高/技校；[5] 大学/大专及以上	[1] 是 [2] 否

Q2 您家家庭人口总数_____人，其中，劳动力人口数_____人，年龄分别为_____、_____、_____、_____、_____岁。其中，务农人数_____人，外出打工人口数_____人。

Q3 2020 年您家家庭总收入情况（单位：元）：

种类	2019 年	2020 年（预计）
家庭纯收入		
其中：外出务工收入		
种植业毛收入		
种植业纯收入		
牧业毛收入		
牧业纯收入		
政府补贴收入		
其中：玉米生产者补贴收入		
大豆生产者补贴收入		
稻谷生产者补贴收入		
农业支持保护补贴收入		
农机具购置补贴收入		
其他种粮收入补贴		
其他收入		

第二部分 生产销售情况

Q4 您家耕地共有_____块。

项目		2019 年		2020 年	
家庭承包耕地面积____亩，目前实际种植____亩	自有	_____亩		_____亩	
	租入	租入：___亩	租金：___元/亩	租入：___亩	租金：___元/亩
	租出	租出：___亩	租金：___元/亩	租出：___亩	租金：___元/亩

Q5 2020 年您家农业生产资金来源：____（可多选），若有贷款，贷款金额：____元，年利息：____。（第一空格为选择题，后面两空格

为填空题）

［1］自己储蓄；［2］借贷（亲友拆借、银行贷款、民间借贷等）；［3］政府补贴；［4］其他：_____。

Q6 您家种植玉米的年数：____年，种植的玉米品种为_____。

Q7 您家种植玉米的时间为____月，玉米收获的时间为____月。

Q8 您家农作物种植情况：

年份	玉米		大豆		稻谷		小麦		其他：____	
	面积（亩）	亩产（斤）	面积（亩）	亩产（斤）	面积（亩）	亩产（斤）	面积（亩）	亩产（斤）	面积（亩）	亩产（斤）
2015										
2016										
2018										
2019										
2020										

Q9 2020年您家主要作物种植成本情况：

指标		玉米	大豆	稻谷	小麦	其他：___
种子用量（斤/亩）						
种子价格（元/斤）						
化肥用量（斤/亩）						
化肥价格（元/斤）						
农家肥用量（斤/亩）						
农家肥价格（元/斤）						
投入农药总费用（元）						
农膜用量（斤/亩）						
农膜价格（元/斤）						
机械作业费用（元/亩）	机械耕地费					
	机械播种费					
	机械喷药费					
	机械收获费					

续表

指标	玉米	大豆	稻谷	小麦	其他：___
灌溉费用（元/亩）					
拖拉机价值（元）、使用年限（年）①					
收割机价值（元）、使用年限（年）					
脱粒机价值（元）、使用年限（年）					
农机具维修费（元）					
其他农机具维修、折旧费（元）②					
农用柴油即燃料动力费（元/亩）					
劳动力投入 家庭劳动力数量（人）③					
劳动力投入 劳动天数（天）					
劳动力投入 劳动小时数（小时）					
劳动力投入 雇工人数（人）					
劳动力投入 雇工天数（天）					
劳动力投入 劳动小时数（小时）					
劳动力投入 工价（元/天）					

注：①拖拉机可能有多种用途，比如同时载大豆、玉米，则按产量比分摊折旧费。②农机具主要包括运输设备如三轮车等；仓储设施如专门存放粮食的仓库等，若收割机还为其他农户提供有偿服务，注意看下 Q4 中其他收入是否填写。③家庭劳动力数量仅指投入的自家劳动力数量。

Q10 在玉米种植期间，您家外出务工的人数为____人，具体情况：

家庭成员	[1] 主要决策者；[2] 配偶； [3] 子女；[4] 父母；[5] 其他
外出务工天数（天）	
每天工作小时数（小时）	
日工资（元/天）	

Q11　参加合作社情况：

是否参加合作社	［1］是；［2］否
是否为玉米类专业合作社	［1］是；［2］否
若参加，合作社提供的服务为（可多选）	［1］统一购买种子；［2］统一购买化肥、农药等农资；［3］农机服务（翻地/施肥/除草/收割）；［4］提供信贷担保；［5］统一销售；［6］生产技术培训和指导；［7］其他：＿＿＿＿＿

Q12　农作物销售情况

Q12.1　近两年您家农作物销售情况

指标	2019 年					2020 年				
	玉米	大豆	稻谷	小麦	其他：＿＿	玉米	大豆	稻谷	小麦	其他：＿＿
销售量（斤）										
销售价格（元/斤）										
自留量（斤）										
销售渠道①										
运输成本（元）②										
销售时间										

注：①销售渠道：［1］商贩上门收购；［2］企业收购有合同；［3］企业收购无合同；［4］在集贸市场自行销售；［5］合作社统一销售；［6］其他：＿＿＿＿＿。②运输成本主要包括使用自家设备将农产品送往市场所需的燃料费、人工费，若为粮商上门收购，且粮商自行装卸，则成本为0。

Q12.2　近两年您是否有任何形式的农作物销售合同？

［1］是；［2］否。

如果有，合同的主要内容是＿＿＿＿＿＿＿＿＿＿＿＿＿。

Q12.3　您家距离最近的粮油（加工企或流通）企业的距离：＿＿＿＿＿千米。

第三部分　玉米生产者补贴情况

Q13　2019 年、2020 年获得生产者补贴的玉米播种面积（亩）分别为＿＿＿＿＿、＿＿＿＿＿。

Q14 租入地是否获得全额补贴。

[1] 是；[2] 否。

若为否，则获得比例为_____，未获得全额补贴的原因是_____。

Q15 您对玉米生产者补贴政策的了解情况。

您是否知道玉米生产者补贴政策？	[1] 是；[2] 否
您是否了解玉米生产者补贴标准的确定方式？	[1] 是；[2] 否
您是否清楚玉米生产者补贴标准？	[1] 是；[2] 否
若清楚，则玉米生产者补贴标准为	2019年_____元/亩，2020年_____元/亩
您是否知道玉米生产者补贴依据？	[1] 是；[2] 否
若知道，则玉米生产者补贴依据为（验证是否真知道）	[1] 按实际种植面积；[2] 按承包面积；[3] 按产量；[4] 其他：_____。
您是否清楚玉米生产者补贴政策与临时收储政策的区别？	[1] 是；[2] 否
您对该补贴政策的了解来自哪些渠道（可多选）	[1] 村干部；[2] 广播、电视、网络等；[3] 亲邻好友；[4] 政府工作人员；[5] 农业合作社等；[6] 其他：_____。

Q16 玉米生产者补贴资金发放的时间是_____月，您一般_____月取出，补贴资金主要用于_____。

[1] 玉米生产（购买种子、化肥等）；[2] 当作纯收入，需要时支出。

Q17 相关部门或村干部是否到您家进行种植面积统计？

[1] 是；[2] 否。

Q18 您对玉米生产者补贴政策的满意度及评价

| 对生产者补贴的总体满意程度 | [1] 非常满意；[2] 满意；[3] 一般；[4] 不满意；[5] 非常不满意 |
| 若不满意，主要原因是 | [1] 补贴标准低；[2] 发放不及时；[3] 发放程序烦琐；[4] 发放依据不合理；[5] 其他：_____ |

续表

对玉米生产者补贴标准的评价	[1] 较高，足够保障玉米与其他作物种植收益相当或略高；[2] 一般，基本能保障种玉米不亏本、有收益；[3] 较低，仅能保障不亏本；[4] 很低，种玉米仍亏本
您认为玉米生产者补贴款发放是否及时	[1] 发放及时，可用作春耕备耕资金；[2] 发放较晚，导致备耕资金不足；[3] 发放较晚，但备耕资金充足
您对生产者补贴发放程序简便程度的评价	[1] 非常简便；[2] 简便；[3] 一般；[4] 不简便；[5] 非常不简便
您对生产者补贴发放依据合理性的评价	[1] 非常合理；[2] 合理；[3] 一般；[4] 不合理；[5] 非常不合理
若不合理，主要原因是（填空）	
您对政府在补贴发放过程中的工作的评价	[1] 非常满意；[2] 满意；[3] 一般；[4] 不满意；[5] 非常不满意
若不满意，主要原因是（填空）	
与临储政策相比，您认为生产者补贴对玉米种植面积的影响	[1] 大幅减少玉米种植面积；[2] 小幅减少玉米种植面积；[3] 无影响；[4] 小幅增加玉米种植面积；[5] 大幅增加玉米种植面积

Q19　与临储政策时期相比，您认为玉米生产者补贴政策是否影响了化肥、农药等农资投入_____。

[1] 减少农资投入；[2] 无影响；[3] 增加农资投入。

Q20　您认为玉米生产者补贴政策对地租的影响是_____。

[1] 增加；[2] 无；[3] 降低。

Q21　您更倾向的生产者补贴方式为_____，您选择的理由为_____。

[1] 按玉米实际种植面积补贴；[2] 按玉米承包种植面积补贴；[3] 按玉米产量补贴；[4] 按一定比例的玉米种植面积和产量补贴；[5] 按玉米销售量补贴；[6] 其他：_____。

第四部分　其他

Q22　明年您是否继续种植玉米？_____

[1] 是；[2] 否。

Q23　如果继续种植，您打算如何安排玉米种植面积？_____

[1] 扩大，计划扩大_____亩；[2] 缩小，计划缩小_____亩；[3] 保持不变。

Q24　您继续种植玉米或扩大玉米种植面积的主要原因是_____。（可多选）

［1］相比其他农作物，玉米种植利润高；［2］销售价格高；［3］玉米种植省时省力；［4］种植习惯；［5］耕地条件（灌溉、地形等）；［6］玉米生产者补贴政策扶持力度大；［7］其他补贴政策扶持力度小；［8］其他：_____。

Q25　您减少玉米种植面积或放弃种植玉米的主要原因是_____。（可多选）

［1］相比其他农作物，玉米种植利润低；［2］销售价格低；［3］销售困难；［4］耕地面积制约；［5］玉米生产者补贴政策扶持力度小；［6］其他补贴政策扶持力度小；［7］劳动力不足；［8］其他：_____。

接下来，您准备种植_____，原因是_____。

Q26　您认为哪些措施能够保障您的玉米种植收益，提高您玉米种植积极性？（请按照重要程度选出您认为最重要的三个）第一：_____；第二：_____；第三：_____。

［1］生产者补贴政策；［2］最低收购价政策；［3］临时收储政策；［4］种植保险保费补贴；［5］增强水利设施建设；［6］推进土地流转；［7］低息贷款；［8］实现玉米优质优价；［9］推广玉米高产品种及栽培技术；［10］其他：_____。

Q27　您是否了解大豆生产者补贴标准_____。

［1］是；［2］否。

若了解，大豆生产者补贴标准为_____元/亩。

Q28　您认为现在大豆种植收益是否高于玉米种植收益？

［1］是；［2］否；［3］相等。